21 世纪高职高专汽车系列技能型规划教材

汽车机械基础教程
(第 3 版)

主　编　吴笑伟
副主编　聂建军　张秀如
参　编　王丽娟　杨长征　潘明存
　　　　乔丽霞　袁荷伟
主　审　奚鹰

北京大学出版社
PEKING UNIVERSITY PRESS

内容简介

本书是根据北京大学出版社"21世纪全国高职高专汽车系列技能型规划教材"的要求编写的。本书系统整合机械识图、汽车材料、机械常识、液压传动等内容，意在探索建立以能力为核心的适合高等职业教育的新型课程体系。本书除在内容上有所创新外，在体例上也有所突破，主要探索项目导向、任务驱动的课程模式。

本书可作为应用型高职院校汽车检测与维修技术、汽车制造与装配技术、汽车改装技术等专业的必修课教材，也可以作为中职学校汽车类各专业的教材，还可以作为相关技术人员、管理人员和技术工人的培训教材和参考书。

图书在版编目(CIP)数据

汽车机械基础教程/吴笑伟主编. —3版. —北京：北京大学出版社，2016.1
（21世纪高职高专汽车系列技能型规划教材）
ISBN 978-7-301-26500-0

Ⅰ. ①汽… Ⅱ. ①吴… Ⅲ. ①汽车—机械学—高等职业教育—教材 Ⅳ. ①U463

中国版本图书馆CIP数据核字（2015）第266055号

书　　名	汽车机械基础教程（第3版）
	Qiche Jixie Jichu Jiaocheng
著作责任者	吴笑伟　主编
策划编辑	刘晓东
责任编辑	李娉婷
标准书号	ISBN 978-7-301-26500-0
出版发行	北京大学出版社
地　　址	北京市海淀区成府路205号　100871
网　　址	http://www.pup.cn　新浪微博：@北京大学出版社
电子信箱	pup_6@163.com
电　　话	邮购部 010-62752015　发行部 010-62750672　编辑部 010-62750667
印　刷　者	北京虎彩文化传播有限公司
经　销　者	新华书店
	787毫米×1092毫米　16开本　15.25印张　348千字
	2008年8月第1版　2011年12月第2版
	2016年1月第3版　2021年6月第4次印刷
定　　价	44.00元

未经许可，不得以任何方式复制或抄袭本书之部分或全部内容。
版权所有，侵权必究
举报电话：010-62752024　电子信箱：fd@pup.pku.edu.cn
图书如有印装质量问题，请与出版部联系，电话：010-62756370

序

　　高等职业教育是高等教育的重要组成部分，是构建终身教育链条上的一个重要环节。没有高等职业教育的科学发展，就不可能有终身教育体系的建设和发展。人类进入21世纪，进入知识经济时代，在终身教育的背景下，对高等职业教育课程体系应当有一个新的认识，为此，构建适合我国实际的高等职业教育课程体系已显得迫在眉睫。

　　高等职业教育课程体系必须本着服务行业、满足行业、适度超前的原则建构，基于战略发展设置育人标准、基于行业需要设置专业、基于岗位能力设置课程，这样才能促使高等职业教育健康、科学发展。以能力为核心的高等职业教育课程体系是进行高质量特色专业建设的关键和载体，已成为全国高职院校共同探讨的重大课题。

　　通过对国内外教材长时间以来的思考与探索，北京大学出版社于2007年年底正式启动了"21世纪全国高职高专汽车系列技能型规划教材"编写项目。本书就是在此背景下结合作者多年的教学经验编写的，意在探索建立以"就业为导向、知识为基础、能力为本位"的适合高等职业教育的新型课程体系，以满足学生就业教育与终身教育的双重需求。本书以实用性、科学性、针对性和趣味性为特色，以能力培养为主线，突出了技能型教材的特点。

　　本书系统整合机械识图、汽车材料、机械常识、液压传动等内容，淡化学科体系，选取大量汽车工程中的实例，以实现汽车专业课程与基础课程的有机融合，培养学生分析问题和解决问题的能力。本书每个任务开始有任务目标、任务要求、引例，中间有知识链接、特别提示、应用案例、案例点评，结束有小结、习题（习题与实际结合紧密，包含填空、判断、简答等类型），编写手段新颖，重点突出。

　　本书内容丰富，实用性强，可作为应用型高职院校检测与维修技术、汽车制造与装配技术、汽车改装技术等专业的必修课教材，也可作为中职学校汽车类各专业的教材，同时也可作为广大汽车工程技术人员的参考读物。

　　以能力为核心的高等职业教育系列教材的开发和出版必将有力推动高等职业院校教学内容与课程体系的改革。

　　是为序。

同济大学教授、博士生导师　奚鹰
2011年6月11日

第3版前言

本书是根据北京大学出版社"21世纪全国高职高专机电系列技能型规划教材"的要求编写的，旨在满足全国高等职业教育技能型紧缺人才培养培训工程培养汽车类应用型人才的需要。

本书融机械识图、汽车材料、机械常识、液压传动等内容为一体，意在探索建立以能力为核心的适合高等职业教育的新型课程体系。本书除在内容上有所创新外，在体例上也有所突破，主要探索项目引领、任务驱动的课程模式，书中学习领域即传统课程，项目即传统篇，任务即传统章。

本书以实用性、科学性、针对性和趣味性为特色，以能力培养为主线，突出了技能型教材的特点。本书坚持项目引领、任务驱动，系统整合机械制图、汽车材料、工程力学、机械原理与机械零件、液压传动等内容，淡化学科体系，选取大量汽车工程中的实例，以实现汽车专业课程与基础课程的有机融合，培养学生分析问题和解决问题的能力。本书每个任务开始有任务目标、任务要求、引例，中间有知识链接、特别提示、应用案例、案例点评，结束有小结、习题，编写手段新颖，重点突出。

本书主要作为应用型高职院校汽车检测与维修技术、汽车制造与装配技术、汽车改装技术等专业的必修课教材，也可以作为中职学校汽车类各专业的教材，还可以作为有关技术人员、管理人员和技术工人的培训教材或参考书。

本书由河南交通职业技术学院吴笑伟担任主编，中原工学院聂建军、河南交通职业技术学院张秀如担任副主编，同济大学博士生导师奚鹰教授任主审。参加本书编写的有吴笑伟(任务0、5、8、9、10)、聂建军(任务1)、王丽娟(任务2)、潘明存(任务3)、张秀如(任务4、6)、杨长征(任务7)、乔丽霞(任务11)、袁荷伟(任务12)。同济大学奚鹰教授在百忙之中认真审阅了本书，提出了许多宝贵的意见和建议，给予了具体的指导，对提高本书的编写质量起到了很大的作用，作者在此致以衷心的感谢。

由于时间仓促，水平有限，书中难免存在不妥或疏漏之处，恳请广大读者批评指正，以便再版时修正。

编　者

2015年8月

第 2 版前言

本书是根据北京大学出版社"21 世纪全国高职高专汽车系列技能型规划教材"的要求编写的,旨在满足全国高等职业教育技能型紧缺人才培养培训工程培养汽车类应用型人才的需要。

本书融机械识图、汽车材料、机械常识、液压传动等内容为一体,意在探索建立以能力为核心的适合高等职业教育的新型课程体系。本书除在内容上有所创新外,在体例上也有所突破,主要探索项目引领、任务驱动的课程模式。

本书以实用性、科学性、针对性和趣味性为特色,以能力培养为主线,突出了技能型教材的特点。本书系统整合机械识图、汽车材料、机械常识、液压传动等内容,淡化学科体系,选取大量汽车工程中的实例,实现汽车专业课程与基础课程的有机融合,培养学生分析问题和解决问题的能力。本书每个任务开始有任务目标、任务要求、引例,中间有知识链接、特别提示、应用案例、案例点评,结束有小结、习题,编写手段新颖,重点突出。

本书可作为应用型高职院校汽车运用技术、汽车技术营销、汽车技术服务等专业的必修课教材,也可以作为中职学校汽车类各专业的教材,还可以作为相关技术人员、管理人员和技术工人的培训教材或参考书。

本书由河南交通职业技术学院吴笑伟副教授任主编,同济大学博导奚鹰教授任主审。参加本书编写的有吴笑伟(任务 0、5、6、9)、杨长征(任务 1、2、7)、曾令昭(任务 3、4)、潘明存(任务 8、10)、乔丽霞(任务 11、12)。同济大学奚鹰教授在百忙之中认真审阅了本书,提出了许多宝贵的意见和建议,给予了具体的指导,对提高本书的编写质量起到了很大的作用,编者在此致以衷心的感谢。

由于编者水平有限,书中疏漏之处在所难免,恳请广大读者批评指正,以便再版时修正。

编　者
2011 年 6 月

目 录

任务0　绪论 1
 0.1　汽车的组成及相关概念 2
  0.1.1　汽车的组成 2
  0.1.2　相关概念 3
 0.2　本学习领域的性质、任务和
   学习要求 5
 小结 6
 习题 6

项目1　机械识图 7

任务1　认识"三视图" 9
 1.1　国家标准《技术制图》和《机械制图》
   的基本规定 10
  1.1.1　图纸幅面和格式 10
  1.1.2　比例 11
  1.1.3　图线 12
 1.2　三视图 13
  1.2.1　正投影法 13
  1.2.2　三视图 15
 1.3　基本体 16
  1.3.1　基本体的三视图 16
  1.3.2　基本体的尺寸标注 20
 1.4　组合体 22
  1.4.1　组合体的三视图 22
  1.4.2　组合体的尺寸标注 23
  1.4.3　读组合体视图 24
 小结 27
 习题 27

任务2　熟悉机件的表达方法 29
 2.1　视图 30
  2.1.1　基本视图 30

  2.1.2　向视图 31
  2.1.3　局部视图 31
  2.1.4　斜视图 32
 2.2　剖视图 34
  2.2.1　剖视图的概念 34
  2.2.2　剖视图的种类 34
 2.3　断面图 36
 小结 38
 习题 38

任务3　零件图的识读 40
 3.1　零件图的作用和内容 41
  3.1.1　零件图的作用 41
  3.1.2　零件图的内容 41
 3.2　零件图的识读 42
  3.2.1　零件图的识读方法 42
  3.2.2　零件图的识读举例 44
 小结 49
 习题 49

任务4　装配图的识读 50
 4.1　装配图的作用和内容 51
  4.1.1　装配图的作用 51
  4.1.2　装配图的内容 51
 4.2　装配图的识读 53
  4.2.1　装配图的识读方法和步骤 53
  4.2.2　装配图的识读举例 54
 小结 56
 习题 56

项目2　汽车材料 57

任务5　识别与选用汽车工程材料 59
 5.1　金属材料 60

5.1.1 金属材料的性能 60
5.1.2 常见金属材料 62
5.2 钢的热处理 70
5.2.1 普通热处理 70
5.2.2 表面热处理 72
5.3 非金属材料 73
5.3.1 橡胶 73
5.3.2 塑料 74
5.3.3 其他非金属材料 76
小结 79
习题 79

任务6 识别与选用汽车运行材料 81

6.1 汽车燃料 82
6.1.1 汽油 82
6.1.2 轻柴油 86
6.1.3 汽车代用燃料 90
6.2 汽车润滑剂 93
6.2.1 内燃机油 93
6.2.2 齿轮油 98
6.2.3 润滑脂 102
6.3 汽车工作液 105
6.3.1 液力传动油 105
6.3.2 汽车制动液 106
6.3.3 其他汽车工作液 108
小结 110
习题 111

项目3 机械常识 113

任务7 构件的力学分析 115

7.1 构件的静力学分析 116
7.1.1 力的效应 116
7.1.2 力矩和力偶矩 120
7.1.3 平面力系的平衡条件 123
7.2 构件的变形和强度分析 124
7.2.1 拉伸与压缩 125
7.2.2 剪切与挤压 127
7.2.3 轴的扭转 129

7.2.4 平面弯曲 131
小结 134
习题 134

任务8 熟悉常用零部件 136

8.1 轴和轴承 137
8.1.1 轴 137
8.1.2 轴承 140
8.2 连接件 149
8.2.1 键和销 149
8.2.2 螺纹紧固件 152
8.2.3 联轴器、离合器和制动器 155
小结 159
习题 159

任务9 认识常用机构 162

9.1 平面四杆机构 163
9.1.1 铰链四杆机构 163
9.1.2 滑块四杆机构 166
9.2 凸轮机构 168
9.2.1 凸轮机构的类型 169
9.2.2 凸轮机构的工作过程 171
9.3 间歇运动机构 172
9.3.1 棘轮机构 173
9.3.2 槽轮机构 174
小结 177
习题 177

任务10 认识机械传动 179

10.1 带传动 180
10.1.1 带传动的类型和应用 180
10.1.2 汽车用传动带的结构和
标记 182
10.1.3 带传动的张紧和维护 184
10.2 链传动 185
10.2.1 链传动的类型和应用 185
10.2.2 链传动的张紧和维护 187
10.3 齿轮传动 188
10.3.1 齿轮传动的特点和类型 188

  10.3.2 直齿圆柱齿轮传动............189
  10.3.3 斜齿圆柱齿轮传动............192
  10.3.4 直齿锥齿轮传动............193
  10.3.5 蜗杆传动............194
 10.4 齿轮系............195
  10.4.1 齿轮系的类型............195
  10.4.2 齿轮系传动比的计算............196
  10.4.3 齿轮系的功用............197
 小结............199
 习题............199

项目 4 液压传动............201

任务 11 认识液压传动............203
 11.1 液压传动概述............204
  11.1.1 液压传动的基本概念............204
  11.1.2 液压传动的工作原理............205
  11.1.3 液压传动系统的组成............205
 11.2 液压传动的基本参数............206
  11.2.1 压力............206
  11.2.2 流量............207
 小结............208
 习题............208

任务 12 认识液压元件............209
 12.1 动力元件............210
  12.1.1 液压泵的工作原理............210
  12.1.2 液压泵的分类............211
 12.2 执行元件............215
  12.2.1 液压缸............216
  12.2.2 液压马达............217
 12.3 控制元件............218
  12.3.1 方向控制阀............218
  12.3.2 压力控制阀............220
  12.3.3 流量控制阀............223
 12.4 辅助元件............226
 小结............228
 习题............228

参考文献............229

任务 01

绪　　论

任务目标

掌握汽车的组成及相关概念；了解本学习领域的性质、任务和学习要求。

任务要求

能力目标	知识要点	相关知识	权重	自测分数
了解相关知识	本学习领域的性质、任务和学习要求	本学习领域的性质、任务和学习要求	35%	
熟练掌握知识点	汽车的组成及相关概念	汽车、机械、机器、机构、零件、构件、部件等概念	65%	

引　　言

汽车被称为"改变世界的机器"。由于汽车工业具有很强的产业关联度，因而被视为一个国家经济发展水平的重要标志。近 10 年来，我国汽车工业快速而稳步发展，汽车产量年均增长 15%，是同期世界汽车产量增长量的 10 倍。汽车工业作为国民经济的支柱产业，正在成为拉动我国经济增长的发动机。

0.1 汽车的组成及相关概念

0.1.1 汽车的组成

本学习领域的研究对象是汽车机械。根据国际标准化组织(ISO)的规定,凡由动力驱动,并有4个或4个以上车轮的非轨道承载的道路车辆都称为汽车。

如图0.1所示,汽车由发动机、底盘、车身和电气设备4个部分组成。发动机(一般采用内燃机)是使输送进来的燃料燃烧而产生动力的部件,由曲柄连杆机构、配气机构、燃料供给系、冷却系、润滑系、起动系和点火系(柴油机无点火系)组成。底盘是接受发动机的动力使汽车运动,并保证汽车按照驾驶员的操作正常行驶的部件,由传动系、行驶系、转向系和制动系组成。车身是驾驶员工作及容纳乘客或货物的场所,由车门、车窗、车锁、内外饰件、附件、座椅及钣金件等组成。此外,汽车上越来越多地装用各种电气设备,如微处理器和各种人工智能装置等,显著地提高了汽车的性能。

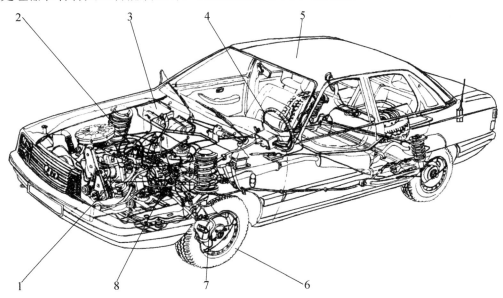

图 0.1 典型轿车的总体构造

1—发动机;2—悬架;3—空调;4—转向盘;5—车身;6—转向驱动轮;7—制动器;8—变速器

特别提示 0-1

人类为了适应生活和生产的需要,创造和发展了汽车等机器。如图0.2所示,机器主要由动力部分、执行部分、传动部分和控制部分4个基本部分组成。动力部分是机器工作的动力源;执行部分(又称工作部分)直接完成预定的功能;传动部分是将动力部分的动力和运动传给执行部分的中间装置;控制部分是控制机器的其他基本部分,使操作者能随时实现或终止各种预定的功能。在汽车的各基本部分中，发动机为动力部分；车轮为执行部分；离合器、变速器、传动轴和驱动桥等为传动部分；转向盘、变速杆、离合器踏板、制动踏板和加速踏板等为控制部分。

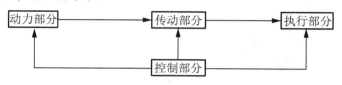

图 0.2　机器的组成

0.1.2　相关概念

1. 机器、机构和机械

机器是执行机械运动的装置，用来变换或传递能量、物料和信息。如图 0.3 所示，单缸内燃机由气缸体 1、活塞 2、连杆 3、曲柄 4、齿轮 5 和 6、凸轮 7、进气推杆 8、排气推杆 9、进气门 10、排气门 11 等组成。内燃机工作时，燃气推动活塞往复移动，活塞的上下往复移动通过连杆转变为曲柄的连续转动。凸轮和推杆是用来启闭进气门和排气门的。为了保证曲轴每转两周，进、排气门各启闭一次，在曲轴和凸轮轴之间安装了齿数比为 1∶2 的一对齿轮。当燃气推动活塞移动时，燃料燃烧产生的热能转化为曲轴转动的机械能，所以内燃机是将燃料燃烧时产生的热能转化为机械能的机器。

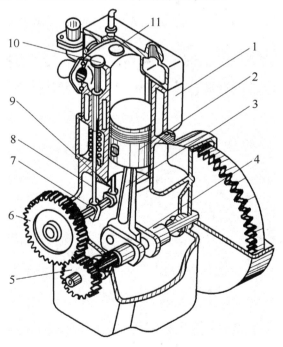

【单缸内燃机】

图 0.3　单缸内燃机

1—气缸体；2—活塞；3—连杆；4—曲柄；5—小齿轮；6—大齿轮；7—凸轮；
8—进气推杆；9—排气推杆；10—进气门；11—排气门

由若干构件用运动副(两构件直接接触并能产生一定相对运动的连接)连接起来的构件系统称为机构。在内燃机中，活塞、连杆、曲柄和气缸体组成曲柄滑块机构，可将活塞的往复移动转变为曲轴的连续转动。凸轮、推杆和气缸体组成凸轮机构，将凸轮的连续转动转变为推杆有规律的往复移动。曲轴和凸轮轴上的齿轮和气缸体组成齿轮机构，可使两轴保持一定的转速比。可见，机器是由机构组成的。

机械是机器和机构的统称。

特别提示 0-2

在传统概念中，机器是完成一定功能的装置，能代替或减轻人类的劳动，存在能量转换；机构是执行机械运动的构件系统，不能直接代替或减轻人类的劳动，无能量转换；机械是执行机械运动以完成一定功能的装置，包括机器和机构。

随着科学技术的发展，机器的含义也有所变化。传统上把"确定的相对运动"作为机器的必要条件，而现代机器只要求实现预期功能，不强调确定的相对运动；传统上把"做机械功或转换机械能"作为机器的必要条件，而现代机器则把"变换或传递能量、物料和信息"作为机器的必要条件。

2. 零件、构件和部件

从制造角度看，机器是由若干个零件组成的。零件是机器组成中不可再拆的最小单元，是机器的制造单元。按使用特点，零件分为通用零件和专用零件两大类。通用零件(图 0.4)是指各种机械中普遍使用的零件，如齿轮、轴、弹簧、螺栓、螺母及键等，其中滚动轴承为部件；专用零件是指某些特殊的机械上才用到的零件，如内燃机的活塞、连杆和曲轴等。

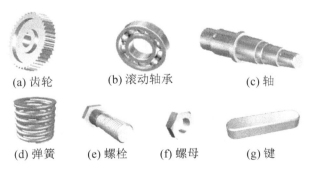

(a) 齿轮　　(b) 滚动轴承　　(c) 轴

(d) 弹簧　(e) 螺栓　(f) 螺母　(g) 键

图 0.4 通用零件

从运动角度看，机构是由若干构件组成的。构件之间有确定的相对运动，其形状和尺寸主要取决于运动性质，所以，构件是机构的运动单元。构件可以是单一的零件(如曲轴)，也可以是多个零件的刚性组合。图 0.5 所示的内燃机连杆，就是由连杆体 1、连杆盖 5、螺栓 2、螺母 3、开口销 4、轴瓦 6 和轴套 7 等多个零件构成的。

从装配角度来看，较复杂的机器是由若干部件组成的。部件是机器的装配单元，如汽车的变速器、驱动桥等。

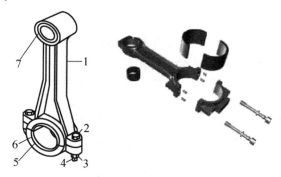

图 0.5　内燃机连杆

1—连杆体；2—螺栓；3—螺母；4—开口销；5—连杆盖；6—轴瓦；7—轴套

0.2　本学习领域的性质、任务和学习要求

"汽车机械基础"课程的学习领域融机械识图、汽车材料、机械常识及液压传动等项目为一体，是汽车类各专业的一门综合性专业技术基础课。

本学习领域的任务是：通过学习机械识图，培养学生的空间想象能力和识读机械图样的能力；通过学习汽车材料，培养学生合理选用汽车工程材料和汽车运行材料的能力；通过学习机械常识和液压传动，使学生掌握机械技术的基本知识、基本理论和基本技能，培养学生使用和维护一般机械的能力。

本学习领域的学习要求是：能顺利识读中等复杂程度的各类汽车零件图和装配图；能识别和选用常用汽车材料；能分析各种汽车零件的强度问题，熟悉常用零部件、常用机构、机械传动和液压传动的原理、结构及应用；初步具有使用和维护一般机械的能力，为形成职业能力及学习新的职业岗位技术打下基础。

学习本学习领域要贯彻理论联系实际的原则，并注意在试验、实习和生产中积累经验、运用知识、深化知识、拓宽知识，提高专业素质和能力。

 应用实例

日常生活中的收音机、电视机和摇奖机都是机器吗？

【案例点评】

日常生活中的收音机和电视机，虽然带有一个"机"字，但并不是机器，只是一个电器装置，因为它们不是"执行机械运动的装置"。摇奖机是机器，但摇奖机各构件间并不具有确定的相对运动，摇奖机产生随机运动，以随机产生中奖号码。

小　结

凡由动力驱动，并有4个或4个以上车轮的非轨道承载的道路车辆都称为汽车。汽车由发动机、底盘、车身和电气设备4个部分组成。

机器主要由动力部分、执行部分、传动部分和控制部分4个基本部分组成。在汽车的各基本部分中，发动机为动力部分；车轮为执行部分；离合器、变速器、传动轴和驱动桥等为传动部分；转向盘、变速杆、离合器踏板、制动踏板和加速踏板等为控制部分。

机器是执行机械运动的装置，用来变换或传递能量、物料和信息。由若干构件用运动副连接起来的构件系统称为机构。机械是机器和机构的统称。

零件是机器的制造单元。构件是机构的运动单元。部件是机器的装配单元。

习　题

一、单选题

1. _____是将动力部分的动力和运动传给执行部分的中间装置。
   A. 机械部分　　　B. 电气部分　　　C. 控制部分　　　D. 传动部分
2. 在汽车的各基本部分中，发动机为_____。
   A. 动力部分　　　B. 执行部分　　　C. 传动部分　　　D. 控制部分
3. _____是执行机械运动的装置，用来变换或传递能量、物料和信息。
   A. 机器　　　　　B. 机构　　　　　C. 机械　　　　　D. 部件
4. 两构件直接接触并能产生一定相对运动的连接称为_____。
   A. 静连接　　　　B. 动连接　　　　C. 运动副　　　　D. 可拆连接
5. 属于制造单元的是_____。
   A. 构件　　　　　B. 零件　　　　　C. 部件　　　　　D. 机器

二、判断题

1. 转向盘是汽车的执行部分。　　　　　　　　　　　　　　　　　　（　）
2. 机器和机构统称机械，二者没有任何区别。　　　　　　　　　　　（　）
3. 自行车车轮轴属于专用零件。　　　　　　　　　　　　　　　　　（　）
4. 轴承属于通用零件。　　　　　　　　　　　　　　　　　　　　　（　）
5. 机器是由机构组成的，也可以代替人类的脑力劳动。　　　　　　　（　）

三、简答题

1. 机器一般由哪几部分组成？举例说明各部分的作用。
2. 机器和机构有何区别？举例说明。
3. 单缸内燃机是由哪些机构组成的？
4. 什么是零件？什么是构件？什么是部件？举例说明。
5. 本学习领域的任务和学习要求是什么？

项目 1
机械识图

通过本项目的学习,学生应掌握机械识图的基本知识、三视图的分析方法和机件的表达方法,能正确识读零件图和装配图,以指导汽车零件的检验、修配和总成的拆卸、装配、检验与调试。

任务 1

认识"三视图"

任务目标

了解国家标准的基本规定；掌握正投影原理及三视图的形成；掌握基本体、组合体的三视图画法和尺寸标注；能够正确识读常见基本体、组合体的三视图。

任务要求

能力目标	知识要点	相关知识	权重	自测分数
了解相关知识	(1) 国家标准的基本规定 (2) 基本体的尺寸标注 (3) 组合体的尺寸标注	(1) 图纸的幅面和格式、比例的概念及图线的应用 (2) 基本体的尺寸标注 (3) 组合体的尺寸标注	15%	
熟练掌握知识点	(1) 三视图的形成 (2) 基本体的三视图 (3) 组合体的三视图	(1) 正投影原理、三视图的形成及三视图的对应度量关系 (2) 棱柱、棱锥、圆柱及圆锥的三视图 (3) 组合体三视图的画法	35%	
运用知识分析案例	组合体三视图的识读	用形体分析法，根据组合体的三视图想象其空间形状	50%	

引言

自从劳动开创人类文明史以来，图形一直是人们认识自然，表达、交流思想的主要形式。从象形文字的产生到埃及人丈量尼罗河两岸的土地，从航天飞机的问世到火星探测器对火星形貌的探测，图形的重要性是其他任何表达方式所不能替代的。图形与语言和文字相比，具有形象、直观的优势。工程上用来表达物体的形状、尺寸与技术要求的图形称为图样。图样是人们表达设计思想、传递设计信息、交流创新构思的重要工具之一，是现代汽车工业生产部门、管理部门和科技部门中一种重要的技术资料，在工程设计、施工、检验、技术交流等方面具有极其重要的地位。因此，图样被誉为工程技术界的通用语言。用图形、符号、文字和数字等元素确切地表示机械的结构形状、尺寸大小、工作原理和技术要求的图样称为机械图样。

机械识图主要研究分析和识读机械图样的方法，每个工程技术人员都必须学习和熟练掌握。

1.1 国家标准《技术制图》和《机械制图》的基本规定

国家标准是绘制工程图样必须遵循的规则。为了便于技术交流、档案保存和各种出版物的发行，国家标准《技术制图》和《机械制图》对图样上的图纸幅面和格式、比例和图线等内容做出了统一规定。每个工程技术人员都必须掌握并严格遵守。

1.1.1 图纸幅面和格式

要绘图，先要选取图纸。图纸的基本幅面分为 A0、A1、A2、A3、A4 共 5 种，见表 1-1。绘制技术图样时，应优先采用表 1-1 规定的基本幅面尺寸。必要时也允许加长幅面，但应按基本幅面的短边整数倍增加。

表 1-1　图纸幅面尺寸　　　　　　　　　　　　　　　　　　　　　　（单位：mm）

幅面代号		A0	A1	A2	A3	A4
尺寸 $B \times L$		841×1 189	594×841	420×594	297×420	210×297
图框	a	25				
	c	10			5	
	e	20			10	

图纸上有图框和标题栏。一般 A0、A1、A2、A3 图纸横装，A4 图纸竖装。图框用粗实线绘出，分为不留装订边和留有装订边两种格式，如图 1.1 所示。加长幅面的图框尺寸，按所选用的基本幅面大一号的周边尺寸确定。

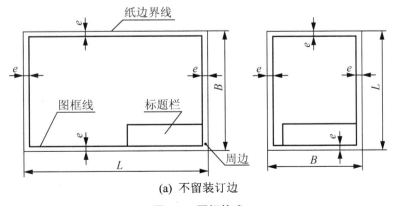

(a) 不留装订边

图 1.1　图框格式

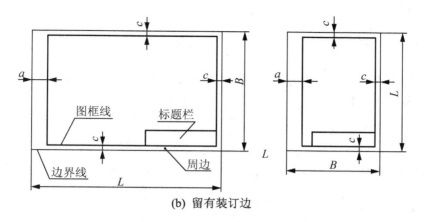

(b) 留有装订边

图 1.1 图框格式(续)

标题栏在图纸的右下角。标题栏中的文字方向为看图方向。标题栏格式如图 1.2 所示。

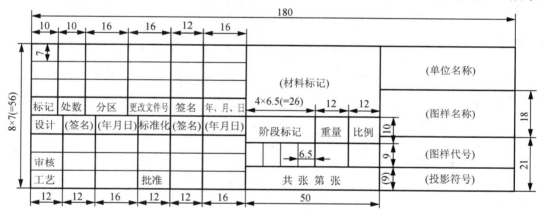

图 1.2 标题栏格式

1.1.2 比例

比例是指图样中图形与其实物相应要素的线性尺寸之比。比例分为原值比例、缩小比例和放大比例 3 种,一般注写在标题栏中的比例栏内。

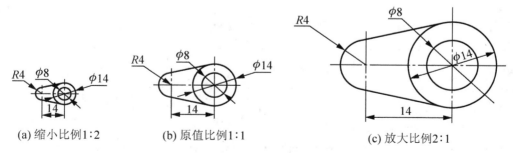

(a) 缩小比例1:2　　(b) 原值比例1:1　　(c) 放大比例2:1

图 1.3 用不同比例画出的图形

画图时应优先采用原值比例。但不论采用何种比例，图样上所标注的尺寸均为机件的实际尺寸，与比例无关，如图 1.3 所示。同时应注意，角度的大小与比例无关。

1.1.3 图线

图线是构成图样的基本要素。国家标准 GB/T 17450—1998《技术制图-图线》中规定了图线的基本线型，GB/T 4457.4—2002《机械制图-图样画法-图线》中规定了机械图样中采用的各种线型及其应用场合，见表 1-2，图线应用示例如图 1.4 所示。

表 1-2 机械制图的线型及应用

序号	线　　型	名　　称	图线宽度	一般应用举例
1	———————	细实线	0.5b 0.25mm、 0.35mm	过渡线、尺寸线、尺寸界线、剖面线、重合断面的轮廓线、指引线、螺纹牙底线及辅助线等
2	～～～	波浪线	0.5b 0.25mm、 0.35mm	断裂处的边界线、视图与剖视图的分界线
3	—∧—∧—	双折线	0.5b 0.25mm、 0.35mm	断裂处的边界线、视图与剖视图的分界线
4	———————	粗实线	b 0.5mm、0.7mm	可见轮廓线、相贯线、螺纹牙顶线等
5	— — — —	细虚线	0.5b 0.25mm、 0.35mm	不可见轮廓线、不可见棱边线
6	━ ━ ━ ━	粗虚线	b 0.5mm、0.7mm	允许表面处理的表示线
7	—·—·—·	细点画线	0.5b 0.25mm、 0.35mm	轴线、对称中心线、分度圆(线)、剖切线等
8	━·━·━·	粗点画线	b 0.5mm、0.7mm	限定范围表示线
9	—··—··—	细双点画线	0.5b 0.25mm、 0.35mm	相邻辅助零件的轮廓线、可动零件极限位置的轮廓线、轨迹线、中断线等

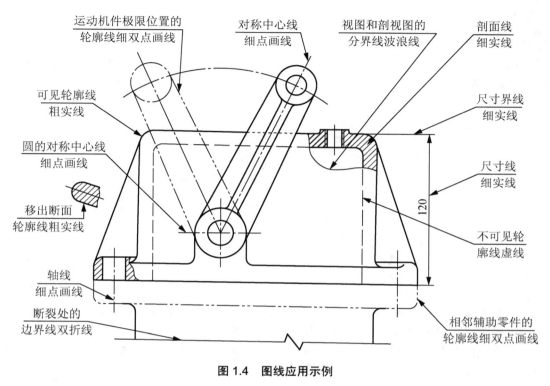

图 1.4 图线应用示例

1.2 三视图

 引例

三视图是工程图样的最基本的表现形式，是工程图样的核心内容。要了解三视图的形成，就必须了解正投影法。为什么要用三视图呢？这是因为三视图是从3个不同方向对同一个物体进行观测，可以完全确定一个物体的形状和大小。

1.2.1 正投影法

投影法是指投射线通过物体，向选定的投影面投射，并在该面上得到投影的方法。如图1.5所示，设定平面 P 为投影面，不属于投影面的定点 S 为投射中心。过空间点 A 由投射中心 S 可引直线 SA，SA 称为投射线。投射线 SA 与投影面的交点 a 称为空间点 A 在投影面 P 上的投影。同理，b 点是空间点 B 在投影面 P 上的投影。

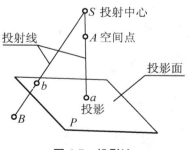

图 1.5 投影法

知识链接 1-1

如图 1.6 所示,投射线均从投射中心出发的投影法,称为中心投影法,所得的投影,称为中心投影。

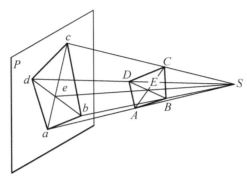

图 1.6　中心投影

投射线相互平行的投影法,称为平行投影法,所得的投影,称为平行投影。如图 1.7 所示,当投射线倾斜于投影面时,得到的投影称为斜投影。

如图 1.8 所示,投射线相互平行且垂直于投影面的投影法,称为正投影法,所得的投影,称为正投影。

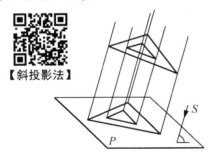

图 1.7　平行投影法——斜投影

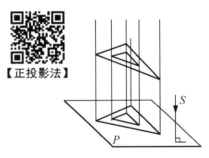

图 1.8　平行投影法——正投影

特别提示 1-2

空间点以大写字母表示,如 A、B、C、D;其投影用相应的小写字母表示,如 a、b、c、d。

特别提示 1-3

如不作特别说明,三视图都是按照正投影法绘制的。正投影法是绘制和阅读机械图样的理论基础。

1.2.2 三视图

机械图样上的正投影图称为视图。如图 1.9(a)所示,建立一个由 3 个相互垂直的投影面组成的三投影面体系。其中 V 面称为正立投影面,简称正面;H 面称为水平投影面,简称水平面;W 面称为侧立投影面,简称侧面。将物体放在三投影面体系内,分别向 3 个投影面投射。为了使所得的 3 个投影处于同一平面上,将 3 个投影面展开,如图 1.9(b)、图 1.9(c)所示,便得到物体的三视图。V 面上的视图称为主视图,H 面上的视图称为俯视图,W 面上的视图称为左视图。

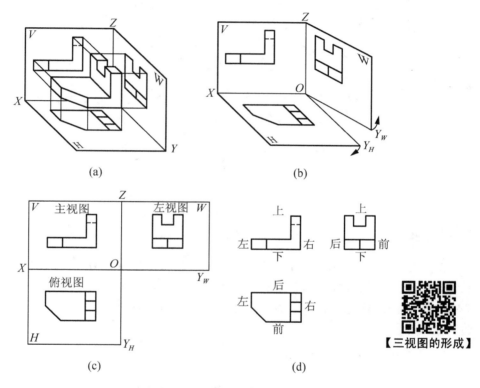

图 1.9 三视图的形成

特别提示 1-4

如图 1.9(d)所示,三视图的相对位置不能变动。俯视图在主视图的正下方,左视图在主视图的正右方。主视图反映物体的上下和左右关系,俯视图反映物体的前后和左右关系,左视图反映物体的前后和上下关系。

主视图和俯视图都反映物体的长,主视图和左视图都反映物体的高,俯视图和左视图都反映物体的宽。三视图之间对应的度量关系可归纳为:主视图、俯视图长对正,主视图、左视图高平齐,俯视图、左视图宽相等,即"长对正,高平齐,宽相等"。这种"三等"关系是三视图的重要特性。

应用实例 1-1

绘制如图 1.10 所示物体的三视图。

【案例点评】

物体的三视图如图 1.11 所示。

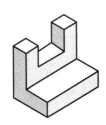

图 1.10　立体图

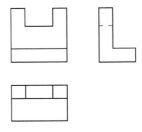

图 1.11　三视图

1.3　基　本　体

　　基本体是认识复杂零件的基础，可分为平面体和回转体两大类。常见的平面体有棱柱、棱锥等；常见的回转体有圆柱、圆锥等。基本体可组合成能完成各种任务的零件，如六角头螺栓、管道三通等。要画出它们的三视图和正确标注尺寸，就必须研究组成它们的基本体。

这些基本怎样用三视图来表达呢？

1.3.1　基本体的三视图

1．棱柱

1) 棱柱的形体特点

如图 1.12(a)所示，棱柱具有形状和大小完全一样的上下底面，棱线互相平行，矩形棱面与上下底面垂直，底面为棱柱的特征面。若上下底面为正多边形，则棱面形状和大小完全一样，称为正棱柱。

2) 棱柱三视图的画法和特点

如图 1.12(b)所示，首先画出基准线，并从特征视图入手，画出俯视图(正六边形)，然后画出一般视图。俯视图反映形状特征，具有积聚性，其他两视图外框为矩形。

知识链接 1-2

平面在与其平行的投影面上的投影反映其实形,具有真实性;在与其垂直的投影面上的投影积聚成直线,具有积聚性;在与其倾斜的投影面上的投影为缩小了的类似形,具有类似性。

知识链接 1-3

如果点在直线上,那么点的各面投影一定在该直线的同面投影上;如果点在平面上,那么点的各面投影一定在该平面的同面投影上。

如图 1.12(b)所示,已知棱柱表面上点 M 的正投影 m',求作点 M 的其他两个投影 m、m''。因为 m' 可见,则点 M 必定在棱面 $ABCD$ 上。此棱面与水平投影面垂直,其水平投影积聚成一条直线,点 M 的水平投影必定在该直线上,由 m 和 m' 即可求得侧面投影 m''。

又知点 N 的水平投影 n,求作其他两个投影。因为 n 可见,则点 N 必定在六棱柱顶面,点 N 的其他两个投影 n' 和 n'' 分别在上底面的积聚性投影上。

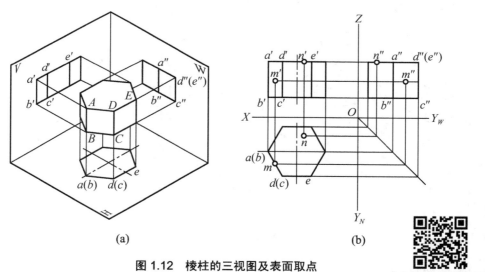

图 1.12 棱柱的三视图及表面取点

【六棱柱表面取点】

2. 棱锥

1) 棱锥的形体特点

如图 1.13(a)所示,棱锥由底面和棱面围成。底面为多边形,棱面是有一个公共顶点的三角形,棱线相交于锥顶。底面为棱锥的特征面。若棱锥的底面是正多边形,并且顶点在底面的投影位于底面的中心,称为正棱锥。

2) 棱锥三视图的画法和特点

如图 1.13(a)所示,正三棱锥的底面平行于 H 面,则底面的水平投影反映实形,为一与底面全等的正三角形。底面的正面投影和侧面投影积聚成一条直线。棱面△SAC 与侧面垂直,则其侧面投影积聚成一条直线,水平投影和正面投影分别为棱面△SAC 的类似形。棱面△SAB、△SBC 的三面投影均为呈类似性的三角形线框。

作图时先画出底面三角形的各个投影,再做出锥顶 S 的各个投影,然后连接各棱线即得正三棱锥的三面投影。

知识链接 1-4

在平面上找点的投影时,首先确定点所在的平面,再分析该平面的投影特性。如果该平面为一般位置的平面,可采用辅助直线法求作点的投影。

如图 1.13(b)所示,已知正三棱锥表面上点 M 的正面投影 m′,求作点 M 的其他两个投影 m、m″。因为 m′ 可见,则点 M 必定在棱面△SAB 上。棱面△SAB 为一般位置的平面,过点 M 及锥顶点 S 作一条辅助直线 SK,与底边 AB 交于点 K,做出点 K 的水平投影。根据点的从属关系,求出点 M 的水平投影 m,由 m 和 m′ 即可求得侧面投影 m″。

又知点 N 的水平投影 n,求作其他两个投影。因为 n 可见,则点 N 必定在棱面△SAC 上,n″ 必定在直线 s″a″(c″)上,由 n 和 n″ 即可求得正面投影 n′。

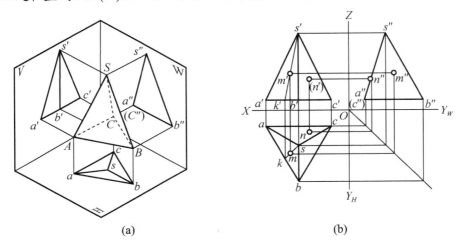

(a)　　　　　　　　　　　(b)

图 1.13 棱锥的三视图及表面取点

3. 圆柱

1) 圆柱的形体特点

圆柱体由上、下底面和圆柱面围成。上、下底面为大小相等的圆,圆柱面是由一直线(母线)绕着与之平行的轴线回转而成的。

2) 圆柱三视图的画法和特点

如图 1.14(a)所示,圆柱体的俯视图为反映上、下底面实形的圆,也是圆柱曲面的积聚性圆。主视图为矩形线框,矩形的上下两边为圆柱体的上、下底面的积聚性投影,左右两边为圆柱面最左、最右的两条素线的投影,这两条素线将柱面分为可见的前半圆柱面和不可见的后半圆柱面,称为圆柱面对 V 面的转向轮廓线。左视图的图形虽然和主视图相同,但其左右两条边的含义和主视图不同,这两条线表示柱面上最前、最后两条素线的投影,它们将柱面分为可见的左半圆柱面和不可见的右半圆柱面,称为圆柱面对 W 面的转向轮廓线。

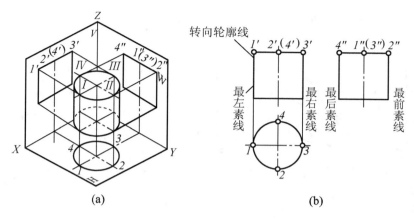

图 1.14 圆柱的三视图

作圆柱体的三视图时要先画出水平投影的圆,再画出其他两个投影。圆柱面的水平投影具有积聚性,因此圆柱面上点的水平投影必定在圆柱体的水平投影圆上,由此可确定圆柱面上点的投影。

如图 1.14(b)所示,圆柱面对 V 面的转向轮廓线的侧面投影处于圆柱体左视图的中心线处;圆柱面对 W 面的转向轮廓线的侧面投影处于圆柱体主视图的中心线处。

如图 1.15 所示,已知圆柱表面上点 M 和点 N 的正面投影 m'、n',求作其他两个投影。因为 m' 可见,所以点 M 必在前半圆柱面上。根据该圆柱面水平投影具有积聚性的特征,m 必定在前半水平投影圆上。由 m、m' 即可求出 m''。由于点 N 在圆柱的转向线上,所以其另外两投影可直接求出。

4. 圆锥

1) 圆锥的形体特点

圆锥表面由圆锥面和底面圆组成,它是以直角三角形的一条直角边所在的直线为旋转轴,其余两边旋转形成的面所围成的旋转体。

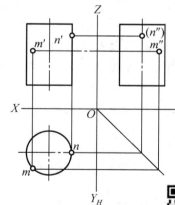

图 1.15 圆柱的表面取点

【圆柱的表面取点】

2) 圆锥三视图的画法和特点

圆锥体的投影和圆柱体的投影类似。如图 1.16(a)所示,俯视图为反映底面实形的圆,也是锥面的水平投影圆。主视图和左视图为等腰三角形,其底边是圆锥底面的积聚性投影。主视图的两腰为锥面对 V 面的转向轮廓线的投影;左视图的两腰为锥面对 W 面的转向轮廓线的投影。

汽车机械基础教程(第3版)

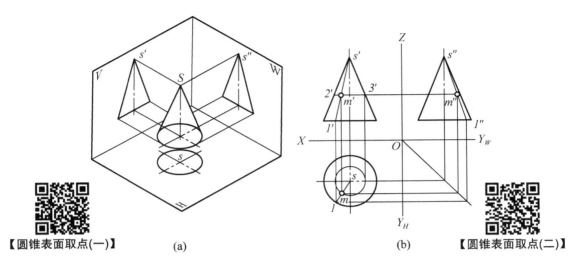

【圆锥表面取点(一)】　　(a)　　　　　　　　　　　(b)　　【圆锥表面取点(二)】

图1.16　圆锥的投影及表面取点

作圆锥体的三视图要先画出底面圆的各个投影，再画出锥顶的投影，然后分别画出其外形轮廓素线，即完成圆锥的各个投影。

知识链接1-6

圆锥表面取点可采用两种方法：辅助素线法和辅助圆法。

如图1.16所示，已知圆锥表面上点 M 的正面投影 m'，求作点 M 的其他两投影 m、m''。因为 m' 可见，所以点 M 必在前半个圆锥面上，具体作图如下。

方法一：辅助素线法

过锥顶 S 和点 M 作一辅助线 $SⅠ$，由已知条件可确定正面投影 $s'1'$，求出它的水平投影 $s1$。根据点的从属关系，求出点 M 的水平投影 m，由 m 和 m' 即可求得侧面投影 m''。

方法二：辅助圆法

过点 M 作一垂直于回转轴线的水平辅助圆，该圆的正面投影过 m'，且平行于底面圆的正面投影，它的水平投影为一直径等于 $2'3'$ 的圆，m 必在此圆周上，由 m' 和 m 可求出 m''。

1.3.2　基本体的尺寸标注

在标注基本体的尺寸时，要标注出长、宽、高3个方向的尺寸。常见基本体的尺寸标注如图1.17所示。

特别提示1-6

在尺寸数字的前面或后面加上符号，表达设计要求。常用的符号有：直径"ϕ"、半径"R"、球直径"$S\phi$"、参考尺寸"(　　)"等。

整圆或大于半圆的圆弧一般标注直径尺寸，小于或等于半圆的圆弧一般标注半径尺寸。圆柱的直径尺寸一般标注在非圆的视图上,而圆弧的半径尺寸应标注在投影为圆弧的视图上。

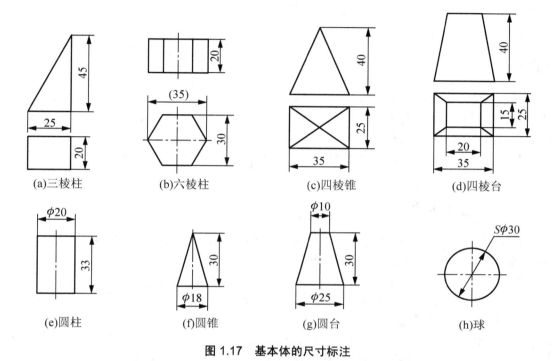

图 1.17 基本体的尺寸标注

应用实例 1-2

如图 1.18 所示,补全接头的正面投影和水平投影。

【案例点评】

接头的三视图如图 1.19 所示。

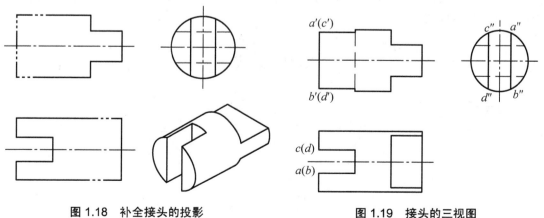

图 1.18 补全接头的投影　　　　　图 1.19 接头的三视图

1.4 组合体

由基本体组成的较复杂的形体称为组合体。组合体是简化了的零件,是理想化了的结构形状。学习组合体就是学习组合体的形体分析法,运用形体分析法分析组合体,进而分析实际生产中的零件、部件和机器。

掌握了组合体,就掌握了学习的主动权,掌握了分析物体的基本方法。

1.4.1 组合体的三视图

任何组合体都可以看成是由两个或两个以上的基本体按照一定的组合形式组合而成的。组合体的组合形式有切割、叠加和综合 3 种。

将组合体假想地分解成几个基本体,再分析各基本体的形状、相对位置、表面连接关系、组合形式等,然后又组合成该组合体的过程就称为组合体的形体分析法。形体分析法是解决组合体问题的基本方法。

图 1.20(a)所示的组合体由小圆筒、大圆筒、连接板和肋板组成。小圆筒与大圆筒的轴线相互平行,底板的前后侧面都与小圆筒和大圆筒相切,底板的下底面与小圆筒的下底面平齐,与大圆筒的下底面平行但不平齐。肋板的左、右两端分别与小圆筒和大圆筒相交,肋板的下底面与底板的上底面相互重合。

画组合体三视图首先要选择视图,选择视图首先要确定主视图。一般是将组合体的主要表面或主要轴线放置在与投影面平行或者垂直的位置,并以最能反映该组合体各部分形状和位置特征的一个视图作为主视图。图 1.20(a)所示的组合体,使小圆筒和大圆筒的轴线垂直于水平投影面,并按图示位置放置时,主视图最能反映各部分的相对位置。主视图方向确定后,其他视图的方向则随之确定。

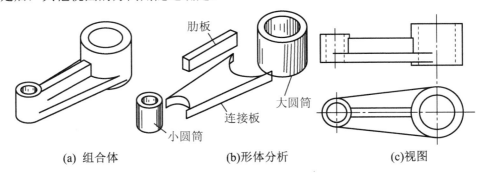

(a) 组合体　　　　　　　(b)形体分析　　　　　　　(c)视图

图 1.20 组合体的形体分析

画组合体视图时要注意以下内容。
(1) 按照组合体的形成过程,先画主要形体,后画次要形体;先画可见部分,后画不可见部分；先画基本体，后画局部细节。图1.20(a)所示的组合体，先画小圆筒和大圆筒，再画连接板和肋板；先画小圆筒和大圆筒的基本体(空心圆柱体)，再画小圆筒和大圆筒与肋板的交线。

(2) 同一个形体的3个视图应对应着一起画，先画形状特征最明显或者具有积聚性的视图，再按投影关系画其他视图。图1.20中的小圆筒、大圆筒和肋板，应先画俯视图再画主视图。尤其要注意必须按照投影关系正确地画出相交和相切处的投影。

 知识链接 1-7

基本体在形成组合体时，若相邻的两个表面相切，则面的交接处是光滑的，没有明显的棱线，但存在几何上的切线。切线是两个形体的分界线，画图时要注意画到切点。在如图1.20所示的组合体中，肋板和小圆筒、大圆筒相切，所以画主视图时在相切处没有分界线，肋板的轮廓线应画到切点处。但是如果两个曲面的公切面垂直于投影面，则应在该投影面相切处画线。

若相邻的两个表面相切，相交处会产生不同形式的交线，在视图中应画出这些交线的投影。

1.4.2 组合体的尺寸标注

组合体的尺寸标注的基本要求是：正确、完整、清晰、合理。在标注尺寸时，应做到：符合国家标准的规定，各类尺寸应齐全，不重不漏，布置整齐清晰，便于读图。

组合体的尺寸包括：表示各基本体大小(长、宽、高)的定形尺寸；表示各基本体之间相对位置(上下、左右、前后)的定位尺寸；表示组合体总长、总宽、总高的总体尺寸。

尺寸标注的起点称为尺寸基准，简称基准。组合体有长、宽、高3个方向的基准，通常选择组合体的底面、端面、对称面、轴线、对称中心线等作为基准。

组合体尺寸标注的基本方法是形体分析法，即将组合体分解为若干个基本体，标注出各基本体的定形尺寸，再依次标注出确定各基本体相对位置的定位尺寸，最后标注出组合体的总体尺寸。

图1.21所示的组合体(支架)，其尺寸布置如图1.22所示。

 特别提示 1-7

组合体尺寸标注的步骤：形体分析→基准选择→各基本体定形尺寸和定位尺寸的标注→总体尺寸标注→检查、调整。

组合体尺寸标注的原则如下。

(1) 尺寸应尽量标注在表示形体特征最明显的视图上。

(2) 同一基本形体的定形尺寸及相关联的定位尺寸要尽量集中标注，以便于寻找尺寸。

(3) 尺寸应尽量标注在视图的外侧，以保持图形的清晰。

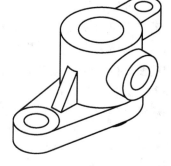

图1.21 支架立体图

(4) 同心圆柱的直径尺寸尽量标注在非圆视图上，而圆弧的半径尺寸则必须标注在投影为圆弧的视图上。

(5) 尽量避免在虚线上标注尺寸。

(6) 尺寸线与尺寸界线，尺寸线、尺寸界线与轮廓线都应避免相交。相互平行的尺寸应按"小尺寸在内，大尺寸在外"的原则排列。

在标注尺寸时，有时会出现不能兼顾以上各点的情况，这时必须在保证尺寸标注正确、完整的前提下，灵活掌握，力求清晰。

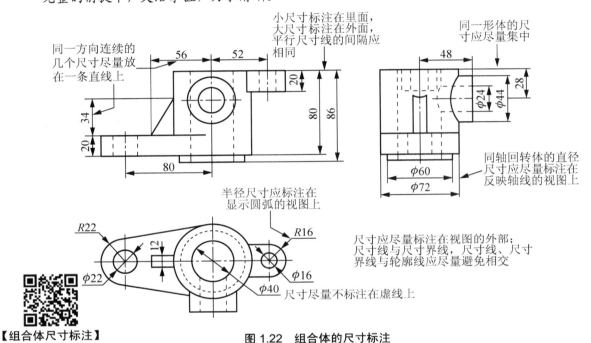

图 1.22　组合体的尺寸标注

1.4.3　读组合体视图

读组合体视图的过程是画组合体视图的逆过程，即根据视图，分析视图之间的投影关系，想象出视图所表示物体的空间形体。

形体分析法是读图的基本方法。一般是从反映物体形状特征的主视图着手，对照其他视图，初步分析出该物体是由哪些基本体及通过什么连接关系形成的，然后按投影特性逐个找出各基本体在其他视图中的投影，以确定各基本体的形状和它们之间的相对位置，最后综合想象出物体的总体形状。

知识链接 1-8

读组合体视图时要将几个视图联系起来看。一般情况下，一个视图不能完全确定物体的形状。图 1.23 所示的 5 组视图，它们的主视图都相同，但实际上是 5 种不同形状的物体。

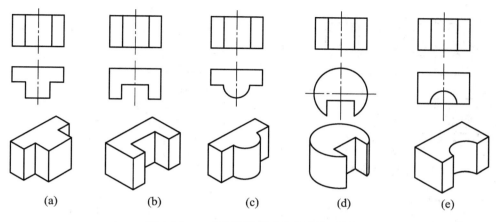

图 1.23 一个视图不能确定物体的形状

图 1.24 所示的 3 组视图,它们的主、俯视图都相同,但也表示了不同形状的物体。因此,读图时一般将几个视图联系起来阅读、分析和构思,才能确定物体的形状。

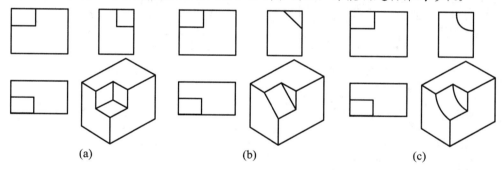

图 1.24 几个视图同时分析才能确定物体的形状

读组合体视图时要会寻找特征视图。所谓特征视图,就是把物体的形状特征及相对位置反映得最充分的那个视图,如图 1.23 所示的 5 组视图中的俯视图和图 1.24 所示的 3 组视图中的左视图,找到这个视图,再配合其他视图,就能较快地认清物体了。但是,由于组合体的组成方式不同,物体的形状特征及相对位置并非总是集中在一个视图上,有时是分散于各个视图上。所以在读图时,要抓住反映特征较多的视图。

以如图 1.25 所示的轴承座为例,说明用形体分析法读组合体视图的步骤。

1) 根据投影规律分离形体线框

从视图中分离出表示各基本体的线框。其中 3 为左右两个完全相同的三角形,因此可归纳为将主视图分为 3 个线框,分别找出各线框对应的其他投影,如图 1.25(a)所示。

2) 根据特征视图想象形体形状

根据各线框对应的其他投影,并结合各自的特征视图逐一构思它们的形状,如图 1.25(b)~图 1.25(d)所示。

3) 根据位置关系想象整体形状

根据各部分的形状和它们的相对位置综合想象出其整体形状,如图 1.25(e)和图 1.25(f)所示。

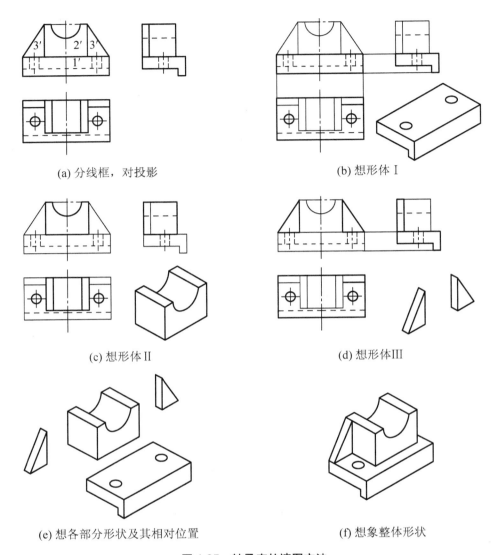

(a) 分线框，对投影   (b) 想形体 I

(c) 想形体 II   (d) 想形体 III

(e) 想各部分形状及其相对位置   (f) 想象整体形状

图 1.25 轴承座的读图方法

特别提示 1-8

形体分析法的实质是：分部分想形状，合起来想整体，由整体到局部，由局部到整体。

应用实例 1-3

读如图 1.26 所示的支座三视图，分析其空间形体。

【案例点评】

将支座的主视图分成 3 个线框，根据投影关系找出各线框在其他两个视图上的对应投影，可看出该支座是由底板、拱形板和长方形竖板叠加后，在后部和底部切去大小一致的通槽,并在拱形板和长方形竖板上开一圆柱形通孔而形成的,支座的立体图如图 1.27 所示。

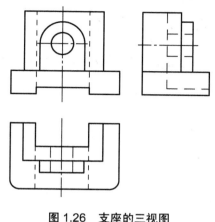

图 1.26　支座的三视图　　　　　　　　图 1.27　支座的立体图

小　　结

在三视图中,主视图和俯视图都反映物体的长,主视图和左视图都反映物体的高,俯视图和左视图都反映物体的宽。三视图之间对应的度量关系可归纳为:主视图、俯视图长对正,主视图、左视图高平齐,俯视图、左视图宽相等,即"长对正,高平齐,宽相等"。

基本体可分为平面体和回转体。常见的平面体有棱柱、棱锥等;常见的回转体有圆柱、圆锥等。

组合体是由基本体组成的复杂形体。将组合体假想地分解成几个基本体,再分析各基本体的形状、相对位置、表面连接关系、组合形式等,然后又组合成该组合体的过程就称为组合体的形体分析法。形体分析法是分析组合体的基本方法。

习　　题

一、填空题

1．三视图之间对应的度量关系可归纳为:主视图、俯视图_____,主视图、左视图_____,俯视图、左视图_____。

2．在三视图中,主视图和俯视图都反映物体的_____方向的尺寸,主视图和左视图都反映物体的_____方向的尺寸,俯视图和左视图都反映物体的_____方向的尺寸。

3．基本体可分为_____和_____。

4．组合体的组合形式有_____、_____和_____ 3 种。

5．组合体尺寸标注的基本原则是_____、_____、_____、_____。

二、判断题

1. 比例是指机件实物要素与其图中图形相应要素的线性尺寸之比。（　　）
2. 两个视图可以完全确定物体的形状特征。（　　）
3. 若圆柱的轴线垂直于水平投影面，则圆柱面对 V 面的转向轮廓线的侧面投影处于圆柱体左视图的中心线处。（　　）
4. 圆弧的半径尺寸必须注在投影为圆弧的视图上。（　　）
5. 标注组合体的尺寸时，只需标注各基本体的定形尺寸。（　　）

三、简答题

1. 什么是正投影？三视图是怎么形成的？
2. 棱柱、棱锥、圆柱及圆锥的三视图各有什么样的投影特点？
3. 什么是形体分析法？

四、识图题

读如图 1.28 所示的支座三视图，分析其空间形体。

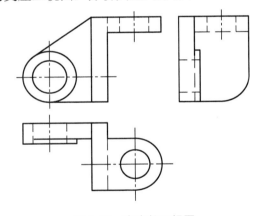

图 1.28　支座的三视图

任务 2

熟悉机件的表达方法

 任务目标

了解视图、剖视图和断面图的概念；掌握视图、剖视图和断面图的种类和应用；了解视图、剖视图和断面图的画法规定并能够正确识读。

任务要求

能力目标	知识要点	相关知识	权重	自测分数
了解相关知识	(1) 视图 (2) 剖视图 (3) 断面图	(1) 基本视图、向视图、斜视图和局部视图的概念及画法 (2) 剖视图的概念及画法 (3) 断面图的概念及画法	15%	
熟练掌握知识点	(1) 视图 (2) 剖视图 (3) 断面图	(1) 视图的种类和应用 (2) 剖视图的种类和应用 (3) 断面图的种类和应用	35%	
运用知识分析案例	机件的表达方法	正确识读视图、剖视图和断面图	50%	

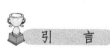 引　言

机件的表达方法是为了更方便、更准确地表示零件而设立的。在实际生产中，机件的内外部形状结构的复杂程度各不相同。如果机件的内部结构较多、较复杂，此时仅用三视图表达，图形中的虚线就会过多，造成读图和标注尺寸的不便。于是，机件的表达方法就应运而生了。它从多方位、多方向观察零件，从零件外部到零件内部，每一个结构都能够以可见的方式表达出来。这样不仅绘图容易，而且标注的尺寸清晰，特别是能给读图者带来极大的方便。

2.1 视 图

视图是机件向投影面投射所得到的图形,其基本任务是表达机件的外部形状,一般只画出其可见部分。这样画出的每个视图表达的重点突出,减少重复表达,能给绘图者和读图者带来方便。

视图有基本视图、向视图、局部视图和斜视图 4 种。

2.1.1 基本视图

根据国家标准规定,在原有 3 个投影面的基础上,可再增设 3 个投影面,组成一个正六面体,这 6 个投影面称为基本投影面,如图 2.1 所示。机件向基本投影面投射所得到的视图称为基本视图,分别叫作主视图、俯视图、左视图、右视图、仰视图、后视图。

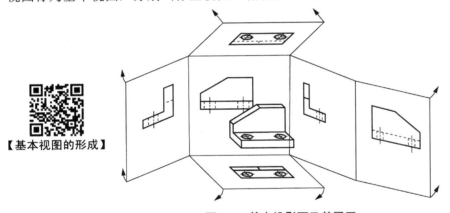

图 2.1 基本投影面及其展开

基本投影面按照图 2.1 所示展开在同一平面上后,基本视图的配置关系如图 2.2 所示。在同一图纸内,视图按照正常展开关系配置时,各视图名称不必标注。

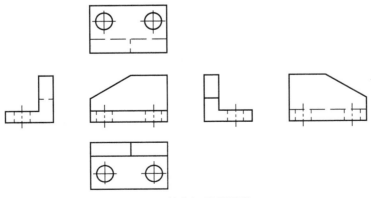

图 2.2 基本视图的配置

 **特别提示** 2-1

6个基本视图之间仍然符合"长对正、高平齐、宽相等"的投影规律。在表达零件的形状时,应根据零件的结构特点,按实际需要选用视图,一般应优先考虑选择主、俯、左3个基本视图,然后再考虑其他的基本视图。总的要求是在视图最少的情况下,表达完整、清晰。

2.1.2 向视图

在实际制图时,由于考虑到各视图在图纸中的合理布局问题,如不能按图 2.2 配置视图或各视图不能画在同一张图纸上时,应在视图的上方标出视图的名称"×"(这里"×"为大写拉丁字母),并在相应的视图附近用箭头指明投射方向,并注上同样的字母,这种视图称为向视图。向视图是可以自由配置的视图,如图 2.3 所示。

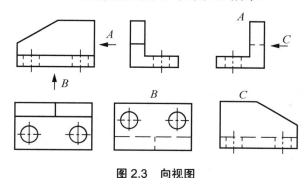

图 2.3　向视图

2.1.3 局部视图

将机件的某一部分向基本投影面投射所得到的图形称为局部视图,如图 2.4 所示。局部视图是不完整的基本视图,利用局部视图,可以减少基本视图的数量,补充表达基本视图尚未表达清楚的外形。

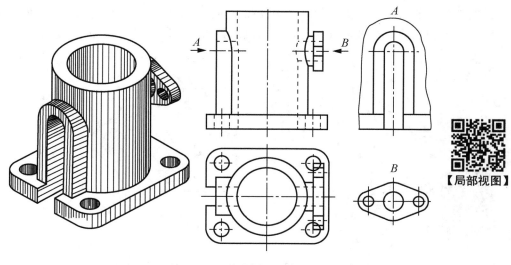

图 2.4　局部视图

画局部视图时应注意以下两点。

(1) 画局部视图时可按向视图的配置形式配置并标注。一般在局部视图上方标出视图的名称"×",在相应的视图附近用箭头指明投射方向,并注上同样的字母,如图 2.4 所示的局部视图 B。当局部视图按基本视图的配置形式配置,中间又没有其他图形隔开时,则不必标注,图 2.4 所示的局部视图 A 标注可以省略。

(2) 局部视图的断裂边界应以波浪线或双折线来表示。当所表示的局部结构是完整的且外轮廓又封闭时,断裂边界可省略不画,如图 2.4 所示的局部视图 A。用波浪线作为断裂边界线时,波浪线不应超过断裂机件的轮廓线,应画在机件的实体上,不可画在机件的中空处。图 2.5 所示是一块用波浪线断开的空心圆板的正误对比画法。

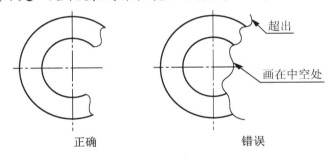

图 2.5　波浪线的正误画法

2.1.4　斜视图

为了清晰地表达如图 2.6 所示的压紧杆的倾斜结构,可以增设一个平行于倾斜结构且垂直于正投影面的平面(正垂面)作为新投影面,沿垂直于新投影面的箭头 A 方向投射,就可以得到反映倾斜结构实形的投影。这种将机件向不平行于基本投影面的平面投射所得到的视图称为斜视图。做出压紧杆的斜视图只是为了表达其倾斜结构的实形,所以只画出倾斜部分的投影后,用波浪线断开,不必画出其余部分的投影,如图 2.7 所示。

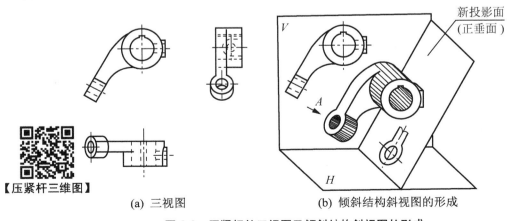

图 2.6　压紧杆的三视图及倾斜结构斜视图的形成

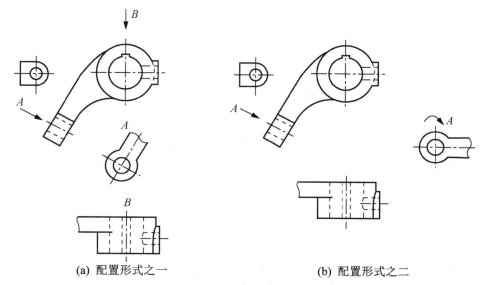

(a) 配置形式之一　　　　　　　　　　(b) 配置形式之二

图 2.7　压紧杆的斜视图和局部视图

特别提示 2-3

画斜视图时应注意以下几点。
(1) 必须在视图的上方标出视图的名称"×"，在相应的视图附近用箭头指明投射方向，并注上同样的大写拉丁字母"×"，如图 2.7(a)所示。
(2) 斜视图一般按投影关系配置，必要时也可配置在其他适当的位置。
(3) 在不致引起误解时，允许将斜视图旋转配置，旋转符号的箭头指向应与旋转方向一致，如图 2.7(b)所示。
(4) 画出倾斜结构的斜视图后，通常用波浪线断开，不画其他视图中已表达清楚的部分。

应用实例 2-1

分析图 2.8 所示的机件表达方法中的错误，并改正。
【案例点评】
当局部视图按基本视图的配置形式配置，中间又没有其他图形隔开时，则不必标注。基本视图的配置形式符合"长对正"的投影规律。斜视图则必须标注，正确的表达方法如图 2.9 所示。

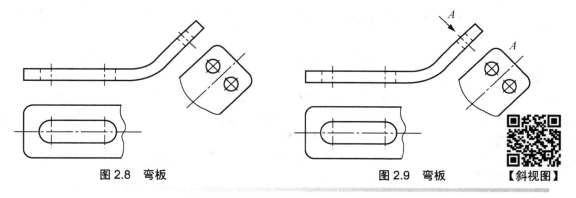

图 2.8　弯板　　　　　　　　图 2.9　弯板　　　【斜视图】

2.2 剖 视 图

剖视图的基本任务是表达机件的内部形状。对于内部形状比较复杂的机件，如果用基本视图表达，则虚线较多，不便于读图和尺寸标注；如果用剖视图表达，则图样非常清晰，给读图者带来方便。

2.2.1 剖视图的概念

当机件内部结构较复杂时，用假想的剖切面剖开机件，将处在观察者与剖切面之间的部分移去，将其余部分向投影面投射而得到图形，称为剖视图。剖视图是机件被剖切后的可见轮廓线的投影，主要用于表达机件的内部结构。绘制剖视图时，应在相应的视图上标注出剖切位置、投射方向及剖视图的名称。剖视图上方应标注视图的名称，并在剖切面与机体相交的实体剖面区域画出剖面符号。

特别提示 2-4

剖切面的位置常常选择所需表达的内部结构的对称面，并且平行于基本投影面。当剖视图按投影关系配置，中间又无其他图形隔开时，可省略表示投射方向的箭头；当单一剖切平面通过机件的对称平面或基本对称平面，且视图按投影关系配置，中间又没有其他图形隔开时，可省略全部标注。

因机件材料的不同，剖面符号也不相同。在机械图样中，使用最多的金属材料用互相平行的细实线表示，这种剖面符号通常称为剖面线。剖面线应以适当的角度绘制，一般与主要轮廓或剖面区域的对称线成45°角。

2.2.2 剖视图的种类

按机件被剖开的范围，剖视图可分为全剖视图、半剖视图和局部剖视图3种，如图2.10所示。

如图2.10(a)所示，用剖切平面将机件完全剖开所得到的剖视图，称为全剖视图。全剖视图一般适用于外形较简单的机件。

如图2.10(b)所示，当机件具有对称平面，且向垂直于对称平面的投影面投射时，可以以对称中心线为界，一半画成剖视图，另一半画成视图，这种图形称为半剖视图。半剖视图适用于内、外形状都需要表达的对称机件。

如图2.10(c)所示，用剖切平面局部地剖开机件所得到的剖视图，称为局部剖视图。局部剖视图用波浪线或者双折线作为剖开部分和未剖部分的分界线。

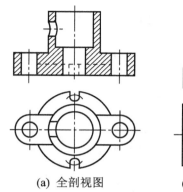 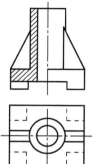 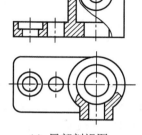

(a) 全剖视图　　　　　(b) 半剖视图　　　　　(c) 局部剖视图

图 2.10　剖视图

【剖视图的形成】

 特别提示 2-5

画局部视图时应注意以下两点。

(1) 波浪线应画在机件的实体处,不能穿空而过,也不能超出机件的轮廓线或者与其他轮廓线重合。

(2) 当被剖切的局部结构为回转体时,允许将该结构的中心线作为局部剖视图与视图的分界线。

 应用实例 2-2

将如图 2.11 所示的基本视图改为合适的剖视图。

【案例点评】

由图 2.11 所示的基本视图可知,该组合体是左右对称的。因此,将主视图改为如图 2.12 所示的半剖视图来表达其内部结构。

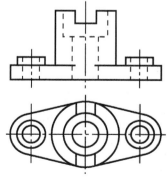 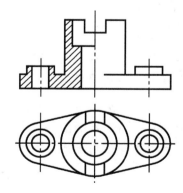

图 2.11　基本视图　　　　　　　　　图 2.12　半剖视图

2.3 断　面　图

断面图的基本任务是表达机件的断面形状。

图 2.13 所示的轴，用基本视图很难表达键槽和销孔的断面形状；图 2.14 所示的连杆，用基本视图很难表达清楚肋板的结构形状。如果改用剖视图表达，会使图样变得复杂，而断面图则可以用简洁的图形清晰地表达机件断面处的形状特征。

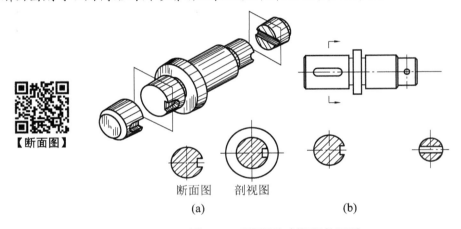

图 2.13　断面图和剖视图的区别

如图 2.13 所示，用剖切平面假想地将机件的某处断开，仅画出该剖切平面与机件接触部分的图形，称为断面图。

特别提示 2-6

应特别注意断面图与剖视图之间的区别。断面图只画出机件被切开处的断面形状，而剖视图除了画出其断面形状之外，还必须画出断面之后所有的可见轮廓。

断面图常用于表达机件的断面形状，可分为移出断面图和重合断面图两种。

画在视图之外的断面图，称为移出断面图，其轮廓线用粗实线绘制，如图 2.13(b)所示。对称的移出断面图也可画在视图的中断处，如图 2.14 所示。

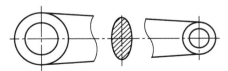

图 2.14　移出断面图

特别提示 2-7

　　剖切平面一般应垂直于被剖切部分的主要轮廓线；移出断面图应尽量配置在剖切符号的延长线上。当剖切平面通过由回转面形成的孔或凹坑等结构的轴线时，这些结构应按剖视图绘制，如图 2.13(b)所示。

　　画在视图轮廓线内的断面图称为重合断面图，其轮廓线用细实线绘制，如图 2.15 所示。为了重叠后不影响图形的清晰程度，重合断面图一般多用在断面形状较简单的情况下。

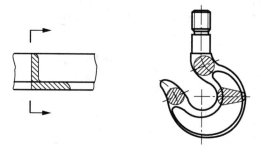

图 2.15　重合断面图

 特别提示 2-8

　　当视图中的轮廓线与重合断面图的图形重叠时，视图中的轮廓线仍应连续画出，不可间断。

 应用实例 2-3

　　如图 2.16 所示的机件，A—A 移出断面图绘制正确的是(　d　)。

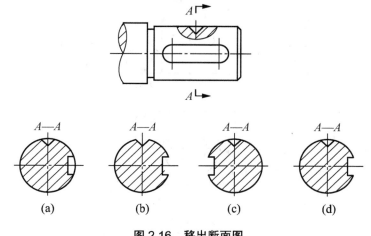

图 2.16　移出断面图

小　结

视图主要用来表达机件的外部形状，分为基本视图、向视图、局部视图和斜视图。

用假想的剖切面剖开机件，将处在观察者与剖切面之间的部分移去，将其余部分向投影面投射而得到图形，称为剖视图。剖视图是机件被剖切后的可见轮廓线的投影，主要用于表达机件的内部结构，有全剖视图、半剖视图和局部剖视图3种。

用剖切平面假想地将机件的某处断开，仅画出该剖切平面与机件接触部分的图形，称为断面图。断面图常用于表达机件的断面形状，分为移出断面图和重合断面图两种。

习　题

一、填空题

1．视图主要用来表达零件的外部结构，可分为_____、_____、_____和_____4种。

2．按机件被剖开的范围，剖视图可分为_____、_____和_____3种。

3．_____常用于表达杆状结构的断面形状，可分为_____和_____两种。

二、判断题

1．视图中的虚线不能省略。　　　　　　　　　　　　　　　　　　　　（　　）

2．所有的剖视图都不能表达机件的外形。　　　　　　　　　　　　　　（　　）

3．移出断面图都可以画在机件的中断处。　　　　　　　　　　　　　　（　　）

三、作图题

1．改正如图2.17所示的局部视图表达方法中的错误。

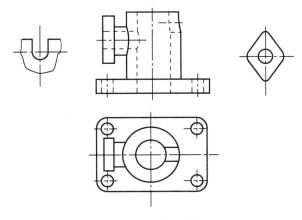

图2.17　局部视图

2. 画出如图 2.18 所示各剖视图中的漏线。

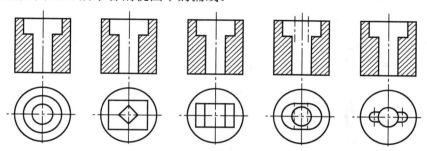

图 2.18　剖视图

3. 将如图 2.19 所示的基本视图改为全剖视图。

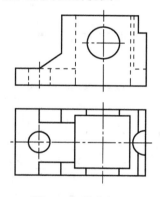

图 2.19　基本视图

任务 3

零件图的识读

任务目标

了解零件图的作用和内容；了解零件图中的各种技术要求；掌握零件图的识读方法。

任务要求

能力目标	知识要点	相关知识	权重	自测分数
了解相关知识	(1) 零件图的内容和作用 (2) 零件图的各种技术要求	(1) 零件图的作用和内容 (2) 表面粗糙度、极限与配合、几何公差	20%	
熟练掌握知识点	零件图的识读	轴套类、轮盘类、叉架类、箱体类零件图的识读方法	30%	
运用知识分析案例	各种汽车零件图的识读	能识读各种汽车零件图	50%	

引 言

在实际工作中，识读零件图是一项非常重要的工作。设计零件时要参阅同类型零件的零件图，使所设计的零件结构更合理；制造零件时，要确定适当的加工工艺，以确保零件加工质量，更要识读零件图。零件图和装配图一样，是非常重要的机械图样之一。

任务 3 零件图的识读

3.1 零件图的作用和内容

【零件图的作用和内容】

引例

零件图是用来指导制造和检验零件的主要图样,它表示零件的结构、形状大小和有关技术要求。零件图在生产中有什么样的作用呢?

3.1.1 零件图的作用

零件图主要有以下 3 个方面的作用:①指导零件生产前的准备工作;②指导零件的加工制造工作;③指导零件质量的检验工作。

3.1.2 零件图的内容

图 3.1 所示为机座的零件图。一张完整的零件图应包括以下 4 个部分的内容。

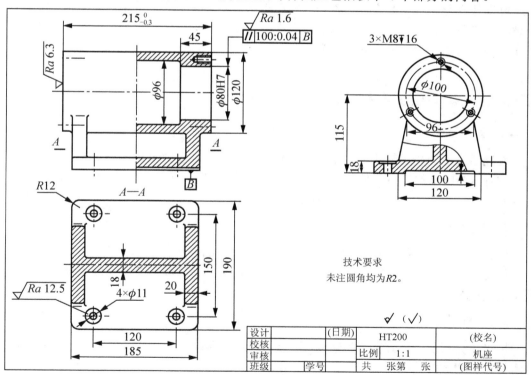

图 3.1 机座零件图

1) 一组视图

用必要的视图、剖视图、断面图等表示法,清晰地表达零件的形状、结构。

2) 完整的尺寸

正确、清晰、合理地标注零件制造、检验时所需要的全部尺寸。

3) 技术要求

零件图上的技术要求包括表面粗糙度、极限与配合、几何公差、表面处理、热处理等要求。技术要求制订得不能太高，太高则要增加制造成本；也不能制订得太低，太低则影响产品的使用性能和寿命。

4) 标题栏

零件图标题栏的内容包括零件名称、材料、数量、比例、图的编号及制图者的签名和日期等。

3.2 零件图的识读

常见的零件一般可分为轴套类、轮盘类、叉架类、箱体类 4 大类。对零件的分类，有利于对零件进行分析。如汽车的各种轴可归于轴套类零件，各种齿轮可归于轮盘类零件，各种拨叉可归于叉架类零件，发动机油底壳可归于箱体类零件。对于汽车技术服务人员，掌握零件图的识读方法是十分重要的。

3.2.1 零件图的识读方法

1. 看标题栏

首先通过标题栏了解零件的名称、材料，大体了解机器或零件的类型和功用。

如图 3.1 所示的机座零件图，它是一个起支承作用的零件，零件名称为机座，所用材料为 HT200。

2. 分析视图

先找主视图，再找其他视图，然后看各视图采用的表达方法，弄清其表达重点。

如图 3.1 所示的机座零件图，主视图采用半剖视图，左视图采用局部剖视图，俯视图采用全剖视图。

3. 分析形体

用形体分析法，分析零件的结构、形状。由组成零件入手，由大到小，从整体到局部，逐步想象出物体的结构形状。

从图 3.1 所示机座零件图可以看出零件的基本结构形状。机座由 3 部分构成，上部分是圆柱体，下部分是长方形底板，底板和圆柱体之间用 "H" 形肋板连接。

想象出基本形体之后，再深入到细部。对于图 3.1 来说，圆柱体的内部由 3 段圆柱孔组成，两端的 $\phi80H7$ 是轴承孔，中间的 $\phi96$ 是毛坯面。柱面端面上各有 3 个 M8 的螺孔。

底板上有 4 个 $\phi11$ 的地脚孔,"H"形肋板和圆柱为相交关系。

4. 识读零件尺寸

综合分析视图和形体,找出视图长、宽、高三个方向的尺寸基准,然后从基准出发,以结构分析为线索,了解各尺寸的作用,从而确定尺寸的大小。

如图 3.1 所示的机座零件图中,$\phi80H7$ 的定形尺寸为 $\phi80$,定位尺寸为圆心距离底座高度差 115。

5. 了解技术要求

主要分析零件的表面粗糙度、尺寸公差和几何公差等,先弄清配合面或主要加工面的加工精度要求,了解其代号含义;再分析其余加工面和非加工面的相应要求,了解零件加工工艺特点和功能要求;然后了解其他技术要求,以便根据现有加工条件,确定合理的加工工艺方法,保证这些技术要求。

如图 3.1 所示的机座零件图,尺寸精度最高的是 $\phi80H7$ 轴承孔。表面粗糙度 $Ra = 1.6\mu m$,且与底面有平行度要求。

特别提示 3-1

以上步骤是识读零件图需要注意的几个方面。在实际读图过程中,上述步骤常常是穿插进行的,要前后联系,相互补充,综合考虑。

知识链接 3-1

【表面粗糙度】

零件表面上具有的较小间距和峰谷所组成的微观几何形状特性称为表面粗糙度。表面粗糙度是评定零件表面质量的一项重要技术指标,对于零件的配合、耐磨性、抗腐蚀性及密封性等都有显著影响,是零件图中必不可少的一项技术要求。一般情况下,凡是零件上有配合要求或有相对运动的表面,粗糙度参数值越小,参数值越小,表面质量越高,但加工成本也越高。因此,在满足使用要求的前提下,应尽量选用较大的粗糙度参数值,以降低成本。

在零件图上表面粗糙度的评定参数常采用评定轮廓的算术平均偏差 Ra 和轮廓最大高度 Rz,如图 3.2 所示。

算术平均偏差 Ra 指在一个采样长度内,纵坐标 $Z(X)$ 绝对值的算术平均值;轮廓最大高度 Rz 指在同一采样长度内,最大轮廓峰高与最大轮廓谷深之和的高度。

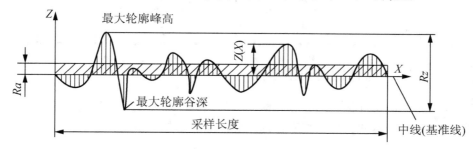

图 3.2 算术平均偏差 Ra 和轮廓最大高度 Rz

【极限与配合（1）】

【极限与配合（2）】

【几何公差】

知识链接 3-2

$\phi 80H7$ 中，$\phi 80$ 是孔的基本尺寸，H7 是 $\phi 80$ 的公差带代号(基本偏差为 H，标准公差等级为 IT7)。$\phi 80H7$ 也可标注为 $\phi 80^{+0.03}_{0}$ (表示上极限偏差为 +0.03；下极限偏差为 0；上极限尺寸为 $\phi 80.03$，下极限尺寸为 $\phi 80$)。

知识链接 3-3

几何公差是指零件的实际形状和实际位置对理想形状和理想位置所允许的最大变动量。

零件经过加工后，不仅会产生尺寸误差和表面粗糙度，而且会产生几何公差。几何公差包括形状、方向、位置和跳动公差 4 类，其表示符号见表 3-1。

表 3-1　几何公差表示符号

公　差	特征项目	符　号	有或无基准要求
形状公差	直线度	—	无
	平面度	▱	无
	圆度	○	无
	圆柱度	⌭	无
方向公差	平行度	∥	有
	垂直度	⊥	有
	倾斜度	∠	有
位置公差	位置度	⌖	有或无
	同轴(同心)度	◎	有
	对称度	＝	有
跳动公差	圆跳动	↗	有
	全跳动	⌰	有
轮廓(形状、方向或位置)公差	线轮廓度	⌒	有或无
	面轮廓度	⌓	有或无

3.2.2　零件图的识读举例

【典型零件图识读】

常见的零件按其形状和功能可分为四大类，分别是轴套类、轮盘类、叉架类和箱体类。这四大类典型零件的表达方法通常如下所述。

1. 轴套类零件

常见的轴套类零件有发动机曲轴、凸轮轴、变速器输入轴及输出轴等。

轴套类零件一般由几段同轴异径的回转体组成，常采用加工位置作为主视图方向。这类零件一般不画视图为圆的侧视图，而是围绕主视图根据需要画一些局部视图、断面图和局部放大图，图 3.3 清楚地表达了蜗轮轴的结构特点。

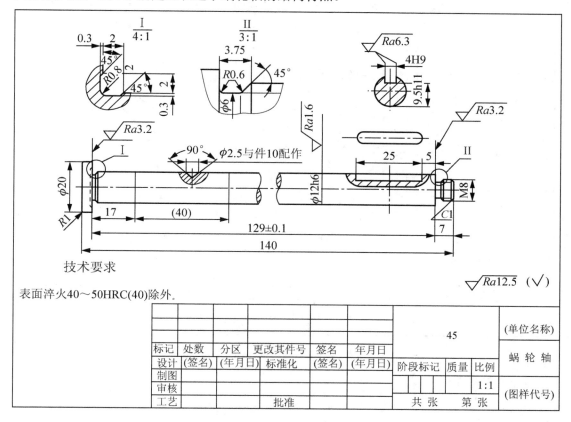

图 3.3 蜗轮轴的结构特点

 知识链接 3-4

轴套类零件是用来支承旋转轴及轴上零件或用来导向的，该类零件的主要表现是内孔和外圆。和轴一样，通常轴向尺寸比径向尺寸大得多。

2. 轮盘类零件

常见的轮盘类零件有轮毂、风扇、带轮、飞轮、转向盘、轴承端盖、离合器压盖、齿轮、法兰盘等。

轮盘类零件多为扁平状，有一个结合面，周围有连接装置，上面有连接孔、定位销孔等。有时零件中间有孔，以利于其他件的伸出。如图 3.4 所示，主视图为剖视图，表达阀盖的内部结构形状，左视图反映其外部结构形状。

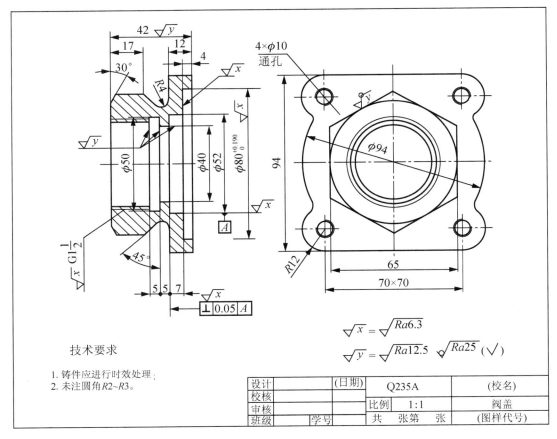

图 3.4 阀盖零件图

3. 叉架类零件

常见的叉架类零件有拨叉、支架等。叉架类零件主要由工作部分、支承部分和连接部分组成。

叉架类零件的形状结构一般比较复杂,主视图一般以工作位置放置,一般需多个视图,再根据需要配置一些局部视图、斜视图或断面图。如图 3.5 所示,主视图为局部剖视图,左视图为局部剖视图,此外采用了局部视图 A 表示凸台的形状,采用移出断面图表示肋板的断面形状。

4. 箱体类零件

常见的箱体类零件有发动机气缸体、变速器壳体、转向器壳体等。箱体是机器或部件的外壳或底座,它是机器或部件的骨架,起着支承、包容其他零件的作用。

箱体类零件是最复杂的一类零件,常由薄壁围成不同形状的内腔,容纳运动零件及油、气等介质。箱体类零件的主视图一般按工作位置绘制,需采用多个视图、剖视图及其他表达方法。

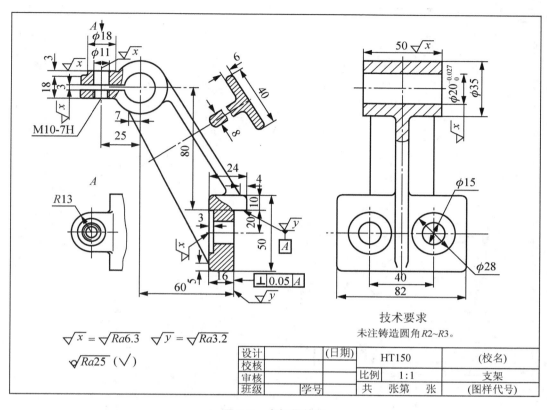

图 3.5 支架零件图

蜗轮蜗杆减速器箱体(图 3.6)的零件图如图 3.7 所示，主视图和左视图采用全剖视图，主要表达箱体的内部结构形状；俯视图采用基本视图，主要表达箱体的外部结构形状；此外采用 C—C 断面图表达肋板的断面形状，用两个局部视图 D 和 E 表达凸台的形状。

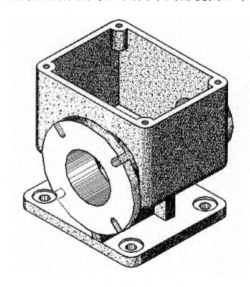

图 3.6 蜗轮蜗杆减速器箱体

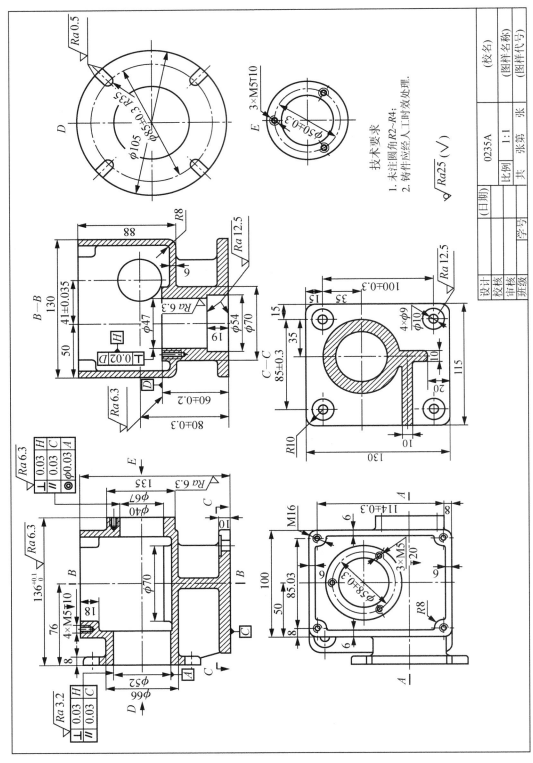

图 3.7 箱体零件图

小　　结

零件图是用来指导制造和检验零件的主要图样。

一张完整的零件图应包括一组视图、完整的尺寸、技术要求和标题栏。

阅读零件图时，应将零件的结构形状、尺寸标注及技术要求综合起来，比较全面地进行阅读。

常见的零件按其形状结构和功能可分为轴套类、轮盘类、叉架类、箱体类四大类零件。

习　　题

一、填空题

1．一张完整的零件图应包括_____、_____、_____和_____。
2．常见的零件可按照其形状和功能等分为_____、_____、_____和_____。

二、简答题

1．阅读零件图的步骤是什么？
2．零件图中，常见的技术要求有哪些？

三、识图题(图3.8)

1．该零件的名称是什么，其结构特点是什么？
2．分析该零件的表达方案。
3．分析该零件的技术要求。

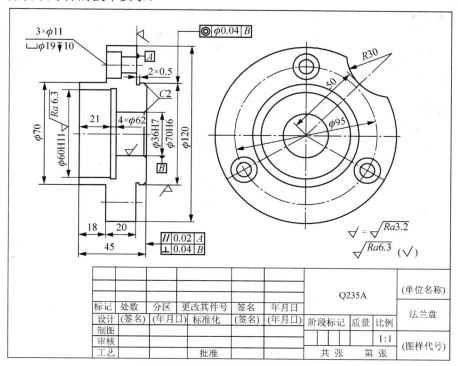

图 3.8　法兰盘零件图

任务 4

装配图的识读

任务目标

了解装配图的作用和内容；了解装配图中的各种表达方法；掌握装配图的识读方法。

任务要求

能力目标	知识要点	相关知识	权重	自测分数
了解相关知识	(1) 装配图的作用和内容 (2) 装配图的画法	(1) 装配图的作用和内容 (2) 装配图的规定画法和特殊画法	20%	
熟练掌握知识点	装配图的识读	装配图的识读方法	30%	
运用知识分析案例	各种汽车用装配图的识读	能识读各种汽车用装配图	50%	

引　言

汽车由多个总成和部件组成，总成和部件又由若干个零件根据装配关系和技术要求装配而成。装配图是汽车制造、维修和检验的重要技术文件。通过识读装配图，能够了解装配体中各零件间的相互位置、装配关系、传动路线及重要零件的作用、结构形状、使用方法、拆装顺序等。因此，识读装配图是每个汽车从业人员必须掌握的基本技能。

4.1 装配图的作用和内容

【装配图的作用和内容】

 引例

装配图是表达机器或部件装配关系的机械图样。表达一台完整机器的装配图,称为总装配图;表达机器中某个部件的装配图,称为部件装配图。

装配图在生产中有什么样的作用?它包括哪些内容?

4.1.1 装配图的作用

装配图主要有以下 3 个方面的作用。
(1) 装配图是绘制零件图的依据。
(2) 装配图是机器装配、检验、调试和安装工作的依据。
(3) 装配图是了解机器或部件工作原理、结构性能,从而决定操作、保养、拆装和维修方法的依据。

4.1.2 装配图的内容

图 4.1 所示为滑动轴承的装配轴测图,它能够直观地表示滑动轴承的外形结构,但不能清晰地表示各零件的装配关系。

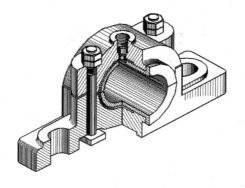

【滑动轴承】

【滑动轴承分解】

图 4.1 滑动轴承的装配轴测图

从图 4.2 可知,一张完整的装配图应包括以下 4 部分内容。
(1) 一组视图。一组视图用于表达机器的工作原理、各零件间的相对位置及装配关系、连接方式和重要零件的形状结构。
(2) 必要的尺寸。标注出机器或部件的规格尺寸、安装尺寸、总体尺寸和其他重要尺寸等。
(3) 技术要求。用文字或符号说明机器或部件在使用、检验、调试时的技术条件和要求。

(4) 零件序号、明细栏和标题栏。在装配图上必须对每个零件进行编号，并在明细栏中依次列出零件序号、名称、数量、材料等。标题栏中写明装配体的名称、绘图比例及相关人员的名称等。

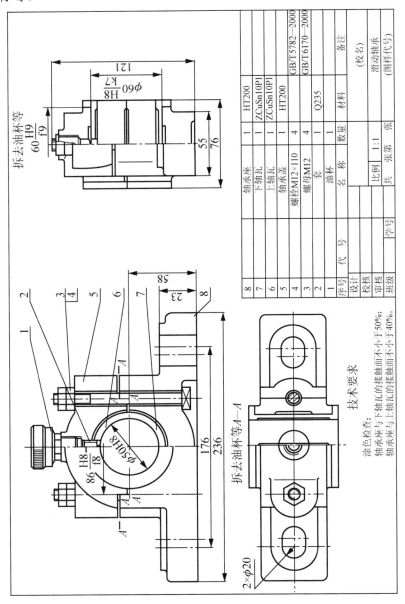

图 4.2　滑动轴承装配图

知识链接 4-1

国家标准规定了基孔制和基轴制两种配合制度，并优先采用基孔制。基孔制的孔为基准孔，代号为 H。基轴制的轴为基准轴，代号为 h。

根据配合的松紧程度，配合可分为间隙配合、过渡配合、过盈配合 3 种。

配合中，$60\frac{H9}{f9}$ 表示公称尺寸为 60 的孔和轴，基孔制间隙配合。孔的公差带代号为 H9，轴的公差带代号为 f9。

4.2 装配图的识读

引例

不同的工作岗位看图的目的是不同的，有的仅了解机器或部件的用途和工作原理；有的要了解零件的连接方法和拆卸顺序；有的要拆画零件图；等等。作为汽车技术服务人员，怎样正确识读装配图？

4.2.1 装配图的识读方法和步骤

(1) 概括了解。先看标题栏，了解相关说明；再看明细栏，了解机器或部件的名称和大致用途；然后结合阅读有关技术资料和说明书等，对装配体有一个概括的了解。

(2) 分析视图，了解装配关系。明确装配图的表达方法、投影关系和剖切位置，并结合标注的尺寸，想象出主要零件的主要结构形状。

(3) 分析尺寸和技术要求，了解相关性能和要求。

(4) 归纳总结，通过以上步骤，对装配体的组成零件和装配关系有一个全面的认识。

知识链接 4-2

零件图的各种表达方法同样适用于装配图，国家标准中除规定画法以外，还采用了一些特殊画法。

1) 假想画法

如选择的视图已将大部分零件的形状、结构表达清楚，但仍有少数零件的某些方面还未表达清楚时，可单独画出这些零件的视图或剖视图。为表示部件或机器的作用和安装方法，可将其他相邻零件的部分轮廓用细双点画线画出。假想轮廓的剖面区域内不画剖面线，如图 4.3 所示。

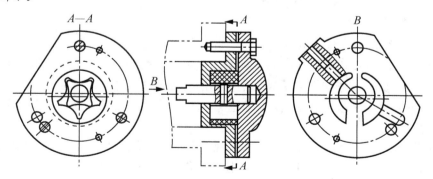

图 4.3 假想画法

2) 拆卸画法

当某些零件的图形遮住了其后的需要表达的零件，或在某一视图上不需要画出某些零件时，可拆去某些零件后绘制，也可选择沿零件结合面进行剖切的画法。图 4.2 所示的滑动轴承装配图中的俯视图和左视图，是拆去了油杯等零件后绘制的。

3) 简化画法

对于装配图中若干相同的零件和部件组，如螺栓连接等，可详细地画出一组，其余只须用细点画线表示其位置即可；对薄的垫片等不易画出的零件，可将其涂黑；零件的工艺结构，如小圆角、倒角、退刀槽、起模斜度等，可不画出，如图 4.4 所示。

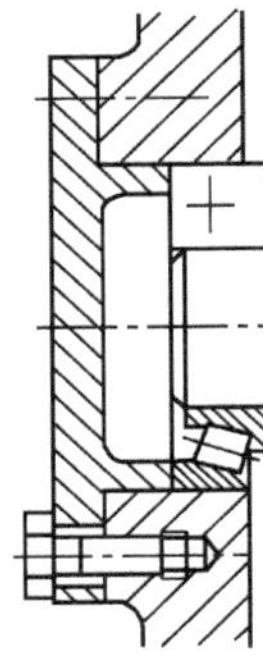

4.2.2 装配图的识读举例

(1) 概括了解。

图 4.5 表达的是管路附件——球阀，该阀共由 13 种零件组成。球阀的主要作用是控制管路中流体的流通量。从其作用及技术要求可知，密封结构是该阀的关键部位。

图 4.4 简化画法

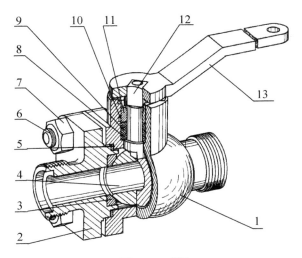

图 4.5 球阀

1—阀体；2—阀盖；3—密封圈；4—阀芯；5—调整垫；6—螺杆；7—螺母；
8—填料垫；9—中填料；10—上填料；11—填料压紧套；12—阀杆；13—扳手

(2) 分析视图，了解装配关系。

图 4.6 所示的球阀共采用 3 个基本视图。主视图采用局部剖视图，主要反映该阀的组成、结构和工作原理。俯视图采用局部剖视图，主要反映阀盖和阀体及扳手和阀杆的连接关系。左视图采用半剖视图，主要反映阀盖和阀体等零件的形状及阀盖和阀体间连接孔的位置、尺寸等。

图 4.6 所示的球阀有两条装配线。从主视图看，一条是水平方向，另一条是垂直方向。其装配关系是：阀盖和阀体用 4 个双头螺柱和螺母连接，并用合适的调整垫调节阀芯与密封圈之间的松紧程度。阀体垂直方向上装配有阀杆，阀杆下部的凸块嵌入到阀芯上的凹槽

内。为防止流体泄漏,在此处装有填料垫、填料,并旋入填料压紧套将填料压紧。

球阀的工作原理:扳手在主视图所示的位置时,阀门为全部开启,管路中流体的流通量最大;当扳手顺时针旋转到俯视图中双细点画线所示的位置时,阀门为全部关闭,管路中流体的流通量为零。当扳手处在这两个极限位置之间时,管路中流体的流通量随扳手的位置而改变。

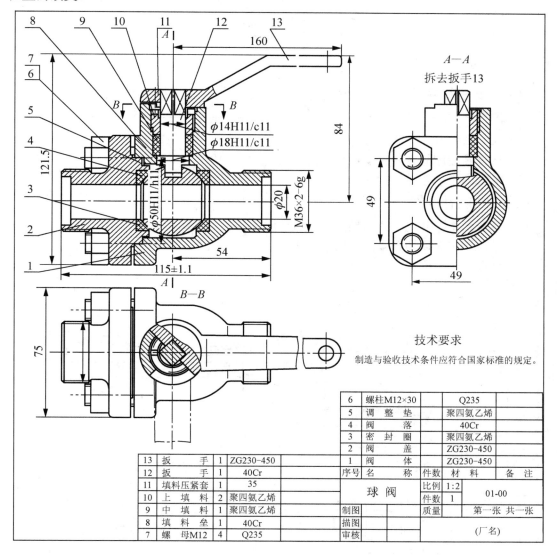

图 4.6 球阀装配图

(3) 分析尺寸和技术要求。

图 4.6 中对扳手的安装有 160 和 84 两个方向的尺寸要求。在技术要求中,制造与验收技术条件应满足国家标准的规定。

(4) 归纳总结。

小 结

装配图是表达机器或部件装配关系的机械图样。一张完整的装配图包括一组视图，必要的尺寸，技术要求，零件的序号、明细栏和标题栏。

识读装配图时，应按照概括了解、分析视图、分析尺寸和技术要求、归纳总结的顺序进行。

习 题

一、填空题

1．一张完整的装配图应该包括_____、_____、_____和_____。
2．装配图的识读方法和步骤为_____、_____、_____和_____。

二、简答题

1．阅读装配图的方法和步骤是什么？
2．装配图中，有哪些特殊画法？

三、识图题(图 4.7)

1．该部件中一共包括几种零件？分别是什么？
2．装配图中对该部件有哪些技术要求？
3．简述各零件的装配关系。

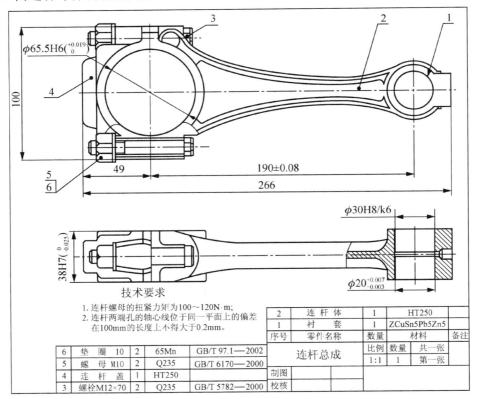

图 4.7 连杆总成装配图

项目 2
汽车材料

汽车材料包括汽车工程材料和汽车运行材料。本项目的学习可以使学生掌握常用汽车材料的分类、品种和牌号，以及合理选用汽车材料的基本知识和相关技能。

任务 5

识别与选用汽车工程材料

任务目标

了解各种汽车工程材料的性能和分类;掌握各种汽车工程材料的牌号;重点掌握各种汽车工程材料在汽车中的应用。

任务要求

能力目标	知识要点	相关知识	权重	自测分数
了解相关知识	各种汽车工程材料的性能和分类	(1) 强度、硬度、塑性、韧性的概念 (2) 各种汽车工程材料的分类	25%	
熟练掌握知识点	各种汽车工程材料的牌号及用途	(1) 各种汽车工程材料的牌号表示方法 (2) 各种汽车工程材料的用途	45%	
运用知识分析案例	常用汽车工程材料的选用技术	常用汽车工程材料的正确选择和使用	30%	

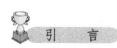
引　言

汽车工程材料是指用于制造汽车零部件的工程材料。汽车行业的工程技术人员在设计选材、加工制造、使用维修等方面都必须懂得汽车用材。现代汽车要求安全、舒适、节能、环保、价廉,这些更离不开优质的汽车工程材料。汽车工程材料属于技术含量高、性能指标高、附加值高的三高产品,代表材料发展的最高水平。汽车工程材料分为金属材料和非金属材料两大类。

常见的汽车工程材料有哪些,在汽车上有哪些应用?

5.1 金属材料

> **引例**
>
> 金属材料是应用最多的汽车工程材料，占汽车用材的 80% 左右。金属材料分为铁基、非铁基金属材料两种。铁基金属有钢和铸铁，非铁基金属则包括钢铁以外的金属及其合金。铁基金属性能较好，价格不高，是汽车的主要用材。铝、铜合金等非铁基金属材料具有铁基金属材料所不及的特性，在汽车中的应用正在稳步上升。

5.1.1 金属材料的性能

选用金属材料时首先要考虑材料的使用性能，同时要考虑材料的工艺性能和经济性能。使用性能是指金属材料在使用过程中表现出来的性能，包括力学性能、物理性能和化学性能。工艺性能是指材料在各种加工过程中表现出来的性能，包括铸造、焊接、热处理和切削加工等性能。当然还要考虑经济性能，力求材料选用的总成本为最低。在选用汽车零部件材料时，一般以力学性能作为主要依据。所谓力学性能，是指金属材料在外力作用下所表现出来的性能，包括强度、塑性、硬度、韧性及疲劳强度等指标。

1. 强度

强度是抵抗永久变形和断裂的能力。强度大小常用应力表示。工程上常把抗拉强度作为金属材料的基本强度指标。抗拉强度可以通过拉伸试验测定，常用强度判据为屈服强度和抗拉强度。

1) 屈服强度

【塑性材料拉伸曲线变形图】

在拉伸试验中，当金属材料呈现屈服现象时，在试验期间达到塑性变形发生而力不增加的应力点称为屈服强度，应区分上屈服强度 R_{eH} 和下屈服强度 R_{eL}（上屈服强度是指试样发生屈服而力首次下降前的最大应力；下屈服强度是指试样发生屈服期间，不计初始瞬时效应时的最小应力）。屈服强度表示的是金属材料抵抗微量塑性变形的能力。零件的工作应力应低于零件的屈服强度，否则零件就会因过量塑性变形而报废。

2) 抗拉强度

金属材料拉断前所能承受的最大应力称为抗拉强度，以 R_m 表示。抗拉强度表示金属材料抵抗断裂破坏的能力，零件的工作应力应低于零件的抗拉强度，否则零件就会发生断裂破坏。

2. 塑性

断裂前材料发生不可逆永久变形的能力称为塑性。常用的塑性判据是断后伸长率和断面收缩率。

1) 断后伸长率

试样拉断后，标距的伸长与原始标距的百分比称为断后伸长率，以 A 表示。

2) 断面收缩率

试样拉断后,缩颈处横截面积的最大缩减量与原始横截面积的百分比称为断面收缩率,以 Z 表示。

A 和 Z 越大,表示材料的塑性越好;反之,表示材料的塑性越差,脆性越大。

特别提示 5-1

GB/T 228.1—2010《金属材料 拉伸实验第 1 部分:室温试验方法》与 GB/T 228—2002《金属材料 室温试验方法》差异较大,但目前我国的企业标准还未同步修订。由于标准修订不同步,应力等符号本书采用 R 表示,某些参考资料可能仍然采用 σ 等表示。

强度和塑性是矛盾的两个力学指标;一般强度高的材料,塑性较差。

3. 硬度

硬度是指材料抵抗局部变形,尤其是塑性变形、压痕或划痕的能力。硬度是衡量金属软硬程度的判据,在一定程度上反映了材料的综合力学性能,应用很广。

材料的硬度是通过硬度试验测得的。硬度试验方法较多,生产中常用的是布氏硬度试验法和洛氏硬度试验法两种。布氏硬度值用符号 HB 表示(以淬火钢球为压头时,符号为 HBS,新国标已取消;以硬质合金球为压头时,符号为 HBW)。洛氏硬度用符号 HR 表示(常用的有 HRA、HRB 和 HRC 3 种,其中 HRC 应用最广)。洛氏硬度与布氏硬度的试验原理不同,两者不能相互比较。

4. 韧性及疲劳强度

1) 韧性

金属材料抵抗冲击载荷而不破坏的能力称为冲击韧性。韧性的判据是通过冲击试验确定的。试样被冲断时所吸收的能量称为冲击吸收功。冲击吸收功除以试样缺口处截面积,即可得到材料的冲击韧度,用符号 a_K 表示。冲击吸收功越大,材料韧性越好,在受到冲击时越不容易断裂。而冲击韧度的大小受试样形状、表面粗糙度、内部组织等影响,不能真正代表材料的韧性,只作为选材的参考。

2) 疲劳强度

许多机械零件,如汽车的曲轴、齿轮、钢板弹簧等,在工作过程中承受交变载荷的作用。在交变载荷产生的交变应力作用下,零件所承受的应力虽然小于材料的屈服强度,但往往因工作时间过长而突然发生断裂。这种在多次交变载荷作用下突然发生断裂的现象称为金属的疲劳。试样承受无限次应力循环或达到规定的循环次数才断裂的最大应力,称为材料的疲劳强度,以 R_{-1} 表示。疲劳强度与抗拉强度有一个大致的关系,即抗拉强度高,疲劳强度也高。

金属材料的各种力学性能之间有一定联系。一般来说,提高金属的强度、硬度,往往会减低其塑性、韧性;反之,提高塑性、韧性,则又会消弱其强度。因此,选用汽车零部件材料要兼顾各项力学性能。

5.1.2 常见金属材料

常用的金属材料分为铁基(黑色金属)和非铁基(有色金属)金属材料两大类。在汽车行业中应用最广的是铁基金属材料。

1. 铁基金属材料

铁基金属材料包括非合金钢、合金钢和铸铁。含碳量小于 2.11%的铁碳合金称为钢，含碳量大于 2.11%的铁碳合金称为铸铁。一般要求的汽车零件多采用非合金钢和铸铁制造，较高要求的汽车零件则采用合金钢制造。

知识链接 5-1

最早的铁器是用陨石铁制成的。我国是世界上最早炼钢的国家，早在公元前6世纪的春秋晚期就有了生铁器物，后来又用生铁炼成钢。而西方在 19 世纪才从我国工匠处学到生铁炼钢技术，但此后西方冶金技术不断进步，远远超过我国。

自然界中，铁以铁矿石的形式出现。钢的制取较复杂：先要将铁矿石在高炉中用碳或一氧化碳还原得到生铁，这一过程称为铁的冶炼；然后将生铁与废钢在炼钢炉中炼成钢，这一过程称为钢的冶炼。钢的冶炼实质上是一个氧化过程，它以生铁和废钢为原料，在熔化状态通过氧化使碳含量降低到某成分范围，并使所含杂质降到一定限度以下，合金钢还需要添加合金元素，最后获得所需成分的钢液。

1) 非合金钢

非合金钢又称碳素钢(简称碳钢)，是指含碳量小于 2.11%，并含有少量硅、锰、磷、硫等杂质元素的铁碳合金。碳钢在汽车工业中应用广泛，常用来制造机油盘、气缸盖、曲轴和连杆等。碳钢按用途分为结构钢和工具钢；按质量分为普通质量、优质和特殊质量(按钢中有害杂质硫、磷的含量划分)钢。

(1) 普通碳素结构钢。该类钢通常不进行热处理而直接使用，因此只考虑其力学性能和有害杂质的含量，不考虑含碳量。GB/T 700—2006《碳素结构钢》规定，碳素结构钢牌号由 Q(屈服强度的"屈"字汉语拼音字首)、屈服强度数值、质量等级和脱氧方法 4 部分按顺序组成。质量等级有 A(w_S≤0.050%、w_P≤0.045%)、B(w_S≤0.045%、w_P≤0.045%)、C(w_S≤0.040%、w_P≤0.040%)、D(w_S≤0.035%、w_P≤0.035%)4 种。脱氧方法用汉语拼音字首表示："F"—沸腾钢、"Z"—镇静钢、"TZ"—特殊镇静钢，通常"Z"和"TZ"可省略。例如，Q235A 表示 R_{eH}≥235 MPa，质量等级为 A 级的碳素结构钢。

Q195、Q215 钢有一定强度，塑性好，主要用于制造镀锌薄钢板、冲压件和烟筒等。Q235 钢强度较高，用于制造发动机支架、机油滤清器法兰、同步器锥盘、驻车制动器操纵杆棘爪和齿板等。Q255、Q275 钢强度高，质量好，用于制造摩擦离合器、主轴等。

(2) 优质碳素结构钢。该类钢有害杂质元素含量较少，塑性和韧性较好，一般需进行热处理，主要用于制造较重要的机械零件。优质碳素结构钢按冶金质量分为优质钢、高级优质钢(A)和特级优质钢(E)。优质碳素结构钢的牌号用两位数字表示，数字表示钢中平均含碳量的万分数(质量分数)，如 40 钢表示平均含碳量为 0.40%的优质碳素结构钢。较高含锰量钢,则在其牌号后面标以"Mn",如 15Mn 钢表示平均含碳量为 0.15%,含锰量在 0.7%～1.2%的优质碳素结构钢。高级优质钢在数字后面加"A";特级优质钢在数字后面加"E"。

优质碳素结构钢按含碳量分为低碳钢(w_C 在 0.25%以下)、中碳钢(w_C 为 0.25%～0.60%)和高碳钢(w_C 为 0.60%～0.85%)。低碳钢强度低,塑性和韧性好,主要用于制造受力不大、韧性要求高的汽车车身、驾驶室、车门、散热器罩、柴油机活塞销、凸轮轴、凸轮等。中碳钢强度较高,塑性和韧性也较好,应用广泛,一般需经正火或调质处理后使用,主要用于制造齿轮、轴类、曲轴、连杆等。高碳钢经热处理后,可获得较高的弹性极限、足够的韧性和一定的强度,常用来制造弹性零件和易磨损的零件,如转向系接头弹簧、弹簧垫圈和各种卡环、锁片等。

(3) 碳素工具钢。碳素工具钢的含碳量为 0.65%～1.35%,一般需热处理后使用。这类钢都是优质钢或高级优质钢,硬度高、耐磨性好,主要用于制造刀具、模具和量具。

碳素工具钢的牌号由汉字"碳"的汉语拼音第一个字母"T"加上阿拉伯数字组成,其数字表示钢中平均含碳量的千分数。如 T8 钢表示平均含碳量为 0.8%的碳素工具钢。若为高级优质碳素工具钢,则应在牌号后面标以字母"A",如 T12A 钢表示平均含碳量为 1.2%的高级优质碳素工具钢。

(4) 铸钢。铸钢的含碳量为 0.15%～0.60%,主要用来制造形状复杂、难以进行锻造或切削加工成形且要求较高强度和韧性的零件,如机油管法兰、操纵杆接头等。

牌号首位冠以"ZG"("铸钢"二字汉语拼音字首)。GB/T 5613－2014《铸钢牌号表示方法》规定,铸钢牌号有两种表示方法:用力学性能表示时,在"ZG"后面有两组数字,第一组数字表示该牌号钢屈服点的最低值,第二组数字表示其抗拉强度的最低值,如 ZG340－640 钢表示 $R_{eH} \geq 340MPa$,$R_m \geq 640MPa$ 的工程用铸钢;用化学成分表示时,在"ZG"后面的一组数字表示平均含碳量的万分数(平均含碳量大于 1%时不标出,平均含碳量小于 0.1%时第一位数字为"0"),在数字后面排列各主要合金元素符号,每个元素符号后面用整数标出其含量的百分数,如 ZG15Cr2MoV 钢,表示平均 $w_C=0.15\%$、$w_{Cr}=2\%$、$w_{Mo} \leq 1.5\%$、$w_V \leq 1.5\%$ 的铸钢。

(5) 易切削结构钢。易切削结构钢具有易切削性能,主要用作采用高效专用自动机床加工的零件,如汽车中大量应用的螺栓、螺母、小型销轴等标准件,也可用作轻型汽车的轴、齿轮和曲轴等。

易切削结构钢的牌号是在同类结构钢牌号前冠以"Y"以区别其他结构钢,例如,Y20 表示平均含碳量为 0.20%的易切削结构钢。

2) 合金钢

碳钢虽然应用广泛,但不能用于大尺寸、重载荷的零件,也不能用于耐腐蚀、耐高温的零件,而且热处理工艺性能不佳。为改善碳钢的组织和性能,在碳钢中有目的地加入一种或几种合金元素所形成的铁基合金,称为低合金钢或合金钢。合金钢按合金元素的含量分为低合金钢、合金钢;按用途分为结构钢、工具钢和特殊性能钢。

特别提示 5-2

使用合金钢时要进行热处理,以便充分发挥合金元素的作用。合金钢优点虽多,但也存在一些缺点：成本高，冲压、切削性能较差。使用金属材料时，应在满足零件性能的前提下尽量使用碳钢。

(1) 低合金结构钢。低合金结构钢是在低碳钢中加入少量合金元素(合金元素总量小于3%)而得到的钢，一般在热轧或正火状态下使用，不再进行热处理。

牌号表示方法与普通碳素结构钢相同。如 Q345 表示 $R_{eH} \geqslant 345MPa$ 的低合金结构钢。Q345 是我国产量最大、使用最多的低合金结构钢，其综合力学性能、焊接性能、加工性能良好，在汽车中主要用于制作车身，还可用于制造高强度连接件。国产载重汽车的大梁绝大部分采用 Q345 钢。

(2) 合金结构钢。在碳素结构钢中加入合金元素而得到的钢称为合金结构钢。牌号表示依次为两位数字、元素符号和数字。前两位数字表示钢中平均含碳量的万分数，元素符号表示钢中所含的合金元素，元素符号后的数字表示合金元素平均含量的百分数(当平均质量分数<1.5%时，元素符号后不标出数字)，如 20CrMnTi 钢，表示钢中平均含碳量为 0.2%，铬、锰、钛的平均含量均小于 1.5%。合金结构钢根据性能和用途又分为合金渗碳钢、合金调质钢、合金弹簧钢和滚动轴承钢等。

① 合金渗碳钢。适用于渗碳、淬火和低温回火热处理方式的合金结构钢称为合金渗碳钢。合金渗碳钢含碳量为 0.10%～0.25%，可满足零件表面耐磨、心部韧性好的需求。20CrMnTi 是应用最广泛的合金渗碳钢，常用来制造汽车的变速齿轮、轴、活塞销等零件。

② 合金调质钢。合金调质钢是在中碳钢的基础上加入一些合金元素，经调质处理后使用的钢，用于制造承受重载荷、受力复杂、要求综合力学性能良好的重要零件。此类钢中 40Cr、40MnB 适用于中等截面的结构件，如汽车连杆螺栓、后桥半轴等；40CrNiTi、37CrNi3 适用于大截面的、承受大载荷的重要结构件，如中间轴、曲轴等。

③ 合金弹簧钢。适合于做弹簧的合金结构钢称为合金弹簧钢。弹簧是汽车中应用较多的零件，在受振动、受冲击载荷及交变载荷的状态下工作，要求弹簧钢应具有高弹性极限和疲劳强度，以及足够的韧性。为了获得所需性能，弹簧钢的含碳量在 0.45%～0.75%，热处理方法为淬火加中温回火。65Mn、55Si2Mn、60Si2Mn 主要用于制造截面尺寸小于 25mm 的各种螺旋弹簧和钢板弹簧；55CrMnA、60CrMnA 主要用于制造截面尺寸小于 50mm 的各种螺旋弹簧和钢板弹簧。

④ 滚动轴承钢。滚动轴承钢是制造滚动轴承内、外圈及滚动体的专用钢，其牌号依次由"滚"字汉语拼音字母"G"、合金元素符号"Cr"和数字组成。其数字表示平均含铬量的千分数，含碳量不标出，如 GCr15 表示平均含铬量为 1.5%的轴承钢。它是轴承钢中应用最多的钢，主要用于制造壁厚小于 12mm、外径小于 50mm 的套圈和直径为 25～50mm 的钢球。该类钢的最终热处理方法为淬火加低温回火。

(3) 合金工具钢。合金工具钢是在碳素工具钢中加入合金元素(Si、Mn、Cr、V、Mo 等)制成的。合金工具钢常用来制造各种量具、模具和切削刀具，对应地分为量具钢、模具钢和刃具钢。

合金工具钢的牌号表示方法与合金结构钢基本相似，不同的是平均含碳量大于或等于 1%时，牌号中不标出碳的质量分数，平均含碳量小于 1%时，则以一位数字表示平均含碳量的千分数。

(4) 特殊性能钢。特殊性能钢是指具有某些特殊的性能，能在特殊的工作条件下使用的钢。其牌号表示方法与合金工具钢基本相同，不同的是平均含碳量小于 0.03%或小于 0.08%时，牌号分别以"00"或"0"为首，如 00Cr17Ni14Mo2、0Cr18Ni11Ti 钢等。常用的特殊性能钢有不锈钢、耐热钢和耐磨钢。

不锈钢是指在腐蚀介质中具有高抗腐蚀能力的钢。按所含合金元素的不同，它分为铬不锈钢和铬镍不锈钢。常用的铬不锈钢牌号有 1Cr13、2Cr13、3Cr13 和 4Cr13 等，常用来制造在腐蚀介质下工作的轴承和弹簧等；常用的铬镍不锈钢牌号有 1Cr18Ni9 和 2Cr18Ni9 等，常用来制造在腐蚀介质下工作的零件，如汽车空气压缩机阀片、外装饰件等。

耐热钢是指在高温下具有良好的抗氧化性能和较高强度的钢。耐热钢分为抗氧化钢和热强钢，在汽车上常用的是热强钢，牌号有 4Cr9Si2、4Cr10Si2Mo、15CrMo 等，主要用来制造在高温下工作的发动机、排气门。

耐磨钢是指具有高抗磨损能力的钢。常用的一种是高锰钢，适用于制造在强烈冲击下工作、要求耐磨的零件(如车辆履带、挖掘机铲斗、铁道道岔、坦克和战车的装甲等)。ZGMn13 是典型的耐磨钢，在受到强大的冲击和压力的条件下，具有较高的耐磨性和韧性。高锰钢切削加工困难，大多铸造成形。

知识链接 5-2

早期的铬不锈钢太贵、太软，不能用来造枪，常被用来制造各种餐具。后来人们发现，在不锈钢中再加入少量的镍、钼、钛、硅等，能进一步提高不锈钢的抗锈本领。现在，人们又研制出各种彩色的不锈钢，它们是由普通不锈钢经着色和固化工艺获得的。

锰钢在 200 多年前就有了，但那时人们却不愿意使用它。因为在钢中掺入锰，钢就会变得硬而脆。如果含锰量达到 3.5%，锰钢就变得如同玻璃一般，一碰就碎。后来，英国年轻的冶金学家海费德进行了多次试验，发现当含锰量增加到 13%时，锰钢就会变得硬且韧。从此，锰钢身价倍增，成为重要的工业材料。

3) 铸铁

含碳量高于 2.11%的铁碳合金称为铸铁。除铁、碳元素外，铸铁还含有较多的硅、锰、硫、磷等杂质元素。铸铁具有良好的铸造性能、切削性能及一定的力学性能，在汽车中应用广泛。常见的汽车铸铁零件有合金铸铁气缸体、灰铸铁变速器壳、可锻铸铁驱动桥壳、球墨铸铁凸轮轴等。根据碳在铸铁中存在形态的不同，铸铁可分为以下 6 种。

(1) 白口铸铁。碳在铁中以渗碳体形式存在，断口呈亮白色，称白口铸铁。由于有大量的硬而脆的渗碳体，故其硬度高、脆性大，极难切削加工，主要用作炼钢原料。

【灰铸铁的应用】

(2) 灰铸铁。碳在铸铁组织中以片状石墨形式存在[图 5.1(a)]，断口呈灰色。灰铸铁软而脆，具有良好的铸造性、耐磨性、减振性和切削加工性。它是生产中使用最多的铸铁，常用来制造形状复杂、强度要求不高的零件，如气缸体、气缸盖、气缸套、油缸、泵体、阀体、变速器壳体等。灰铸铁的牌号是以"HT"和其后的一组数字表示，"HT"表示"灰铁"二字的汉语拼音字首，其后一组数字表示其最低抗拉强度，如 HT200 表示最低抗拉强度为 200MPa 的灰铸铁。

(3) 可锻铸铁。碳在铸铁组织中以团絮状石墨形式存在[图 5.1(b)]，它是由一定成分的白口铸铁经过可锻化退火而得到的铸铁。可锻铸铁有较高的力学性能，强度、塑性和韧性比灰铸铁好，尤其是塑性和韧性有明显提高，但可锻铸铁并不可锻造，常用来制造一些形状复杂而强度和韧性要求较高的薄壳零件、低压阀门和各种管接头等。可锻铸铁的牌号为"KT"加两组数字组成，"KT"表示"可铁"二字的汉语拼音字首，第一组数字表示最低抗拉强度，第二组数字表示最小伸长率，如 KT300－06 表示最低抗拉强度为 300MPa，最小伸长率为 6%的可锻铸铁。

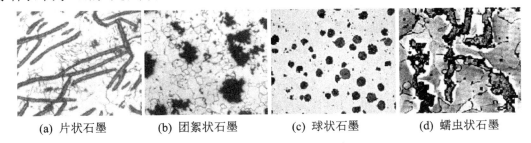

(a) 片状石墨　　(b) 团絮状石墨　　(c) 球状石墨　　(d) 蠕虫状石墨

图 5.1　碳在铸铁中存在形态

(4) 球墨铸铁。碳在铸铁组织中以球状石墨形式存在[图 5.1(c)]，它是将铁液经过球化处理和孕育处理而得到的铸铁。球墨铸铁具有较好的力学性能，常用来制造受力复杂，强度、韧性和耐磨性要求高的零件，如曲轴、连杆、凸轮轴和轮毂等。球墨铸铁的牌号用"QT"加两组数字表示，"QT"为"球铁"二字的汉语拼音字首，第一组数字表示最低抗拉强度，第二组数字表示最小伸长率，如 QT400－18 表示最低抗拉强度为 400MPa，最小伸长率为 18%的球墨铸铁。

(5) 蠕墨铸铁。碳在铸铁组织中以蠕虫状石墨形式存在[图 5.1(d)]，它是将铁液经过蠕化处理和孕育处理而得到的铸铁。蠕墨铸铁是一种很有发展前景的铸铁，具有良好的抗热疲劳性、导热性、铸造性、减振性，常用来制造柴油机气缸盖、进排气管、制动盘和制动鼓等。蠕墨铸铁的牌号以"RuT"和其后的一组数字表示，"RuT"表示"蠕铁"二字的汉语拼音字首，其后一组数字表示其最低抗拉强度。如 RuT420 表示最低抗拉强度为 420MPa 的蠕墨铸铁。

(6) 合金铸铁。在灰铸铁或球墨铸铁中加入一定量的合金元素所形成的铸铁称为合金铸铁，它具有耐热、耐磨、耐蚀等特殊性能。汽车中常用的有耐热铸铁和耐磨铸铁。

① 耐热铸铁。它是在球墨铸铁中加入硅、铝、铬等合金元素，以获得在高温下具有抗氧化性的铸铁，常用来制造高温条件下工作的发动机进、排气门座和排气管密封环等。

② 耐磨铸铁。它是在灰铸铁中加入钼、铜、钛、磷等合金元素，以获得具有较高耐磨性的铸铁，常用来制造在高温下强烈摩擦的气缸套、活塞环等。

2. 非铁基金属材料

非铁基金属材料是指钢铁材料以外的所有金属材料，也称有色金属材料。与钢铁材料相比，有色金属价格高、产量低，但由于其具有许多优良特性，容易满足汽车上某些零件的特殊要求，成为不可缺少的工程材料。汽车上常用的非铁基金属主要有铝、铜及其合金和滑动轴承合金。近年来，镁、钛、锌及其合金和粉末冶金材料等的应用也日趋广泛。

1) 铝及其合金

纯铝显著的特点是密度小，导电、导热性优良，强度、硬度低，塑性好，有良好的耐蚀性，故纯铝主要用于作导电、导热材料或耐蚀零件。汽车加热器、散热器、蒸发器、油冷却器多用纯铝制作，另外纯铝还可用作装饰件、铭牌等。

铝合金是在铝中加入硅、铜、镁、锌、锰等制成的，不仅强度提高，还可通过变形、热处理等方法进一步强化。有些铝合金的强度与低碳钢相当，比强度(强度与密度之比)则胜过某些合金钢。所以，铝合金常用来制造要求质量轻、强度高的零件，如飞机零件等。铝合金依其成分和工艺性能，可分为变形铝合金和铸造铝合金。

  知识链接 5-3

铝合金既轻又坚固，为制造飞机和汽车的理想材料。70%以上的飞机零件都是由铝及其合金制造的，因此，铝被称为"会飞"的金属。目前，铝合金轮毂正在各类车辆中普及，一汽开发的大红旗轿车已采用全铝车身，可降低车身质量30%以上。

今天，铝制品在生活中随处可见(如铝锅、铝壶、易拉罐等)；而在100多年前，铝却是一种稀罕的贵金属。拿破仑就曾在其他大臣都使用银制餐具的宴会上，独自使用铝制餐具以显示其尊贵的地位。铝的导电性是铜的60%，却比铜轻得多，因此还常被用来制造电缆。

变形铝合金具有较高的强度和良好的塑性，可通过压力加工或焊接制成各种半成品。它主要用作各种类型的型材和结构件，如发动机机架、飞机大梁等。变形铝合金又可分为防锈铝合金(代号LF+顺序号)、硬铝合金(代号LY+顺序号)、超硬铝合金(代号LC+顺序号)、锻铝合金(代号LD+顺序号)，此类铝合金在汽车中应用不太多。

铸造铝合金可分为Al-Si系、Al-Cu系、Al-Mg系和Al-Zn系4类。它们有良好的铸造性能，可以铸成各种形状复杂的零件，但塑性低，不宜进行压力加工。应用最广的是铝硅系合金，该系俗称铝硅明。各类铸造铝合金的牌号为：ZAl+合金元素符号+合金元素平均含量的百分数，如ZAlSi12，代号用ZL("铸铝"汉语拼音字首)及三位数字表示。第一位数字表示主要合金类别："1"表示Al-Si系，"2"表示Al-Cu系，"3"表示Al-Mg系，"4"表示Al-Zn系；第二三位数字表示顺序号，如ZL102、ZL401等。

轿车上应用的铝合金以铸铝为主。发动机部分气缸体是大尺寸的铝铸件；采用铝铸件的还有曲轴箱、气缸盖、活塞、滤清器、发动机架等，尤其是活塞几乎都用铝合金。我国应用铝硅合金ZL108、ZL109、ZL111比较多。底盘部分采用铝铸件的零件有离合器壳、变速器壳等；车轮轮毂也有用铝合金铸造的。

2) 铜及其合金

纯铜又称紫铜，又名电解铜。纯铜导电性、导热性优良，耐蚀性和塑性很好，但强度低。纯铜在汽车上的应用主要是利用其导电性，用作电线、电缆和电气接头等电气元件；利用其导热性，用作散热器等导热元件。此外，纯铜还可用作气缸垫、进排气管垫、轴承衬垫和油管等。

汽车制造业主要使用铜合金。铜合金比纯铜强度高，并且具有许多优良的物理、化学性能。铜合金按化学成分不同分为黄铜、青铜和白铜等；按生产方法不同分为压力加工铜合金和铸造铜合金。常用的铜合金是黄铜和青铜。

(1) 黄铜。以铜和锌为主组成的铜合金称为黄铜。黄铜的强度、硬度和塑性随锌的质量分数增加而升高,锌的质量分数为30%～32%时,塑性达到最大值,锌的质量分数为45%时强度最高。在普通黄铜的基础上再加入少量的其他元素而成的铜合金称为特殊黄铜,如锡黄铜、铅黄铜、硅黄铜等。黄铜一般用于制造耐蚀和耐磨零件,如弹簧、阀门、管件等。

普通黄铜的牌号用 H("黄"的汉语拼音字首)及数字表示,其数字表示平均含铜量的百分数。例如H68表示平均含铜量为68%,余量为锌的黄铜。特殊黄铜的牌号以"H"＋主加元素符号＋含铜量的百分数＋主加元素含量的百分数来表示,如HSn62-1表示含铜量为62%,含锡量为1%,余量为锌的锡黄铜。

黄铜在轿车上常用作转向节衬套、钢板弹簧衬套、轴套等耐磨件,也可用作散热器、冷凝器和冷却管,还可用作装饰件、供水排水管、油管接头、制动三通接头、垫片和垫圈。

(2) 青铜。除黄铜和白铜(铜-镍合金)以外的其他铜合金称为青铜,其中含锡元素的称为锡青铜,不含锡元素的称为无锡青铜;按加工方法,分为压力加工青铜和铸造青铜。

锡青铜有良好的塑性、耐磨性及耐蚀性,有优良的铸造性能,主要用于耐磨零件和耐蚀零件的制造,如蜗轮、轴瓦等。常用的无锡青铜有铝青铜、铍青铜、铅青铜、硅青铜等。它们通常作为锡青铜的代用材料。锡青铜常用作水箱盖出水阀弹簧等弹性件,也可用作发动机摇臂衬套、连杆衬套等耐磨件。无锡青铜各有特点,应用也有所不同,如硅青铜可用作弹簧,铝青铜可用作轴套、齿轮、蜗轮,铅青铜可用作轴承、曲轴止推垫圈。

压力加工青铜的牌号依次由 Q("青"的汉语拼音字首)、主加元素符号及其平均含量的百分数、其他元素平均含量的百分数组成。如QSn4-3表示平均含锡量为4%、平均含锌量为3%,余量为铜的锡青铜。铸造青铜的牌号依次由Z("铸"字汉语拼音字首)、铜及合金元素符号和合金元素平均含量的百分数组成,如ZCuSn10Zn2。

3) 轴承合金

在滑动轴承中用于制造轴瓦或内衬的合金称为轴承合金。滑动轴承具有承压面积大、工作平稳、无噪声及修理、更换方便等优点,应用广泛。常用的轴承合金是非铁基金属合金,其分类方法是依据合金中含量多的元素分类,主要有锡基、铅基和铝基轴承合金等。锡基和铅基轴承合金又称为巴氏合金,是应用广泛的轴承合金。

常用的轴承合金有 ZSnSb12Pb10Cu4、ZPbSb16Sn16Cu2、ZAlSn6Cu1Ni1,另外有些铸造青铜也可作轴承合金,如ZCuPb30、ZCuSn10P1、ZCuAl10Fe3 等。

 知识链接 5-4

汽车中的曲轴轴承、连杆轴承和凸轮轴轴承都采用了滑动轴承。滑动轴承中直接和轴颈接触的是轴瓦或轴套,做成瓦状半圆筒形的称为轴瓦,做成完整圆筒形的称为轴套。曲轴轴承、连杆大头轴承采用轴瓦,凸轮轴轴承、连杆小头轴承则采用轴套。轴承合金作为内衬浇注在轴瓦或轴套之上。

4) 其他非铁基金属材料

为了实现汽车轻量化,达到节能减排的目的,镁、锌、钛及其合金和粉末冶金材料等其他非铁基金属材料在汽车制造中的应用越来越多。

镁合金是在镁中加入铝、锌、锰、锆等合金元素而成的。目前,已有不少汽车零件采用镁合金制造，如壳体类的发动机气缸体、曲轴箱、变速器壳、离合器壳、进气歧管等。此外，一些车身骨架零件和车身覆盖件的镁合金化也在实施中。我国一汽集团已在转向盘骨架、踏板和气缸罩等零件上采用了镁合金。

锌合金是在锌中加入铝、铜和镁等合金元素而成的。锌合金在汽车上主要用作汽油泵壳、机油泵壳、车门手柄、刮水器、安全带扣和内饰件等。

钛合金是在钛中加入铝、铬、锰、钼和钒等合金元素而成的。钛合金的比强度极高，韧性、耐蚀性良好，但成本较高。钛合金以前一直用于航空、航天零件的制造，目前在汽车上主要用作连杆、曲轴、气门、气门弹簧和悬架弹簧等。

粉末冶金材料是用几种金属粉末(或金属粉末和非金属粉末)作为原料，经压制成型和高温烧结而成的。粉末冶金材料在汽车上可用作气门导管、离合器衬套、轮毂油封外圈、机油泵齿轮、曲轴带轮、水泵叶轮、正时齿轮等；也可用来替代石棉制品用作制动片、离合器摩擦片等；还可用作过滤元件和消音元件等。

 知识链接 5-5

汽车粉末冶金是一种新兴的技术，它在完成金属材料冶炼的同时，获得形状大小合乎要求的机械零件。所以它既是一种制取金属材料的冶金方法，也是一种制造机械零件的加工方法。它已成为解决新材料问题的钥匙，在新材料的发展中起着举足轻重的作用。

 应用实例 5-1

填写下表中给定金属材料的分类和应用实例(供选实例：活塞、连杆、曲轴、活塞销、气缸套、散热器、气门弹簧、汽车大梁、汽车半轴、汽车齿轮)。

材 料	分 类	应用举例	材 料	分 类	应用举例
Q345			20CrMnTi		
40MnB			45		
60Si2Mn			HT300		
40Cr			ZL108		
15Cr			H68		

【案例点评】

材 料	分 类	应用举例	材 料	分 类	应用举例
Q345	低合金结构钢	汽车大梁	20CrMnTi	合金渗碳钢	汽车齿轮
40MnB	合金调质钢	汽车半轴	45	优质碳素结构钢	连杆
60Si2Mn	合金弹簧钢	气门弹簧	HT300	灰铸铁	气缸套
40Cr	合金调质钢	曲轴	ZL108	铸造铝合金	活塞
15Cr	合金渗碳钢	活塞销	H68	普通黄铜	散热器

5.2 钢的热处理

不同的材料具有不同的性能，同一种材料通过改变其组织结构也可以使之具有不同的性能。热处理可改变材料的组织和性能，而不改变其形状和尺寸，是提高金属使用性能和改善工艺性能的重要工艺方法。在汽车中，经热处理的零件占工件总数的 70%～80%，以提高使用性能，改善工艺性能，达到充分发挥材料潜力、提高产品质量、延长使用寿命的目的。

【热处理的作用和地位】

钢的热处理是指将钢在固态下通过适当的方式进行加热、保温和冷却，以获得预期的组织和性能的一种工艺方法。常用热处理工艺可分为普通热处理(退火、正火、淬火和回火)和表面热处理(表面淬火和化学热处理)两大类。

【热处理概述】

5.2.1 普通热处理

普通热处理通常是对工件进行整体的热处理。按其加热温度和冷却方法不同，它可分为退火、正火、淬火和回火。

  特别提示 5-3

尽管热处理工艺的种类多种多样，作用也各不相同，但其基本过程都是由加热、保温和冷却 3 个阶段组成的，通常用温度-时间坐标图表示，称为热处理工艺曲线，如图 5.2 所示。

不同热处理工艺之间的区别在于加热温度的高低、保温时间的长短及冷却方式的不同。冷却是热处理的关键工序，在热处理工艺中，常采用等温冷却和连续冷却两种冷却方式。成分相同的钢经加热后获得奥氏体(碳溶解在γ-Fe中形成的间隙固溶体)组织后，以不同的冷却速度冷却时，将获得不同的力学性能，见表5-1。

【热处理工艺曲线】

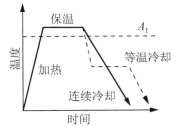

图 5.2 热处理工艺曲线

表 5-1 冷却速度与力学性能

冷却方法	随炉缓冷	空冷	油冷	水冷
冷却速度	10℃/min	10℃/s	150℃/s	600℃/s
所得硬度	12HRC	26HRC	41HRC	63HRC

1. 退火

退火是将钢加热、保温后，随炉冷却(缓冷)得到接近于平衡组织的一种热处理工艺。退火的目的是降低钢的硬度、改善切削加工性、细化晶粒、改善组织,以调整钢的力学性能,为以后的加工和处理作好组织和性能准备。由于钢的成分和退火的目的不同,退火分为以下3种。

(1) 完全退火。它是将钢加热到 A_{c3} 以上 30~50℃,保温一段时间,随炉冷却到 600℃以下出炉空冷的退火方法。完全退火主要用于亚共析钢铸锻件的热处理。

(2) 球化退火。它是将钢加热到 A_{c1} 以上 20~30℃,保温足够时间,随炉缓冷或用等温冷却方式冷却,将渗碳体球化的退火方法。球化退火主要用于共析钢和过共析钢的热处理。

(3) 去应力退火。它是将钢加热到 A_{c1} 以下某一温度(500~650℃),保温一段时间,随炉缓冷至 200~300℃ 出炉空冷的退火方法。去应力退火主要用于消除铸件、焊件和切削加工件的应力。

特别提示 5-4

【完全退火和球化退火】

钢根据室温组织的不同分为亚共析钢($0.0218\% < w_C < 0.77\%$)、共析钢($w_C = 0.77\%$)和过共析钢($0.77\% < w_C < 2.11\%$)。A_{c1}、A_{c3} 和 A_{ccm} 分别表示生产中共析钢、亚共析钢和过共析钢经加热获得奥氏体组织的实际相变点(奥氏体化温度)。退火一般作为预备热处理,为以后加工或后续热处理做准备。

2. 正火

正火是将钢加热到 A_{c3} 或 A_{ccm} 以上 30~50℃ 保温后,从炉中取出在空气中冷却的热处理方法。正火与退火的目的基本相同,但正火比退火的冷却速度稍快,正火后得到的晶粒比退火后的晶粒细,力学性能有所提高。正火较退火生产周期短,生产率高。所以大多数低碳钢不做退火处理,而采用正火处理。对于力学性能要求不高的中碳钢零件常采用正火作为最终热处理。高碳钢经正火处理后可消除网状渗碳体,为球化退火做准备。

3. 淬火

淬火是将钢加热到 A_{c3} 或 A_{c1} 以上某一温度范围,保温一定时间,以大于临界冷却速度的冷速在水、盐水或油中冷却,获得马氏体(碳溶解在α-Fe 中形成的过饱和固溶体)或贝氏体(过饱和的α-Fe 与渗碳体的机械混合物)的热处理工艺。淬火是钢最经济、最有效的强化手段之一。

淬火的目的一般是获得马氏体,以提高钢的力学性能。例如,各种工具和滚动轴承的淬火,可提高硬度和耐磨性;有些零件的淬火,是使强度和韧性得到良好的配合,以适应不同工作条件的需要。但要注意,对于含碳量很低的钢,由于淬火后强度、硬度提高不大,进行一般的淬火没有意义。

淬火中对于尺寸稍大的工件,很可能其外部冷速大于临界冷速而内部冷速小于临界冷速,淬火后其内部就没有全部转变为马氏体。钢在淬火时获得淬硬层深度的能力称为淬透性。淬透性越好,淬硬层越深。淬透性对钢的力学性能影响很大,所以选材时,应考虑材料的淬透性。比如连杆和板簧,要求表面和心部的力学性能一致,应选用淬透性好的材料。焊接件一般不选淬透性好的材料,否则易在焊缝和热影响区出现淬火组织,造成焊件变形和开裂。

【回火的种类及应用】

【调质】

4. 回火

回火是把淬火后的钢重新加热到 A_{c1} 以下某一温度,保温一段时间,再以适当的冷却速度冷却到室温的热处理工艺。淬火后必须回火,其目的是稳定淬火后的组织,消除内应力,调整硬度、强度,提高塑性,使工件获得较好的综合力学性能。回火通常是热处理的最后工序。

淬火钢回火后的性能与回火时的加热温度有关,硬度和强度随回火温度的升高而降低。在实际生产中,按回火温度的不同,回火分为以下 3 种。

(1) 低温回火(150～250℃)。淬火钢回火后能基本保持马氏体的高硬度和耐磨性,并使钢的内应力和脆性有所减低。低温回火主要用于要求硬度高、耐磨性好的零件,如各种工具和滚动轴承等。回火后的硬度一般为 55～64 HRC。

(2) 中温回火(350～550℃)。淬火钢回火后具有较高的弹性、一定的韧性和硬度,主要应用于各种弹簧和锻模等。回火后的硬度一般为 35～50 HRC。

(3) 高温回火(500～650℃)。淬火钢回火后具有强度、硬度、塑性和韧性都较好的综合力学性能。通常将淬火与高温回火相结合的热处理称为调质。调质广泛应用于重要的结构件,如轴、齿轮、连杆等。回火后的硬度一般为 25～35 HRC。

5.2.2 表面热处理

在冲击载荷和表面摩擦条件下工作的零件(如齿轮、活塞销、曲轴等)要求其表面具有较高的硬度和耐磨性,而心部要有足够的塑性和韧性。为了满足这类零件的性能要求,必须进行表面热处理。常用的表面热处理方法有表面淬火和化学热处理两种。

【感应淬火的基本原理】

1. 表面淬火

表面淬火是将钢的表层快速加热至淬火温度,然后快速冷却的一种局部淬火工艺。表面热处理的特点是对工件表面进行热处理,以改变表层组织和性能。表面淬火常用的快速加热方法有火焰加热和感应加热两种。感应加热速度快,生产效率高,产品质量好,易于实现机械化和自动化,所以感应加热表面淬火应用广泛,但设备较贵,多用于大批量生产的形状较简单的零件。表面淬火最适宜的钢种一般为中碳钢或中碳合金钢。表面淬火前应对工件进行正火或调质,以保证心部韧性好,并为表层加热做好组织准备。表面淬火后应进行低温回火,以降低淬火应力和脆性。

【火焰淬火】

2. 化学热处理

【零件渗碳的操作过程】

【气体渗碳炉的构造】

化学热处理是一种同时改变金属零件表层化学成分和组织,以获得所需表层性能的表面热处理工艺。该法一般是渗入某些金属元素或非金属元素,通常是将零件置于一定的活性介质中加热保温,使一种或几种元素渗入工件。表面渗层的性能,取决于渗入元素与基体金属所形成合金或化合物的性质及渗层的组织结构。化学热处理的种类很多,一般以渗入的元素来命名。常见的化学热处理有渗碳、渗氮、碳氮共渗、渗铝和渗铬等。其中,渗碳、渗氮和碳氮共渗应用最多。渗碳的目的是通过渗碳提高工件表面的含碳量,提高钢件的表面硬度、耐磨性和疲劳强度,使心部具有一定的强度和良好的韧性。渗氮(氮化)的目的是提高钢件的表面硬度、耐磨性、抗胶合性、疲劳强度、耐蚀性和抗回火软化能力。碳氮共渗(氰化)零件的性能介于渗碳与渗氮零件之间，常用来处理汽车上的齿轮、蜗杆和轴类零件。

特别提示 5-5

渗碳后还应进行淬火和低温回火，适用于低碳钢零件；渗氮后不必进行淬火处理，变形很小，但周期长、成本高，适用于合金钢零件；碳氮共渗后还应进行淬火和低温回火，对低碳钢、中碳钢和合金钢均适用。

应用实例 5-2

分别选用 45 钢、15 钢来制造汽车凸轮，试分析其性能要求并安排相应的热处理工序。
【案例点评】
汽车凸轮的表面应具有较高的硬度，而心部应具有良好的韧性。45 钢制造凸轮的热处理工序为先调质，再在凸轮表面进行表面淬火，最后进行低温回火。因 15 钢含碳量较低，耐磨性不够，故 15 钢制造凸轮的热处理工序为先渗碳，再进行淬火，最后进行低温回火。

5.3 非金属材料

引例

非金属材料的原料来源广泛，成型工艺简单，并具有一些金属材料所不及的特殊性能，其应用日益广泛，已成为汽车不可或缺的材料。非金属材料包括高分子材料、陶瓷材料和复合材料等。高分子材料包括橡胶、塑料、合成纤维、胶黏剂和涂料。陶瓷材料包括陶瓷和玻璃等。复合材料是由两种或两种以上不同类型的材料组合而成的新材料。

5.3.1 橡胶

橡胶是指在使用温度范围内处于高弹性状态的高分子材料。橡胶在汽车工业中应用广泛，许多汽车零部件，如轮胎、胶带、胶管、缓冲垫和制动皮碗等，都是由橡胶制造的。

1. 橡胶的组成

橡胶是以生胶为主要原料，加入适量的配合剂，经硫化处理后得到的一种高分子材料。

(1) 生胶。生胶是指未加配合剂的天然橡胶或人工合成橡胶。生胶是橡胶制品的主要原料，是把各种配合剂和骨架材料粘成一体的黏结剂。橡胶制品的性能主要取决于生胶的性能。

(2) 配合剂。为改善和提高橡胶制品的各种性能而加入的物质称为配合剂。配合剂的种类很多，主要有硫化剂、软化剂、填充剂、防老剂和着色剂等。

此外，在制作橡胶制品时，还常用纺织材料或金属材料制成骨架，以增大制品的强度和抗变形能力。

 知识链接 5-6

橡胶是坚韧、耐磨、有弹性的材料，常被用来制造轮胎和皮球等。因为橡胶有防水性，所以又用来制作潜水服、雨衣和医用试管。另外，橡胶还是良好的绝缘体，常被用作电缆外皮。

天然橡胶是用橡胶树的汁液制成的，合成橡胶则是由石油提炼而成的。合成橡胶、合成纤维和合成树脂是当今世界最主要的三大合成材料。

2. 橡胶的性能

(1) 极高的弹性。橡胶在较小的外力作用下，能产生很大的弹性变形，其最高伸长率可达 800%～1000%，去掉外力后能在非常短的时间内恢复到原来的形状。

(2) 较强的吸振性。橡胶可吸收一部分机械能，并将其转变为热能。

(3) 一定的耐蚀性。在一定的腐蚀介质中有一定的耐蚀性。

此外，橡胶还具有良好的耐磨性、隔声性、绝缘性和足够的强度。

3. 橡胶的分类和应用

橡胶按原料来源不同分为天然橡胶、合成橡胶和再生橡胶三大类。

(1) 天然橡胶。它是橡胶工业中应用最早的橡胶，是指以天然生胶制成的橡胶材料，属于通用橡胶。天然橡胶的综合性能好，有较好的弹性。天然橡胶具有较好的力学性能和耐碱性能，但耐老化性差，不耐浓强酸、不耐油、不耐高温，使用温度在－70～110℃范围内。天然橡胶广泛应用于制造轮胎、胶带、胶管等。

(2) 合成橡胶。它是用石油、天然气、煤和农副产品为原料，通过有机合成方法制成单体，经聚合制成类似天然橡胶的高分子材料。合成橡胶分为通用合成橡胶和特种合成橡胶。常用的通用合成橡胶有丁苯橡胶、氯丁橡胶和顺丁橡胶，是汽车工业的重要材料。

(3) 再生橡胶。它是用废旧橡胶制品经再加工而成的橡胶材料。再生橡胶强度较低，但有良好的耐老化性，而且加工方便、价格低廉，常用作橡胶地毡、各种封口胶条等。

 知识链接 5-7

橡胶按其性能和用途不同分为通用橡胶和特种橡胶。通用橡胶是指产量大、应用广，在使用上没有特殊性能要求的橡胶。特种橡胶是指具有耐热、耐寒、耐油和耐腐蚀等特殊性能的橡胶，主要用作在特殊环境下工作的零件。汽车上使用的多为通用橡胶。

5.3.2 塑料

塑料在汽车上的广泛应用，既满足了某些汽车零部件的特殊性能要求，又是实现汽车轻量化的有效途径。塑料是应用最广泛的有机高分子材料，也是最主要的工程结构材料之一，目前在汽车上的用量占汽车质量的 8%～12%。

1. 塑料的组成

塑料是以合成树脂为基础，再加入各种添加剂而制成的高分子材料。

(1) 合成树脂。合成树脂即人工合成线型高聚物，是塑料的主要组分(占40%～100%)，对塑料的性能起着决定性作用，故大多数塑料以树脂的名称命名。合成树脂受热时呈软化或熔融状态，因而塑料具有良好的成型能力。

(2) 添加剂。添加剂是为了改善塑料的使用性能或成型能力而加入的其他的辅助组分。它包括填充剂、增塑剂、固化剂、稳定剂和着色剂等。

2. 塑料的性能特点

(1) 密度小、比强度高。塑料的密度只有钢铁的1/8～1/4，铝的1/2，这对减轻产品自重有重要意义。虽然塑料的强度比金属低，但由于密度低，故比强度(单位质量的强度)高。

(2) 化学稳定性好。塑料能耐大气、水、酸、碱、有机溶液等的腐蚀。聚四氟乙烯能耐"王水"腐蚀。

(3) 优异的电绝缘性。多数塑料有很好的电绝缘性，可与陶瓷、橡胶等绝缘材料相媲美。

此外，塑料还具有良好的减摩性、耐磨性、消声吸振性、成型加工性，但耐热性较低。

3. 塑料的分类和应用

塑料按成型工艺性能分为热塑性塑料和热固性塑料两大类。

(1) 热塑性塑料。它是指受热时软化，冷却后变硬，再加热又软化，冷却又变硬，可多次塑制的塑料。这种塑料加工成型简单，机械性能较好，但耐热性和刚度较差。常用的热塑性塑料有以下10种。

① 聚烯烃塑料。它是世界上产量最大的塑料品种。其中产量最大、用途最广的是聚乙烯(PE)和聚丙烯(PP)。聚乙烯在汽车上常用作内装饰板、车窗框架、手柄、挡泥板等，又因聚乙烯无毒无味，可用作食品包装袋、奶瓶、食品容器等。聚丙烯在汽车上主要用作取暖、通风系统的各种结构件，又因聚丙烯无毒，可用作药品、食品的包装。

② 聚氯乙烯(PVC)。它在汽车上常用作内装饰件、软垫板、电气绝缘体等。

③ 聚苯乙烯(PS)。它可用作各种仪表外壳、汽车灯罩、仪器指示灯罩等。

④ ABS塑料。它是以丙烯腈(A)、丁二烯(B)、苯乙烯(S)的三元共聚物ABS树脂为基的塑料，主要用作汽车前围板、格栅、车头灯框、齿轮、隔音板、仪表板壳等。

⑤ 聚酰胺(PA)。它又称尼龙，在汽车上常用作车外装饰件、风扇叶片、里程表齿轮、衬套等。

⑥ 聚甲醛(POM)。它在汽车上常用作半轴齿轮和行星齿轮垫片、汽油泵壳、转向节衬套等。

⑦ 聚碳酸酯(PC)。它在汽车上常用作格栅、仪表板等。

⑧ 聚四氟乙烯(PTFE)。它又称特氟隆，被誉为"塑料王"，主要用作密封圈、垫片等。

⑨ 聚甲基丙烯酸甲酯(PMMA)。它又称有机玻璃，是目前最好的透明材料，主要用作汽车风窗玻璃、防弹玻璃等。

⑩ 聚酰亚胺(PI)。它在汽车上常用作正时齿轮、密封垫圈、泵盖等。

知识链接 5-8

塑料是由长串原子结合成分子的聚合物，所以塑料名称的开头往往有"聚"的字样。"聚"的意思是"很多"。聚四氟乙烯耐热、耐磨、不怕酸、碱、氧化，被誉为"塑料王"，用它可制成不需上油的轴承、各种管道、人造骨骼等。

(2) 热固性塑料。它是指经一次固化后，不再受热软化，只能塑制一次的塑料。这种塑料耐热性好、受压不易变形，但机械性能不好。常用的热固性塑料有以下 4 种。

① 酚醛塑料(PF)。它又称电木，在汽车上常用作电气绝缘件、摩擦片等。
② 氨基塑料(UF)。它又称电玉，常用作仪表外壳、开关、旋钮、把手等。
③ 环氧塑料(EP)。它又称万能胶，是很好的胶黏剂。
④ 聚氨酯泡沫塑料(PUR)。软质聚氨酯泡沫塑料用作座椅垫、内饰件，半硬质聚氨酯泡沫塑料用作转向盘、仪表板、保险杠、扶手等。

知识链接 5-9

塑料按其应用范围分为通用塑料、工程塑料和特种塑料。通用塑料是指用于日常用品、绝缘材料等的塑料。工程塑料是指用于工程构件和机械零件的塑料。特种塑料是指具有特种功能的塑料。汽车塑料零部件主要有 3 类：内饰件、外饰件和功能件。内饰件主要有仪表板、车门内饰板、座椅等。外饰件要求强度高、韧性好、耐冲击及耐腐蚀，主要有保险杠、挡泥板等。功能件要求具有特殊的使用性能，主要有暖风机、空调部件等。

5.3.3 其他非金属材料

除了橡胶和塑料，合成纤维、胶黏剂、涂料、陶瓷、玻璃、复合材料等其他非金属材料在汽车上也得到广泛的应用。

1. 合成纤维

合成纤维是以石油、天然气、煤和石灰石为原料，经过提炼和化学反应合成高分子化合物，再将其溶解后纺丝制得的纤维。常用合成纤维有聚酯纤维(涤纶)、聚酰胺纤维(锦纶)、聚丙烯腈纤维(腈纶)、聚乙烯醇纤维(维纶)、聚丙烯纤维(丙纶)和聚氯乙烯纤维(氯纶)，统称为六大纶。纤维材料在汽车上多用于内部装饰，使用部位主要有座椅罩布、顶棚、地毯、车门内护板饰面、行李箱护板饰面等。

2. 胶黏剂

胶黏剂又称黏合剂或胶，是能把两个固体粘接在一起并在结合处有足够强度的物质。胶黏剂一般是以聚合物为基本组分的多组分体系，包括黏性料、固化剂、填料、溶剂和其他辅料。胶黏剂根据黏性料的化学成分分为无机胶和有机胶，按主要用途分为结构胶、非结构胶和特种胶。胶黏剂和密封胶在汽车的防振、防漏、防松、隔热和降噪等方面起着重要的作用。我国每辆汽车上胶黏剂和密封胶的用量约为 30kg，其中车身用胶量居首位。在我国已开发并应用于生产中的胶黏剂有点焊密封胶、焊缝密封胶、折边密封胶、风挡密封胶黏剂等 40 余种。

3. 涂料

涂料是一种流动或粉末状态的有机物质，可以采用不同的工艺将其涂覆在物体表面上，形成黏附牢固、具有一定强度的连续固态薄膜，这样形成的膜通称涂膜，又称漆膜或涂层。涂料对所形成的涂膜而言是涂膜的半成品。涂料包括成膜物质、颜料、溶剂、助剂4个组分。常用的汽车涂料包括漆前处理材料、涂料、漆后处理材料和辅助材料等。

4. 陶瓷

陶瓷是指以天然或人工合成的各种化合物为基本原料，经处理、成形、干燥、高温烧结而成的一种无机非金属固体材料。陶瓷材料与金属材料、高分子材料一起构成了工程材料的三大支柱。汽车上应用的陶瓷主要有普通陶瓷和特种陶瓷。

普通陶瓷(传统陶瓷)是以天然硅酸盐矿物为原料，经配制、烧结而成的产品。这类陶瓷质地坚硬，耐腐蚀，不导电，易于加工成型，是应用广泛的传统材料，在汽车上常用作发动机火花塞。

特种陶瓷(新型陶瓷)是以氧化物、碳化物、氮化物和硼化物等纯度较高的人工合成原料为原料，经配制、烧结而成的具有独特的力学、物理或化学性能的陶瓷。特种陶瓷按使用性能分为工程陶瓷和功能陶瓷。工程陶瓷是近年来大力开发研究的新型工程材料。氧化铝陶瓷又称刚玉瓷，是应用最广的工程陶瓷，其典型用途为火花塞绝缘体，还可用作发动机活塞、气缸套、凸轮轴、柴油机喷油嘴等汽车零件。

5. 玻璃

玻璃是由石英砂等硅酸盐矿物材料经配料、熔制而成的非金属材料。玻璃具有透明、隔音、隔热等特性。据统计，轿车玻璃使用量约占总重量的 3%。玻璃是汽车上具有重要功能的外装件。玻璃主要用作汽车车窗和风挡。常用的汽车玻璃有钢化玻璃和夹层玻璃。钢化玻璃是由普通玻璃经一定热处理后制成的，常用作汽车后窗和侧窗玻璃。夹层玻璃又称安全玻璃，是由两张以上的玻璃中间夹上有弹性的透明安全膜，经热压而成，多用作高级轿车的前风窗玻璃。此外，汽车玻璃正向轻量化、绝热、安全和多功能的方向发展，如后风窗玻璃采用的电热除霜玻璃，还有新型的天线夹层玻璃、调光夹层玻璃和热反射玻璃等。

6. 复合材料

复合材料是由两种或两种以上物理、化学性质不同的材料，经人工合成的多相固体材料。复合材料可以克服或改善单一材料的弱点，充分发挥其优点，并能得到单一材料不具备的性能和功能，例如，玻璃和塑料的强度和韧性都不高，但它们组成的玻璃纤维增强塑料(玻璃钢)却有很高的强度和韧性，而且质量轻。复合材料在汽车上应用最多的为纤维增强型复合材料，纤维增强型复合材料之所以在汽车工业中应用广泛，是由于它能减轻汽车质量，降低能耗，提高载重能力。如纤维增强橡胶制成的轮胎；玻璃纤维增强塑料制成的通风和空调系统元件、空气滤清器壳、汽车灯罩、仪表壳罩、发动机罩、行李箱盖、座椅架等；碳纤维增强塑料制成的传动轴、钢板弹簧、保险杠等；无机纤维塑料制成的制动片、离合器片、电热散热器等。层叠复合材料在汽车中也有应用,如汽车前窗玻璃一般要求用夹层玻璃。有些汽车中用金属粉与陶瓷粉烧结所得复合材料制成制动片。此外,近年来金属基复合材料、陶瓷基复合材料也得到了长足的发展,如纤维增强金属基复合材料制成的活塞环,氮化硅陶瓷基复合材料制成的发动机涡轮增压器等。随着复合材料研究的不断深入,它在汽车上的应用会越来越多。

7. 纸板

纸板在汽车上主要用作各种衬垫,用于汽车零部件连接部位的密封。常用的纸板有软钢纸板、硬钢纸板、滤芯纸板和浸渍纸板。软钢纸板常用作发动机密封垫片;硬钢纸板常用作发电机、起动机和调节器的绝缘衬垫等;薄滤芯纸板常用作滤清器滤片,厚滤芯纸板常用作滤清器滤片的垫架;浸渍纸板常用作发动机、变速器衬垫等。

8. 软木板

软木板是由颗粒状的软木用牛骨胶、干酪素等胶黏剂黏合而成的。软木板质地轻软,塑性、密封性、耐水性、耐油性好。软木板主要用于汽车零部件连接部位的密封,常用作防止漏水的水泵衬垫、防止漏油的变速器衬垫、油底壳衬垫和后桥盖衬垫等。

9. 石棉

石棉是具有细长而柔韧纤维的纤维状硅酸盐矿物的统称,具有良好的柔韧性、绝热性、绝缘性、防腐性和吸附能力。石棉应用广泛,如石棉盘根常用作转轴、轴承、阀门杆的密封;石棉橡胶板常用作高温环境下工作的密封衬垫,如气缸垫、排气管接口衬垫等;石棉摩擦片常用作离合器、制动器摩擦片。

 特别提示 5-6

由于石棉是致癌物质,因此作为制动材料已趋于淘汰。

10. 毛毡

毛毡是由羊毛或合成纤维加入黏合剂而制成的。毛毡能储存润滑油,具有防水、防尘、缓冲和防止金属表面擦伤的作用,常用作油封、滤芯和衬垫等。

 应用实例 5-3

填写下表中给定非金属材料的应用实例(供选实例:油底壳衬垫、里程表齿轮、汽车灯罩、火花塞、发动机密封垫片、座椅罩布、后风窗玻璃、把手、轮胎)。

材料	应用举例	材料	应用举例	材料	应用举例
丁苯橡胶		尼龙		氨基塑料	
玻璃钢		电热除霜玻璃		氧化铝陶瓷	
合成纤维		软钢纸板		软木板	

【案例点评】

材料	应用举例	材料	应用举例	材料	应用举例
丁苯橡胶	轮胎	尼龙	里程表齿轮	氨基塑料	把手
玻璃钢	汽车灯罩	电热除霜玻璃	后风窗玻璃	氧化铝陶瓷	火花塞
合成纤维	座椅罩布	软钢纸板	发动机密封垫片	软木板	油底壳衬垫

小 结

汽车工程材料是指用于制造汽车零部件的工程材料。汽车工程材料分为金属材料和非金属材料两大类。

金属材料分为铁基(黑色金属)和非铁基(有色金属)金属材料两大类。铁基金属指钢和铸铁，非铁基金属则包括钢铁以外的金属及其合金。

钢的热处理是指将钢在固态下通过适当的方式进行加热、保温和冷却，以获得预期的组织和性能的一种工艺方法。常用热处理工艺可分为普通热处理(退火、正火、淬火和回火)和表面热处理(表面淬火和化学热处理)两大类。

非金属材料包括高分子材料、陶瓷材料和复合材料等。高分子材料包括橡胶、塑料、合成纤维、胶黏剂和涂料。陶瓷材料包括陶瓷和玻璃等。复合材料是由两种或两种以上不同类型的材料组合而成的新材料。

习 题

一、单选题

1．为了保证发动机气缸体和气缸盖的气密性，缸盖螺栓不允许出现塑性变形，所以在设计缸盖螺栓时要以_____作为设计依据。

  A．抗拉强度 B．疲劳强度 C．屈服强度 D．塑性

2．采用冷冲压方法制造汽车油底壳应选用_____。

  A．45 B．08 C．T10A D．HT150

3．现需制造一直径为 25mm 的连杆，要求整个截面上具有良好的综合机械性能，应采用_____。

  A．40Cr 调质 B．45 正火 C．60Si2Mn 淬火 D．20Cr 渗碳

4．60 钢的含碳量为_____。

  A．0.06% B．0.60% C．6.0% D．60%

5．T8 钢的含碳量为_____。

  A．8% B．0.8% C．0.08% D．0.008%

6．HT150 中的数字表示的是_____。

  A．抗拉强度 B．屈服强度 C．延伸率 D．塑性

7. 下列铸铁中，力学性能最好的是_____。
   A. 灰铸铁　　　　B. 可锻铸铁　　　C. 球墨铸铁　　　D. 蠕墨铸铁
8. 工业纯铜是指_____。
   A. 紫铜　　　　　B. 黄铜　　　　　C. 青铜　　　　　D. 白铜
9. _____是指在使用温度范围内处于高弹性状态的高分子材料。
   A. 合成纤维　　　B. 软木板　　　　C. 塑料　　　　　D. 橡胶
10. 玻璃纤维增强塑料又称_____。
    A. 玻璃　　　　　B. 塑料　　　　　C. 玻璃钢　　　　D. 玻璃纤维

二、判断题

1. 所有的金属材料都有明显的屈服现象。　　　　　　　　　　　　　　　（　　）
2. 一般强度高的材料，塑性较差。　　　　　　　　　　　　　　　　　　（　　）
3. Q235和Q345都属于普通质量的碳素结构钢。　　　　　　　　　　　　（　　）
4. 合金钢不进行热处理就能充分发挥合金元素的作用。　　　　　　　　　（　　）
5. 可锻铸铁塑性好，故容易锻造成形。　　　　　　　　　　　　　　　　（　　）
6. 黄铜是铜锌合金，青铜是铜锡合金。　　　　　　　　　　　　　　　　（　　）
7. 退火比正火冷却速度快，所以晶粒细小，力学性能高。　　　　　　　　（　　）
8. 调质是淬火后进行高温回火的复合热处理工艺。　　　　　　　　　　　（　　）
9. 橡胶具有高的力学性能，可用作轮胎、胶带等。　　　　　　　　　　　（　　）
10. 钢化玻璃常用作汽车前窗和侧窗玻璃。　　　　　　　　　　　　　　　（　　）

三、简答题

1. 什么叫金属材料的力学性能？主要的力学性能指标有哪些？
2. 碳素钢和合金钢是如何分类的？
3. 什么叫钢的热处理？热处理工艺由哪3个阶段组成？
4. 举例说明有色金属在汽车上的应用。
5. 塑料王、电木、电玉、有机玻璃和玻璃钢各指什么材料？分别有何用途？
6. 汽车上有哪些常用的纸板制品和石棉制品？

任务 6

识别与选用汽车运行材料

任务目标

了解各种汽车运行材料的性能指标；掌握各种汽车运行材料的分类、规格和牌号；重点掌握各种汽车运行材料的选用技术。

任务要求

能力目标	知识要点	相关知识	权重	自测分数
了解相关知识	汽车运行材料的性能指标	汽油、柴油、机油等汽车运行材料的性能指标	15%	
熟练掌握知识点	(1) 汽车燃料的分类、规格和牌号 (2) 汽车润滑剂的分类、规格和牌号 (3) 汽车工作液的分类、规格和牌号	(1) 汽油、柴油、代用燃料的分类、规格和牌号 (2) 机油、齿轮油、液力传动油的分类、规格和牌号 (3) 制动液、发动机冷却液、空调制冷剂等汽车工作液的分类、规格和牌号	35%	
运用知识分析案例	各种汽车运行材料的选用技术	各种汽车运行材料的正确选择和使用	50%	

引 言

现代汽车的功能越来越多，结构越来越复杂，科学使用汽车运行材料是安全行车的基本保证。汽车上使用的介质很多，它们如同汽车流动的血液一样，贯穿于整个汽车，为汽车良好地工作做出了不可磨灭的贡献。汽车作为交通工具在道路上行驶，需要消耗汽油、轻柴油等燃料以提供动力。在行驶过程中，为了减少汽车各运动零部件之间的摩擦和磨损，延长机件的使用寿命，就必须正确使用内燃机油、车辆齿轮油和润滑脂等汽车润滑剂。此外，制动液、冷却液、制冷剂、清洗液等其他汽车工作液在汽车的正常运行中起着至关重要的作用，若使用不当，往往也会造成不良后果。

汽车运行材料是指汽车在运行过程中所消耗的材料，主要包括燃料、润滑剂和工作液等。汽车运行材料大多数是石油产品。据统计，2012年中国交通石油消费1.784亿吨，占国内石油总消费量的37%。我国作为世界第二大石油消费国，日益增长的机动车数量和迅猛发展的石化产业把"油荒"问题摆在了人们面前。汽车的各项使用性能和使用寿命都与汽车运行材料密切相关。只有掌握了各种汽车运行材料的选用技术，正确、合理地选用运行材料，才能充分发挥汽车良好的技术和经济性能。

常见的汽车运行材料有哪些，分别有哪些规格和牌号？怎样正确选择和使用？

6.1 汽车燃料

目前，汽油和轻柴油是汽车的主要燃料。为了减少石油消耗、降低污染排放，还开发了乙醇汽油、液化石油气和天然气等汽车新能源。作为汽车使用和技术服务人员，掌握各种汽车燃料的选择和使用技术，了解燃料使用的安全知识是十分必要的。

常见的汽车燃料有哪些规格和牌号？怎样正确选择和使用？

6.1.1 汽油

汽油是当今汽车最常用的燃料，汽车的名称也由此而来。在我国民用汽车保有量中，汽油车约占75%。汽油作为汽油机的主要燃料，其使用性能的好坏对发动机工作的可靠性、经济性和使用寿命有着极大的影响。

知识链接 6-1

汽油主要分为航空汽油、工业汽油和车用汽油。汽车使用的为车用汽油，它是从石油中提炼得到的。石油是埋藏在地下的天然矿产物，未经炼制前叫原油。"石油"这个名字是由我国北宋时期伟大的科学家沈括起的。据统计，全球石油探明总储量约为2398亿吨，以每年开采原油30亿吨计算，最多也只能开采80年。

1. 汽油的性能指标

汽油应满足汽油机的工作要求，即在短时间内由液体状态蒸发成气体状态，并与空气均匀混合，形成良好的可燃混合气，平稳、快速地燃烧，完成对外做功，同时，不能发生气阻、爆燃、腐蚀机件等现象。汽油这种满足汽油机的工作需求并保证汽油机正常发挥其性能的能力，称为汽油的使用性能。汽油的使用性能需靠一系列性能指标来保证。

（1）抗爆性。汽油的抗爆性是指汽油在发动机气缸内燃烧时抵抗爆燃的能力。抗爆性好的汽油不易产生爆震燃烧，可用于压缩比高的汽油机，以提高其动力性和经济性。

特别提示 6-1

爆燃是汽油机的一种不正常燃烧。爆燃使机件过快磨损，热负荷增加，噪声增大，功率下降，油耗上升。影响爆燃的因素很多，如发动机结构与工作条件等，其中最重要的是压缩比。压缩比是指气缸总容积与燃烧室容积之比。发动机压缩比高，其动力性强，但易发生爆燃。

汽油的抗爆性用辛烷值(Octane Number)来评定。车用汽油的牌号也是根据汽油的辛烷值来划分的。辛烷值是代表点燃式发动机燃料抗爆性的一个约定数值，是指在规定的对比测试条件下，采用和被测汽油具有相同抗爆性能的异辛烷与正庚烷所组成的标准燃料中异辛烷所占的体积百分数来表示。先选定两种标准液：一种是异辛烷(2,2,4-三甲基戊烷)，其抗爆性很好，规定辛烷值为 100；另一种是正庚烷，其抗爆性很差，规定辛烷值为 0，把它们按不同的体积比混合即得到各种不同抗爆性的参比用标准燃料。例如，某一汽油的抗爆性正好与含 97%异辛烷和 3%正庚烷的标准燃料相同，则该汽油的辛烷值为 97。

测定辛烷值的方法有研究法(Research Octane Number，RON)和马达法(Motor Octane Number，MON)两种。同一汽油用研究法测定的辛烷值比马达法测定的辛烷值要高 6～10 个单位，这一差值称作汽油的灵敏度，可用来反映汽油抗爆性随运转工况激烈程度而降低的情况，汽油灵敏度越小越好。

特别提示 6-2

我国用研究法辛烷值来划分车用汽油的牌号。研究法辛烷值表示汽车在城市道路上行驶时汽油的抗爆性，马达法辛烷值表示汽车在长途公路上或大功率重载情况下行驶时汽油的抗爆性。目前，又引入了抗爆指数这一指标。抗爆指数也称作平均辛烷值，可反映在一般条件下汽油的平均抗爆性。抗爆指数是同一种汽油研究法辛烷值和马达法辛烷值的平均数。

知识链接 6-2

由于汽油的抗爆性对发动机的工作影响很大，故人们一直致力于提高汽油辛烷值。过去广泛采用在汽油中加入四乙基铅的方法来提高汽油的辛烷值，但这种汽油抗爆添加剂造成了大气的铅污染。根据国际标准，含铅量在 0.013g/L 以下者为无铅汽油，含铅量在 0.013～1.1g/L 者为低铅汽油，含铅量在 1.1g/L 以上者为加铅汽油。目前，提高辛烷值的方法主要有 3 种：一是选择良好的原料和改进加工工艺，如采用催化裂化、加氢裂化和催化重整等工艺，生产出高辛烷值的汽油；二是向汽油中调入抗爆性优良的高辛烷值成分，如异辛烷、异丙苯、醇类等；三是加入抗爆剂，如甲基叔丁醚、羰基锰等。

(2) 蒸发性。汽油由液态转化为气态的性质，称为汽油的蒸发性。

(3) 安定性。汽油的安定性是指汽油在储存和使用过程中，抵抗氧化生胶而保持自身性质不发生永久变化的能力。

(4) 抗腐性。汽油的抗腐性是指汽油阻止与其相接触的金属被腐蚀的能力。

(5) 无害性。汽油的无害性是指汽油在汽油机内燃烧后的燃烧产物不排放对机动车、人体健康和生态环境产生不利影响的性能。

(6) 清洁性。汽油的清洁性是指汽油中是否含有机械杂质和水分。机械杂质和水分会造成油路堵塞，磨损加剧等严重后果。

2. 汽油的规格和牌号

《车用汽油（Ⅲ）》和《车用汽油（Ⅳ）》按研究法辛烷值将我国车用汽油分为90号、93号、97号3个牌号，GB 17930—2013《车用汽油》按研究法辛烷值将我国车用汽油分为89号、92号、95号和98号4个牌号。

特别提示 6-3

目前，市场上所见到的98号汽油为采用企业标准生产的车用汽油。国外进口车辆要求使用91(RON)号汽油的，可用国产90号汽油，因为我国国产汽油的实测辛烷值一般比规定的高1个单位以上。

3. 汽油的选择与使用

1) 汽油的选择

选择汽油牌号应适当，选择汽油牌号过高，会增加费用。选择汽油牌号过低会使发动机产生爆燃，影响动力性和经济性，严重时还会使发动机损坏。选择汽油牌号应遵循以下原则。

(1) 按汽车使用说明书或国内外汽油轿车用油标号推荐表来选择。应按汽车使用说明书的要求，以在正常运行条件下不发生爆燃为原则，选用适当辛烷值牌号的车用汽油。2003年由中国汽车工程学会和中国环境保护产业协会共同向全国消费者推荐的《国内外汽油轿车用油标号推荐表》(2003版)，见表6-1，也可作为广大汽车驾驶员选油依据之一。

知识链接 6-3

表 6-1　国内外汽油轿车用油标号推荐表(2003版)

车　型	推荐用油标号	车　型	推荐用油标号
一汽红旗明仕 1.8	93	长安福特嘉年华 1.3/1.6	93～97
一汽红旗世纪星 2.0/2.4	不低于 93	菲亚特西耶那 1.3 16V/1.5	不低于 93
一汽马自达 2.3	93～97	菲亚特派力奥 1.3 16V/1.5	不低于 93
一汽夏利 7101/7131/200	不低于 93	菲亚特周末风 1.3 16V/1.5	不低于 93
一汽威姿 1.0/1.3	不低于 93	广州本田 98 款雅阁 2.0/2.3/3.0	93
一汽大众 捷达 普通/CI/CT/AT	93	广州本田 03 款雅阁 2.0/2.4/3.0	不低于 93
一汽大众 宝来 1.6/1.8/1.8T	93～97	广州本田奥德赛 2.3	不低于 93
一汽大众 高尔夫 1.6/2.0	93～97	吉利美日 1.3/优利欧 1.3	93
一汽大众 奥迪 A4/A6	93～97	长安铃木奥拓 0.8/羚羊 1.0/1.3	93

车　　型	推荐用油标号	车　　型	推荐用油标号
上海大众 桑塔纳 普通/2000	不低于 93	昌河铃木北斗星 CH6350B	93
上海大众 帕萨特 1.8/1.8T	93～97	华晨中华 2.0/2.4	不低于 93
上海大众 帕萨特 2	93～97	哈飞赛马 1.3	不低于 93
上海大众 POLO1.4/1.6	93～97	海南马自达普利马/323/福美来	不低于 93
大众高尔 1.6	不低于 93	宝马 3、5、7 系列	97
上海别克赛欧 1.6	不低于 93	大宇王子 2.0/蓝龙 1.5	93～97
上海别克君威 2.0/2.5/3.0	不低于 93	本田思域 1.6/里程 3.5	93～97
东风蓝鸟 2.0/阳光 2.0	不低于 93	日产风度 2.0/3.0	93～97
东风毕加索 1.6/2.0	93～97	丰田凌志 IS200/GS300/LS430	97
东风爱丽舍 1.6/爱丽舍 VTS1.6	93～97	丰田世纪/皇冠	93～97
东风塞纳 2.0	93～97	丰田花冠 1.6/佳美 2.2GL/2.4	93～97
东风千里马 1.6	不低于 93	奔驰 E280/E320	97
神龙富康 1.4/1.6	93	沃尔沃 S40	不低于 93
上海奇瑞 1.6	不低于 93	福特 WINDSTAR V6/TAURUS V6	93～97
天津丰田威驰 1.3/1.5	不低于 93	林肯大陆 V8/马克 V8	93～97
北京吉普 2500	93	欧宝 1.8	97
北京现代索纳塔 2.0/2.7	93～97		

(2) 根据汽车发动机压缩比 ε 来选择。在没有使用说明书时，可根据发动机压缩比等因素来选择汽油牌号见表 6-2。一般来说，压缩比 ε 高的，爆燃倾向严重，应选用辛烷值较高的汽油，但爆燃还受其他因素的影响，如进气道结构、燃烧室形状与面容比、火花塞及气门布置、发动机冷却强度及是否安装爆燃传感器等。可见，传统的压缩比与辛烷值的对应关系已越来越模糊，在没有使用说明书时，汽油牌号的选择，往往还靠驾驶员凭经验进行摸索。

知识链接 6-4

表 6-2 发动机压缩比与汽油标号间的关系

汽油机压缩比 ε	<8	8<ε<9	>9
汽油牌号	90	93	97
适用车型	一般货车、客车、农用车、摩托车	一般轿车、摩托车	高级轿车

(3) 根据使用条件来选择。注意季节变化、车辆使用地区变化等外界条件改变对汽油选择的影响。如冬季应选择蒸气压较大的汽油，夏季应选择蒸气压较小的汽油；高原地区应选择蒸气压较小的汽油。高原地区大气压力小，空气稀薄，汽油机工作时爆燃倾向减小，可以适当降低汽油的辛烷值。一般海拔高度每上升 100m，汽油辛烷值可减低约 0.1 个单位。经常在大负荷、低转速工况下工作的汽油机，应选择较高辛烷值的汽油。

2) 汽油使用的注意事项

汽油的使用应注意以下事项。

(1) 发动机长期使用后，由于燃烧室积炭、水套积垢等原因，使压缩比等因素发生变化，爆燃倾向增加，此时应维护发动机，若原牌号汽油不能满足需要，可考虑更换汽油牌号。

(2) 原用低牌号汽油改用高牌号汽油时，可适当提前点火提前角，以发挥高牌号汽油的优良性能；反之，适当推后点火提前角，以免发生爆燃。

(3) 在炎热的夏季或高原地区，由于气温高，气压低，易发生气阻，应加强发动机散热，使油管和汽油泵隔热，或者换用蒸气压小的汽油。

(4) 汽车从平原驶到高原地区后，可换用较低辛烷值汽油，或适当调前点火提前角。

(5) 汽油不能掺入煤油或柴油，后者蒸发性和抗爆性差，会引起爆燃并严重破坏发动机润滑，导致发动机损坏。

(6) 不要使用长期存放变质的汽油，否则结胶、积炭严重，这对电喷发动机工作的影响更大，同时，应尽可能加满油箱，以避免蒸发损失。

(7) 汽油易燃、易爆、易产生静电，使用中要注意安全。

(8) 不能用塑料桶装汽油，不同牌号不能混放。

特别提示 6-4

不得用铁器敲打油桶，特别是装过汽油的空桶更为危险，一旦遇到火星就会引起火灾甚至爆炸。油料着火不能用水扑救，只能用专用消防器具或用砂、土掩盖来灭火。为防止静电，禁止向塑料桶等绝缘物体中加装汽油。油料中的芳香烃和不饱和烃对人体有一定的毒性，故油料不可用嘴吸，若油料不慎入眼，应立即用清水清洗。万一发生中毒事件，应立即将人抬到空气流通的地方，进行人工呼吸或使其闻氨水，并及时送医院治疗。

应用实例 6-1

宝马 5 系列轿车发动机的压缩比为 10.8，试推荐其汽油牌号。

【案例点评】

宝马 5 系列轿车发动机的压缩比为 10.8，根据发动机压缩比与用油标号间的关系，查表 6-2 知，宝马 5 系列轿车应选用 97 号汽油，与表 6-1 推荐用油标号相符。

6.1.2 轻柴油

柴油可分为轻柴油、重柴油等品种。轻柴油用于高速柴油机，重柴油用于中、低速柴油机。汽车用柴油机属于高速柴油机，所用燃料为轻柴油(简称为柴油)。

特别提示 6-5

轻柴油与汽油相比，具有馏分重、自燃点低(200~300℃)、黏度大、相对密度大、蒸发性差、储存和运输过程中损耗小、使用安全等特点。柴油机与汽油机相比，具有耗油量低、能量利用率高、废气排放量小、工作可靠性好、功率使用范围宽等优点。随着柴油机技术的不断提高，柴油车的应用将会越来越广泛。

1. 轻柴油的性能指标

柴油机对轻柴油的基本要求：有良好的燃烧性，良好的低温流动性，适宜的黏度和蒸发性，无腐蚀性，不含机械杂质和水分等。这些要求需靠一系列性能指标来保证。

(1) 低温流动性。柴油的低温流动性是指在低温条件下柴油具有一定的流动状态的性能。柴油的低温流动性直接影响柴油能否可靠地供给气缸，发动机能否正常工作。评定低温流动性的指标有凝点、浊点和冷滤点。

① 凝点。凝点又称凝固点，是指油料在一定的试验条件下，遇冷开始凝固而失去流动性的最高温度。我国轻柴油是按凝点划分牌号的。柴油的低温使用、运输和储存都要求其凝固点低于当地最低气温 3～6℃。

② 浊点。浊点是指柴油中析出石蜡开始出现浑浊的最高温度。柴油达到浊点后虽未失去流动性，但易造成油路堵塞。

③ 冷滤点。冷滤点是指在规定条件下，1min 内通过过滤器的柴油不足 20mL 的最高温度。冷滤点与柴油实际使用的最低温度有良好的对应关系，可作为根据气温选用轻柴油的依据。一般冷滤点要高于凝点 4～6℃，比浊点略低。在美国和欧洲一些国家，轻柴油是按冷滤点划分牌号的。

特别提示 6-6

低温流动性差的柴油在低温时，会使柴油中析出石蜡结晶或凝固，使供油中断。改善柴油低温流动性的途径主要有脱蜡、掺入二次加工柴油馏分和裂化煤油、加降凝添加剂等。

(2) 发火性。柴油的发火性又称为柴油的燃烧性，是指其自燃能力。如果柴油发火性差，会引起柴油机工作粗暴。柴油的发火性可用十六烷值(Cetane Number)来评定。与汽油辛烷值类似，它也是用两种发火性差异很大的烃作为基准物对比得出的数值。一种为正十六烷，发火性好，规定其十六烷值为 100；另一种是 α-甲基萘，发火性差，规定其十六烷值为 0。按不同比例将它们混合在一起，可获得十六烷值 0～100 的标准燃料。例如，某一柴油的发火性正好与含 45%正十六烷和 55% α-甲基萘的标准燃料相同，则该柴油的十六烷值为 45。

(3) 蒸发性。柴油的蒸发性是指以液态转化为气态的性能。

(4) 安定性。柴油的安定性包括储存安定性和热安定性。

(5) 黏度。柴油的黏度是表示柴油稀稠程度的一项指标，可以用来表示油品流动性能的好坏。

(6) 抗腐性。柴油的抗腐性是指柴油阻止与其相接触的金属被腐蚀的能力。

(7) 清洁性。柴油的清洁性用灰分、水分和机械杂质等指标来评定。

2. 轻柴油的规格和牌号

我国目前轻柴油质量标准执行 GB 252—2015《普通柴油》，车用柴油标准推荐执行 GB

19147—2013《车用柴油(Ⅴ)》。GB 19147—2013《车用柴油(Ⅴ)》是从 GB 252—2011《普通柴油》质量标准中分离出来的。在某些技术指标的规定上有所不同,但其分类、牌号及其标记方法则完全相同,也按凝点将轻柴油分为 5 号、0 号、-10 号、-20 号、-35 号和-50 号 6 种牌号,牌号中的数字即为该柴油的凝点。

  3. 轻柴油的选择与使用

  1) 轻柴油的选择
  车用轻柴油的选用主要考虑环境温度,并应遵循以下原则。
  (1) 根据柴油使用地区风险率 10% 的最低气温选用柴油牌号。风险率为 10% 的最低气温应高于柴油的冷滤点。由于柴油的冷滤点一般高于凝点 3～6℃,所以,也可以说,风险率 10% 的最低气温在数值上高于其牌号 3～6 个数即可满足选用要求。

知识链接 6-5

  有关各牌号柴油的适用地区见表 6-3。我国部分地区风险率为 10% 的最低气温见表 6-4,该表中的最低温度是由我国气象台根据多年气温记录分析得出的。风险率为 10% 的最低气温值表示该月中最低气温低于该值的概率为 0.1。

表 6-3 各牌号柴油的适用地区

牌 号	适用温度范围
5 号	适用于风险率为 10% 的最低气温在 8℃ 以上地区使用
0 号	适用于风险率为 10% 的最低气温在 4℃ 以上地区使用
-10 号	适用于风险率为 10% 的最低气温在 -5℃ 以上地区使用
-20 号	适用于风险率为 10% 的最低气温在 -14℃ 以上地区使用
-35 号	适用于风险率为 10% 的最低气温在 -29℃ 以上地区使用
-50 号	适用于风险率为 10% 的最低气温在 -44℃ 以上地区使用

表 6-4 我国部分地区风险率为 10% 的最低气温   (单位:℃)

地区	1月	2月	3月	4月	5月	6月	7月	8月	9月	10月	11月	12月
河北	-14	-13	-5	1	8	14	19	17	9	1	-6	-12
山西	-17	-16	-8	-1	5	11	15	13	6	-2	-9	-16
内蒙古	-43	-42	-35	-21	-7	-1	4	1	-8	-19	-32	-41
黑龙江	-44	-42	-35	-20	-6	1	7	4	-6	-20	-35	-43
吉林	-29	-27	-17	-6	1	8	14	12	2	-6	-17	-26
辽宁	-23	-21	-12	-1	6	12	18	15	6	-2	-12	-20
山东	-12	-12	-5	2	8	14	19	18	11	4	-4	-10
江苏	-10	-9	-3	3	11	15	20	20	12	5	-2	-8
安徽	-7	-7	-1	5	12	18	20	20	14	7	0	-6
浙江	-4	-3	1	6	13	17	22	21	15	8	2	-3

续表

地区	1月	2月	3月	4月	5月	6月	7月	8月	9月	10月	11月	12月
江西	-2	-2	3	9	15	20	23	23	18	12	4	0
福建	-4	-2	3	8	14	18	21	20	15	8	1	-3
台湾①	3	0	2	8	10	16	19	19	13	10	1	2
广东	1	2	7	12	18	21	23	23	20	13	7	2
广西	3	3	8	12	18	21	23	23	19	15	9	4
湖南	-2	-2	3	9	14	18	22	21	16	10	1	-1
湖北	-6	-4	0	6	12	17	21	20	14	8	1	-4
河南	-10	-9	-2	4	10	15	20	18	11	4	-3	-8
四川	-21	-17	-11	-7	-2	1	2	1	0	-7	-14	-19
贵州	-6	-6	-1	3	7	9	12	11	8	4	-1	-4
云南	-9	-8	-6	-3	1	5	7	5	-1	-5	-8	
西藏	-29	-25	-21	-15	-9	-3	-1	0	-6	-14	-22	-29
新疆	-40	-38	-28	-12	-5	-2	0	-2	-6	-14	-25	-34
青海	-33	-30	-25	-18	-10	-6	-3	-4	-6	-16	-28	-33
甘肃	-23	-23	-16	-9	-1	3	5	5	0	-8	-16	-22
陕西	-17	-15	-6	-1	5	10	15	12	6	-1	-9	-15
宁夏	-21	-20	-10	-4	2	6	9	8	3	-4	-12	-19

① 台湾省所列的温度为绝对最低气温,即风险率为0%的最低气温。

(2) 在气温允许的情况下尽量选用高牌号柴油。有些汽车使用者认为选用的牌号越低越安全,对车越有利。其实不然,首先由于低牌号柴油凝点低,其炼制工艺复杂、生产成本高;其次由于柴油中凝点越低的成分燃烧性越差,使用时燃烧滞后期长,越容易发生工作粗暴现象,所以在气温允许的情况下应尽量选用高牌号柴油。

(3) 注意季节气温变化对用油的影响。对于那些季节气温变化较大的地区,如黑龙江、内蒙古、新疆等,应特别注意季节气温变化对用油的影响,及时改变用油牌号。

2) 轻柴油使用的注意事项

轻柴油使用过程中应注意以下事项。

(1) 不同牌号的柴油可以掺兑使用,以降低高凝点柴油的凝点。但应注意凝点的调整无严格的加成关系,例如-10号和-20号各50%掺兑后,其凝点不是-15℃,而是在-13~-14℃之间;也可在轻柴油中掺入10%~40%裂化煤油以降低凝点,掺兑后应注意搅拌均匀。

(2) 不能在柴油中掺入汽油,因为汽油发火性很差,掺进汽油会导致起动困难,甚至不能起动。

(3) 低温起动时可采取预热措施,对进气管、机油及蓄电池等预热有利于起动;也可采用馏分轻、蒸发性好、自燃点低又有一定十六烷值的低温起动液,使用时可附加一套起动液用装置,也可以用注射器将10~25mL低温起动液直接注入进气管,一般工作1min,发动机即可顺利起动,例如用乙醚与航空煤油按体积1∶1配成的低温起动液,很容易在柴油机内自燃。低温起动液不能加入油箱与柴油混用,否则会造成气阻。

(4) 要做好柴油净化工作。柴油机供油系是一套较精密的系统，油中杂质很容易造成系统堵塞、卡死，使用柴油前要经沉淀和过滤，沉淀时间不少于 48h，以除去杂质。

特别提示 6-7

　　汽车是成品油消耗的第一大户，为了开源节流，以最低的能耗，获得最大的经济效益，必须掌握汽车节油技术。影响汽车油耗的主要因素有使用条件(季节、道路、气候等条件)、管理水平、维修质量、驾驶员驾驶水平和汽车技术状况 5 个方面。汽车的技术状况是节油的技术基础，良好的技术状况是节油的基本条件。在汽车驾驶操作中，影响汽车油耗的主要因素有发动机起动、汽车起动加速、汽车换挡操作、汽车行驶速度、汽车行驶温度和汽车滑行 6 个方面。正确起动发动机，正确起步，根据不同的道路和交通流量及时换挡变速，行车速度控制在经济车速范围内，合理使用离合器，合理控制油门，合理控制发动机冷却液温度等都是实现汽车驾驶节油的方法和途径。

应用实例 6-2

　　试确定河南 11 月柴油车的用油牌号。
【案例点评】
　　查表 6-4 知，河南 11 月风险率为 10% 的最低气温为 -3℃。查表 6-3 知，河南 11 月应选用 -10 号柴油。

6.1.3 汽车代用燃料

　　在石油资源日益减少、环境污染日益严重的双重作用下，开发和寻求污染较少、价格低廉的汽车代用燃料已成为当务之急。汽车代用燃料必须具备资源丰富、热值高、能量大、安全、无毒、污染少、价格低、使用方便等特点。此外，它还必须与汽车供油系兼容，或只需进行简单的改装即可使用。目前正在开发的代用燃料主要有醇类、天然气、液化石油气、电能、太阳能和合成燃料等。上述代用燃料有的可单独使用，有的则可与汽油、柴油混合使用。我国目前大力推广的主要有乙醇汽油、天然气和液化石油气。

　　1. 醇类燃料

　　醇类燃料主要是指甲醇和乙醇。醇类燃料来源广泛，价格较低，具有辛烷值高、热值低、储存和使用方便、排放污染少等特点。醇类燃料在技术和成本方面已经达到实用阶段。

知识链接 6-6

　　甲醇俗称木精，是一种无色易挥发的液体，有毒，饮后能致失明。乙醇俗称酒精，常温下是液体，易挥发燃烧。醇类燃料的辛烷值高，是良好的汽油机代用燃料。醇类燃料在汽油机中的应用方法主要有掺醇燃烧和纯醇燃烧两种。掺醇燃烧是指把甲醇或乙醇按不同比例掺入汽油中。甲醇、乙醇与汽油的混合燃料分别用 M(methanol)和 E(ethanol)加一数字表示，其后的数字表示混合燃料中甲醇或乙醇的体积百分数，如 M15 表示甲醇体积百分数为15%的混合燃料，E10表示乙醇体积百分数为10%的混合燃料。

掺醇汽油具有抗爆性好、价格低，排放尾气中NO_x、烃类及CO的含量低等优点。同时掺醇比例低于15%的低比例掺醇汽油，和纯汽油相比，不需要改变现有汽车发动机，不增加改动成本，不存在技术上的难度。可见，低比例掺醇汽油是比较实用的醇类能源利用形式。但掺醇汽油也具有低温起动性差、高温时易发生气阻、与汽油的互溶性差、易出现分层现象、对汽油机具有一定的腐蚀性等缺点。

目前，我国确定在河南、吉林、黑龙江和广西等地设立燃料乙醇试点项目，开始推广含10%乙醇的车用乙醇汽油的混合燃料。汽车用乙醇汽油的现行标准是GB 18351—2015《车用乙醇汽油(E10)》。

特别提示 6-8

变性燃料乙醇是通过专用设备、特定工艺生产的高纯度无水乙醇，经过变性处理后不能食用，是专供调配车用乙醇汽油使用的专用乙醇。

车用乙醇汽油(E10)(Ⅳ)按研究法辛烷值分为90、93、97三个牌号，车用乙醇汽油(E10)(Ⅴ)分为89、92、95、98四个牌号(GB 18351—2015中规定)，在汽油标号前加字母"E"作为车用乙醇汽油的标号，牌号中的数字表示汽油的研究法辛烷值。车用乙醇汽油的选用应按照发动机的压缩比进行合理选择，见表6-5，以获得最佳匹配效果。

知识链接 6-7

表6-5 发动机压缩比与车用乙醇汽油标号间的关系

汽油机压缩比 ε	7.5～8.0	8.0～8.5	8.5～9.0	9.0以上
乙醇汽油牌号	E90	E93	E95	E97

2. 天然气

天然气是各种代用燃料中最早被广泛使用的一种。天然气汽车20世纪30年代就开始在意大利使用。我国的天然气汽车工业发展始于20世纪80年代。目前，天然气汽车已受到各国政府的普遍重视，21世纪将是天然气汽车大发展的时代。

知识链接 6-8

天然气的主要成分是甲烷。根据其存在形式不同，天然气分为压缩天然气(Compressed Natural Gas，CNG)和液化天然气(Liquefied Natural Gas，LNG)两种。压缩天然气是将天然气经过脱水、脱硫净化处理后，经多级压缩至20 MPa左右储存在气瓶中。液化天然气是将天然气经过一定工艺，使其在-162℃左右变为液态，储存在高压气瓶中。天然气汽车是能以天然气为燃料工作的汽车(Natural Gas Vehicle，NGV)。根据天然气的储存形式，天然气汽车分为压缩天然气汽车和液化天然气汽车。压缩天然气汽车按燃料供给系不同又可分为专用压缩天然气汽车、压缩天然气与汽油双燃料汽车、压缩天然气与柴油双燃料汽车等。由于液化天然气对储存技术要求较高，这在一定程度上限制了液化天然气汽车的发展。

3. 液化石油气

液化石油气价格便宜，容易液化，储存和使用方便，其配套设施如加气站等的建设费用也比较低。液化石油气作为汽车代用燃料，近年来发展较快。但是液化石油气是石油开采和炼制过程中的伴随物，受到自然资源的限制，不可能成为汽车稳定的代用燃料。

知识链接 6-9

汽车用液化石油气(Liquefied Petroleum Gas，LPG)的主要成分是丙烷和丁烷。液化石油气汽车是以液化石油气为燃料工作的汽车(Liquefied Petroleum Gas Vehicle，LPGV)。液化石油气汽车按燃料供给系不同，可分为专用液化石油气汽车、液化石油气与汽油双燃料汽车、液化石油气与柴油双燃料汽车等。

4. 氢燃料

氢气作为内燃机代用燃料，在使用和推广应用过程中还存在一系列技术问题。但是，从长远和发展的观点来看，氢气是一种极有前途的汽车代用燃料。

知识链接 6-10

氢气既可以单独作为内燃机燃料用于发动机，也可与汽油混合作为燃料用于发动机。目前，氢燃料在汽车上的使用多为氢气与汽油混合作为燃料用于发动机。目前，英国正在试制水燃料发动机，其工作原理是在发动机燃料管内装一铝制转子，并将铝线一端插入水中，另一端引向转子。当在铝线和转子间馈以电流后，铝线在水中放电，使水分解成氢气和氧气，随后，气体进入燃烧室，气体燃烧后产生驱动力。

5. 电能

电能是二次能源，几乎可用任何一次能源生产。用电能作为动力的汽车称为电动汽车。电动汽车具有无污染、噪声小、操作方便等优点，是目前世界各国都在致力开发的一种前途广阔的汽车。

知识链接 6-11

早期的电动汽车为蓄电池电动汽车。目前研制的电动汽车的基本形式有蓄电池和燃料电池式两种，混合动力汽车也属于电动汽车。

蓄电池汽车的研究开发主要集中在高性能车用电池方面。燃料电池是指一种将存在燃料和氧化剂中的化学能通过电极反应直接转化为电能的装置。混合动力汽车是在纯电动汽车开发过程中有利于市场转化而产生的一种新车型。它是一种以内燃机和蓄电池为动力的汽车，是燃油汽车向电动汽车的一种过渡。混合动力汽车技术已经成熟，日本丰田公司已大批量生产混合动力汽车。

我国非常重视电动汽车的研制，正式对电动汽车的研制始于 1981 年。为加快推动电动汽车科技发展，2012 年 3 月 27 日，中华人民共和国科学技术部印发《电动汽车科技发展"十二五"专项规划》，将电动汽车列入国家重大攻关项目。

6. 太阳能

太阳能汽车是利用太阳能产生动力的汽车，能量来源是太阳的辐射能转变为机械能或电能(太阳电池)。直接利用太阳能驱动汽车是最经济实用的方法，但由于太阳电池存在效率低、体积大、成本高等问题，太阳能汽车尚未进入实用阶段。

知识链接 6-12

太阳电池在汽车上的应用，为寻求未来的汽车能源开辟了一条新途径。车载阳光采集板采集太阳光，通过车载太阳电池，转换为电能储存，供给电动机驱动汽车行驶。

20 世纪形成的以石油燃料为主体的能源系统，将在 21 世纪转化成以可再生能源为主要组成部分的新能源系统。能源多元化是 21 世纪能源发展的必然趋势。乙醇汽油、天然气和燃料电池等汽车代用燃料作为 21 世纪的汽车清洁能源，能有效地解决我国的资源紧张和环境保护问题，并且对我国国民经济持续、快速、健康的发展具有非常重大的意义，是一项可持续发展的战略目标。

应用实例 6-3

广州本田奥德赛 2.3L 发动机的压缩比为 9.5，试推荐其乙醇汽油牌号。
【案例点评】
根据发动机压缩比为 9.5，查表 6-5 知，该汽车应选用 E97 号乙醇汽油。

6.2 汽车润滑剂

引例

汽车润滑剂主要包括内燃机油、齿轮油和润滑脂等，其主要作用是减缓汽车零部件的磨损，保证汽车正常运行。内燃机油主要是对发动机的曲轴、连杆、活塞、凸轮轴、气门等摩擦零件进行润滑。齿轮油主要用于变速器、后桥齿轮等传动机构摩擦处的润滑。润滑脂主要用于汽车传动轴、轮毂轴承、钢板弹簧销、转向节销、万向节销等部位的润滑。

常见的汽车润滑剂有哪些规格和牌号？怎样正确选择和使用？

6.2.1 内燃机油

汽车、拖拉机、工程机械和其他机动车的汽油机和柴油机都是内燃机，所用的润滑油称为内燃机润滑油(简称内燃机油)。内燃机油具有润滑、冷却、清洗、密封、防蚀和缓冲的作用。图 6.1 所示为市场上常见的几种内燃机油。

图 6.1　市场上常见的几种内燃机油

1. 内燃机油的性能指标

内燃机油的主要性能指标有黏度、黏温性、抗腐性、抗氧性、抗磨性、抗泡性和清净分散性等。

黏度是液体流动时内摩擦力的量度，即液体的稀稠程度。黏度是内燃机油的重要性能指标，对发动机零件在不同润滑状态的润滑作用有重要影响。它是发动机润滑油分类的依据，也是选用内燃机油的主要依据。

黏温性是油品黏度随温度变化的特性。良好的黏温性是指油品的黏度随温度的变化程度小。只能适应较窄温度范围使用要求的机油称为单级油。为得到在宽温度范围都保持适当黏度的机油，必须在基础油中加入黏度指数改进剂(增稠剂)，这种内燃机油具有良好的黏温性，能同时满足低、高温使用要求，被称为多级油。

2. 内燃机油的分类、规格和牌号

1) 内燃机油的分类

内燃机油的分类多采用黏度分类法和性能分类法两种。国际上广泛采用美国汽车工程师学会(Society of Automotive Engineers，SAE)的黏度分类法和美国石油学会(American Petroleum Institute，API)的使用性能分类法。

(1) SAE 黏度分类。SAE 黏度分类法是目前应用最广泛的分类方法。润滑油牌号中的数字表示其黏度等级。

它按低温动力黏度、低温泵送性能和 100℃时的运动黏度分级。对于冬用机油，按 $-18℃$ 时所测的黏度来分，共有 0W、5W、10W、15W、20W 和 25W 这 6 个等级(W 表示冬用)。春秋和夏用机油则按 100℃时的运动黏度分为 20、30、40、50 和 60 这 5 个等级。

内燃机油按黏度等级划分牌号，有单级油和多级油之分。如果润滑油的低温性能各项指标和 100℃时的运动黏度仅满足冬用润滑油或夏用润滑油黏度分级之一者，称为单级油，在冬夏温差较大的地区不能冬夏通用。在单级冬用机油中，符号 W 前的数字越小，表示其低温黏度越小，低温流动性越好，适用的最低气温越低。在单级夏用机油中，数字越大，其黏度越大，适用的最高气温越高。如果润滑油的低温性能各项指标和 100℃时的运动黏度能同时满足冬夏两种黏度分级要求的，称为多级油，可在一定地区范围内冬夏通用。多级油既符合一个非 W 级，又符合一个 W 级黏度要求，并且两黏度级号之差至少等于 15，如 10W/30、15W/40 等。级号差越大，说明其黏温性越好，适用的气温范围越大。如 5W/40，可以在很广的地区范围内冬夏通用。

(2) API 使用性能分类。对油的质量分类，现在最常用的是 API 质量分类法，也称为使用性能分类法。

该分类将汽油机润滑油规定为 S 系列(Service station classsification，加油站分类)；将柴油机润滑油规定为 C 系列(Commercial classsification，工商业分类)。在 S 系列中又细分为 SA、SB、SC、SD、SE、SF、SG 和 SH 这 8 个级别；在 C 系列中又细分为 CA、CB、CC、CD、CD-Ⅱ、CE 和 CF-4 这 7 个级别。油的级号越靠后，性能越好，适用的机型越新或工作条件越苛刻。

2012 年，我国正式颁布 GB/T 28772—2012《内燃机油分类》，规定了汽车使用及非道路用内燃机润滑油的详细分类，不包括铁路内燃机车柴油机油和船用柴油机润滑油。我国还参照 SAE 黏度分类，制定了 GB/T 14906—1994《内燃机油黏度分类》。

2) 内燃机油的规格和牌号

(1) 内燃机油的规格。在我国现行的有关标准中，GB 11121—2006《汽油机油》规定了 SE、SF、SG、SH、GF-1、SJ、GF-2、SL 和 GF-3 等 9 个汽油机机油品种的汽油机润滑油(简称汽油机油)的规格。GB 11122—2006《柴油机油》规定了 CC、CD、CF、CF-4、CH-4 和 CI-4 等 6 个柴油机油品种的柴油机润滑油(简称柴油机油)的规格。通用内燃机油可由上述两个标准所属的品种进行组合、但任何一个通用内燃机油都应同时满足汽油机油品种和柴油机油品种的所有指标要求。

(2) 内燃机油的牌号。

汽油机油产品标记为：|质量等级| |黏度等级| |汽油机油|

例如：SF 10W-30 汽油机油、SE 30 汽油机油。

柴油机油产品标记为：|质量等级| |黏度等级| |柴油机油|

例如：CD 10W-30 柴油机油、CC 30 柴油机油。

通用内燃机油产品标记为：

|汽油机油质量等级/柴油机油质量等级| |黏度等级| |通用内燃机油| 或

|柴油机油质量等级/汽油机油质量等级| |黏度等级| |通用内燃机油|

例如：SJ/SF-4 5W-30 通用内燃机油或 CF-4/SJ 5W-30 通用内燃机油，前者表示其配方首先满足 SJ 汽油机油要求，后者表示其配方首先满足 CF-4 柴油机油要求，再者均需同时符合 SJ 汽油机油和 CF-4 柴油机油的全部质量指标。

注 1：汽油机油或柴油机油质量等级的先后排列由生产企业根据产品配方特点确定。

3. 内燃机油的选择与使用

1) 内燃机油的选择

正确选择内燃机油是保证发动机正常工作的必要条件。如果选择不当，不仅影响发动机的使用性能，严重时还会导致发动机的突发故障，造成安全隐患。

(1) 汽油机油的选择。应依据发动机的结构特点、使用条件和气候条件等来选择汽油机油的质量等级和黏度级别。首先，应根据发动机的结构特点和使用条件选择相应的润滑油质量等级，再根据使用地区的气温选择润滑油黏度级别。

有汽车使用说明书的用户，应依据说明书要求选择。无使用说明书时，可按照发动机的设计年代、发动机的压缩比、是否安装催化转化器等因素来选择润滑油。装有催化转化器的发动机，应选用 SF 级润滑油。进口车或引进技术生产的轿车多用 SF 级润滑油。

知识链接 6-13

随着对汽车环保要求的提高，采用发动机加装废气净化装置或其他措施来降低排放污染。净化装置内的催化剂对机油的催化作用更为强烈，因而对内燃机油提出了更高的要求。

一般根据地区季节气温，结合发动机的性能和技术状况，选用适当的黏度级别。常以汽车使用地区的年最高和最低气温选择润滑油的黏度级别。在黄河以北及其他气温较低，但不低于－10℃的地区，冬季使用 20 号单级油，可保证国产中型载货汽车顺利起动和正常润滑，但在夏季换用黏度稍大的 30 号或 40 号油，15W/40 在上述地区则可全年通用。在长江流域的华东、中南和西南，以及华南冬季气温不低于－5℃的温区，30 号单级油可全年通用。两广和海南炎热的夏季，应选用 40 号油。在长城以北或其他气温低于－10℃的寒区，应选用 10W/30 多级油。黑龙江、内蒙古和新疆等严寒地区，应选用 5W/30 和 5W/20 多级油。北京地区普遍使用 15W/40 多级油。

知识链接 6-14

也可按压缩比选择润滑油等级，见表 6-6。我国常用汽油车选用润滑油等级见表 6-7。

表 6-6　发动机压缩比与润滑油等级参考值

压缩比范围	可选用润滑油等级
8～10	SE
＞10	SF

表 6-7　我国常用汽油车选用润滑油等级

车　　型	润滑油质量等级
夏利、大发、昌河、拉达	SE
一汽奥迪、捷达、红旗、CA6440 轻客、上海桑塔纳、标致	SF
富康、桑塔纳 2000、红旗 7220AE、捷达	SG 或 SH

还可根据生产年限选择润滑油。后生产的汽车，机油的工作条件通常比早生产的汽车苛刻，应选用质量等级较高的机油。

内燃机油黏度级别的选择可参考表 6-8。

表 6-8　SAE 黏度级号与适用气温对照表

SAE 黏度级号	5W/30	10W/30	15W/30	15W/40	20/20W	30	40
适用气温 /℃	－30～30	－25～30	－20～30	－20～40 以上	－15～20	－15～30	－5～40 以上

(2) 柴油机油的选择。柴油机油的选择主要依据汽车使用说明书，在没有使用说明书时，也可按柴油机的强化程度选用。

柴油机的强化程度一般用强化系数来表示。强化系数越大，热量、机械负荷越高，机油工作条件越苛刻，要求选用质量等级高的柴油机油。根据强化系数不同，我国黄河 JN171、跃进 NJ1061 等柴油车，均要求使用 CC 级润滑油；斯太尔重型汽车、东风 EQ1141G(康明斯)和南京依维柯等柴油车均要求使用 CD 级润滑油。

选好润滑油的质量等级后，还应根据汽车实际工作条件的恶劣程度，提高用油的等级，在无级别可提高时，应缩短换油周期。

柴油机油的黏度级别选择原则与汽油机油相同，考虑到柴油机工作压力比汽油机大，但转速又较汽油机低的特点，在选择黏度时应略比汽油机高一些。

2) 内燃机油使用的注意事项

(1) 应注意用油的地区和季节的变化及时换用适宜黏度等级的内燃机油，应尽量选用黏温性好、黏度指数高的多级油。

(2) 在选择机油的质量等级时，高级机油可以在要求较低的发动机上使用，但过多降级使用不合算；切勿把质量等级低的机油加在要求较高的发动机上使用，否则会造成发动机早期磨损或损坏。

(3) 要按机油标尺(图 6.2)加量。油量不足会引起零件磨损，加速机油变质；油量过多会窜入燃烧室内，形成大量积炭。正常油面应在最大和最小两个刻度之间(图 6.3)。

图 6.2　机油尺

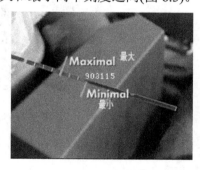

图 6.3　机油尺上的最大和最小刻度

(4) 加强对空气滤清器、燃油滤清器和机油滤清器的清洁工作，并保持曲轴箱通风，以减轻机油的污染，防止机油的早期变质。

(5) 应结合使用条件按质换油。换油时一定要在热车时进行，要将废油放干净，同时严防水分、杂质混入。

(6) 加有多种添加剂的稠化机油，使用时油色很快会变深，属正常现象，不必换油。

(7) 不同牌号的润滑油不可混用，同一牌号但不同生产厂家的润滑油也尽量不要混用。

特别提示 6-9

遇下列情况之一时，机油的质量等级(使用级)应酌情提高一个等级：汽车长期处于时停时开的使用状态；长期低温、低速行驶；长时间高温、高速行驶；在灰尘大的环境下运行；满载或拖挂车长时间行驶。

应用实例 6-4

东风雪铁龙轿车，加装废气催化转化器，汽车使用地区在河南，试推荐其汽油机油的使用级和黏度级。

【案例点评】

东风雪铁龙轿车加装废气催化转化器，应选用 SF 级润滑油。根据汽车使用地区的年最高和最低气温，查表 6-8 知，15W/40 在河南可全年通用。

6.2.2 齿轮油

车辆齿轮油用于车辆机械式变速器、驱动桥及转向器的齿轮、轴承和轴等零件的润滑，具有减摩、冷却、清洗、密封、防锈和降噪等作用。图 6.4 所示为市场上常见的几种车辆齿轮油。

图 6.4 市场上常见的几种车辆齿轮油

1. 车辆齿轮油的分类、规格和牌号

1) 车辆齿轮油的分类

目前人们广泛采用美国 SAE 车辆齿轮油黏度分类法和美国 API 车辆齿轮油使用性能分类法对车辆齿轮油进行分类。

(1) SAE 车辆齿轮油黏度分类。该分类的黏度级有 70W、78W、80W、85W、90、140、250 两组共 7 种。

 知识链接 6-15

带字母 W 的车辆齿轮油为冬用齿轮油，是根据齿轮油黏度达到 150Pa·s 和 100℃ 时的最小运动黏度划分的。低温黏度规定为 150Pa·s，超过这一黏度，驱动桥准双曲面齿轮式主减速器主动齿轮轴承的润滑条件就恶化，易发生损坏；不带字母 W 的车辆齿轮油为非冬用齿轮油，是根据 100℃ 的运动黏度范围划分的。车辆齿轮油也有多级油，如 80W/90、85W/90 等。

(2) API 车辆齿轮油使用性能分类。车辆齿轮油国外广泛采用 API 使用分类法，按齿轮油负荷承载能力和使用场合不同，API 将手动变速器和驱动桥齿轮油分为 6 个级别：GL-1、GL-2、GL-3、GL-4、GL-5 和 GL-6。

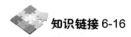 **知识链接** 6-16

车辆齿轮油 API 的分类、使用性能和用途见表 6-9。

表 6-9　车辆齿轮油 API 的分类、使用性能和用途

分类	使用说明	用途
GL-1	在低齿面压力、低滑动速度下的汽车弧齿锥齿轮、蜗轮式驱动桥及各种手动变速器规定用 GL-1 级齿轮油	汽车手动变速器,包括拖拉机和载货汽车手动变速器
GL-2	汽车蜗轮式驱动桥,由于其负荷、温度和滑动速度的状况,用 GL-1 齿轮油不能满足要求,规定用 GL-2 级齿轮油	蜗杆传动装置
GL-3	滑动速度和负荷比较苛刻的汽车手动变速器和弧齿锥齿轮的驱动桥规定用 GL-3 级齿轮油	苛刻条件的手动变速器和弧齿锥齿轮的驱动桥
GL-4	在低速高扭矩、高速低扭矩下操作的各种齿轮,特别是客车和其他各种车用的准双曲面齿轮,规定用 GL-4 级齿轮油	手动变速器、弧齿锥齿轮和使用条件不太苛刻的准双曲面齿轮
GL-5	在高速冲击负荷、高速低扭矩、低速条件下操作的各种齿轮,特别是客车和其他车用的准双曲面齿轮,规定用 GL-5 级齿轮油	适用于操作条件缓和或苛刻的准双曲面齿轮及其他各种齿轮,也可用于手动变速器
GL-6	在高速冲击条件下运转的轿车和其他车辆的各种齿轮,特别是大偏移距的准双曲面齿轮,偏移距大于 50mm 或接近大齿轮直径的 25%,规定用 GL-6 级齿轮油	

(3) 我国的车辆齿轮油分类。我国车辆齿轮油的黏度分类国家标准是 GB/T 28767—2012《车辆齿轮油分类》。其方法与 SAE 车辆齿轮油黏度分类相同,车辆齿轮油按使用性能分为 GL-3、GL-4、GL-5 和 MT-1 四类。其中,CL-3 相当于普通车辆齿轮油,CL-4 相当于中负荷车辆齿轮油,CL-5 相当于重负荷车辆齿轮油,MT-1 为非同步手动变速器油。

 知识链接 6-17

我国车辆齿轮油分类与对应 API 使用性能分类见表 6-10。

表 6-10　我国车辆齿轮油分类与对应 API 使用性能分类

我国油品代号	API 品种	组成、特性和使用说明	使用部位
普通车辆齿轮油 (GL-3) (SH/T 0350—1992)	GL-3	精制矿物油加抗氧剂、防锈剂、抗泡剂和少量极压剂制成,适用于中等速度和负荷比较苛刻的手动变速器和螺旋锥齿轮的驱动桥	手动变速器和螺旋伞齿轮的驱动桥
中负荷车辆齿轮油 (GL-4) (JT/T 224—2008)	GL-4	精制矿物油加抗氧剂、防锈剂、抗泡剂和极压剂制成,适用于在低速高扭矩和高速低扭矩下操作的各种齿轮,特别是客车和其他各种车辆的准双曲面齿轮	手动变速器、螺旋伞齿轮和使用条件不太苛刻的准双曲面齿轮的驱动桥
重负荷车辆齿轮油 (GL-5)	GL-5	精制矿物油加抗氧剂、防锈剂、抗泡剂和极压剂制成,适用于在高速冲击负荷、高速低扭矩和低速高扭矩下操作的各种齿轮,特别是客车和其他各种车辆的准双曲面齿轮	操作条件缓和或苛刻的准双曲面齿轮及其他各种齿轮的驱动桥,也可用于手动变速器

续表

我国油品代号	API 品种	组成、特性和使用说明	使用部位
非同步手动变速箱油 MT-1		该类润滑剂对于防止化合物热降解、部件磨损及油封劣化提供保护，这些性能是 CL-4 和 CL-5 要求的润滑剂所不具有的；MT-1 没有给出乘用车和重负荷车辆中同步器及驱动桥的性能要求	适用于在大型客车和重型卡车上使用的非同步手动变速器

2) 车辆齿轮油的规格和牌号

普通车辆齿轮油(GL-3)适用于中等速度和负荷比较苛刻的手动变速器和螺旋锥齿轮驱动桥，有 80W/90、85W/90 和 90 这 3 个黏度牌号，其规格在 SH/T 0350－1992(1998 年确认)《普通车辆齿轮油》标准中规定。

中负荷车辆齿轮油(GL-4)适用于低速高扭矩、高速低扭矩下操作的各种齿轮，特别是客车和其他各种车辆的准双曲面齿轮，有 80W/90、85W/90 和 90 这 3 个黏度牌号，其规格在 JT/T 224—2008《中负荷车辆齿轮油》标准中规定。

重负荷车辆齿轮油(GL-5)适用于在高速冲击负荷、高速低扭矩和低速高扭矩下操作的各种齿轮，特别是客车和其他各种车辆的准双曲面齿轮，有 75W、80W/90、85W/90、85W/140、90 和 140 六个黏度牌号，其规格在 GB 13895－1992《重负荷车辆齿轮油》标准中规定。

非同步手动变速器油（MT-1）适用于在大型客车和重型卡车上使用的非同步手动变速器。该类润滑剂对于防止化合物热降解、部件磨损及油封劣化提供保护，这些性能是 CL-4 和 GL-5 要求的润滑剂所不具有的。MT-1 没有给出乘用车和重负荷车辆中同步器和驱动桥的性能要求。其规格在 GB/T 28767—2012《车辆齿轮油分类》中规定。

对于特定的车辆齿轮油应写成 GL-4 90、GL-5 80W/90。90 号是一种单级油，80W/90 则是一定地区范围内的冬夏通用油。

2. 车辆齿轮油的选择与使用

1) 车辆齿轮油的选择

应按车辆使用说明书的规定选择与该车型相适应的齿轮油品种和牌号，还可以参照下列原则选油。

(1) 根据齿轮类型和工作条件来选择齿轮油的品种——使用级。车辆齿轮油的使用级应按照汽车使用说明书中的规定或根据传动机构工作条件的苛刻程度来选择。

(2) 根据使用环境最低温度和传动装置最高油温来选择齿轮油的牌号——黏度级。车辆齿轮油的最低黏度级应根据最低气温和最高油温，并同时考虑车辆齿轮油换油周期较长等因素来选择。

 知识链接 6-18

车辆齿轮油的黏度应既能保证低温下的车辆起步，又能满足油温升高后的润滑要求。在 SAE 黏度分类中表观黏度达 150Pa·s 时的最高温度，是保证低温操作性能的最低温度。黏度为 75W、80W 和 85W 的准双曲面齿轮油的最低使用温度分别为 －40℃、－26℃、－12℃，即车辆使用地区的最低温度不应低于所选齿轮油的上述温度。黏度等级选择可按表 6-11 所示最低使用温度，或按小齿轮转速及工作温度来选择 100℃ 运动黏度。

表 6-11 车辆齿轮油的最低使用温度和 SAE 黏度等级

最低使用温度/℃	SAE 黏度等级	最低使用温度/℃	SAE 黏度等级
-40	75W/90	-20	85W/90
-30	80W/90	-10	90

一般地区，90 号油可满足车辆的使用要求，只有在天气特别热或负荷特别重的车辆上使用 140 号油。长江流域及其他冬季气温不低于 -10℃ 的广大地区，可全年使用 90 号油；长江以北及其他冬季气温不低于 -12℃ 的广大地区，可全年使用 85W/90 号油，负荷特别重的车辆上可全年使用 85W/140 号油；长城以北及其他冬季气温不低于 -26℃ 的地区，可全年使用 80W/90 号油；黑龙江、内蒙古、新疆等冬季气温最低气温在 -26℃ 以下的严寒地区，冬季应使用 75W 号油，夏季则换用 90 号单级油。

2) 车辆齿轮油使用的注意事项

(1) 不同等级的车辆齿轮油不能混用且不能将使用级较低的齿轮油用在要求较高的车辆上。

(2) 不要误认为高黏度齿轮油的润滑性能好。使用黏度牌号太高的齿轮油，将使燃料消耗显著增加，特别是高速轿车影响更大，应尽可能使用合适的多级齿轮油。

(3) 换油时应趁热放出旧油，并清洗齿轮箱。齿轮油面一般要加到与齿轮箱加油口下缘平齐，应经常检查齿轮箱是否渗漏，并保持各油封、衬垫完好。

(4) 齿轮油的使用寿命较长，如使用单级油，在换季维护时换用不同的黏度牌号，放出的旧油若不到换油指标，可在再次换油时使用。

(5) 应按规定的换油指标换用新油。无油质分析手段时，可按期换油。国外推荐的换油周期是 5~12 万 km，我国换油周期为 4~5 万 km，可结合车辆定期维护换油。SH/T 0475—1992《普通车辆齿轮油换油指标》推荐的换油里程为 4.5 万 km。

特别提示 6-10

汽车如在山区或经常满载拖挂行驶，并经常处于高负荷状态下，工作条件苛刻，油温较高，应选用高一级齿轮油。

应用实例 6-5

试推荐 EQ1092 汽车变速器和驱动桥车辆齿轮油的使用级和黏度级。

【案例点评】

低速高扭矩或高速低扭矩下工作的齿轮及使用条件不太苛刻的准双曲线齿轮，如 EQ1092 汽车的变速器和驱动桥，应选用中负荷车辆齿轮油(GL-4)。黏度级应根据汽车使用地区的年最高和最低气温来选择，一般地区，90 号车辆齿轮油可满足其使用要求。

6.2.3 润滑脂

润滑脂是将稠化剂分散于液体润滑剂中所组成的一种稳定固体或半固体产品。它在常温下可附着于垂直表面不流失，并能在敞开或密封不良的摩擦部位工作，具有其他润滑剂不可替代的特点。在汽车上不宜用液体润滑剂的部位，如轮毂轴承、各拉杆球节、发电机轴承、水泵轴承、离合器分离轴承和传动轴花键等，均使用润滑脂润滑。但润滑脂有功率损失大、流动性差、散热和清洗能力差、固体杂质混入后不易清除等缺点。

 知识链接 6-19

润滑脂由基础油、稠化剂、添加剂和填料组成。基础油是润滑脂中起润滑作用的主要成分，对润滑脂使用性能有较大的影响。稠化剂可以决定润滑脂某些使用性能，如抗水性和耐热性等。添加剂和填料可以改善润滑脂的某种特性。一类添加剂是润滑脂所特有的，称为胶溶剂，它能使油和皂稳定地结合，如甘油和水等；另一类添加剂和润滑油中的一样，如抗氧剂、抗磨剂和防锈剂等；还可以加入石墨、二硫化钼等固体润滑剂作为填料。

汽车用润滑脂大多采用皂基稠化剂，它是由动植物油和氢氧化物反应制成的，常用的有钙皂、钠皂和锂皂等。我国传统的润滑脂分类是根据稠化剂的类型区分的。

1. 润滑脂的分类、品种、规格和牌号

1) 润滑脂的分类

根据 GB/T 7631.8—1990《润滑剂和有关产品(L 类)的分类 第 8 部分：X 组(润滑脂)》的规定，我国润滑脂的分类参照国际标准化组织标准的分类方法。润滑脂属于 L 类(润滑剂和有关产品)的 X 组(润滑脂)，如 L-XCCHA2 表示最低操作温度为 -30℃，最高操作温度为 120℃，淡水存在下防锈，低负荷，稠度等级为 2 的非极压型润滑脂。它相当于汽车通用锂基润滑脂。

 知识链接 6-20

稠度是指润滑脂的浓稠程度。稠度通常用锥入度来度量。锥入度是指在规定时间、温度条件下，规定质量的锥体刺入润滑脂试样的深度，以 1/10mm 表示。锥入度越大，脂越软，即稠度越小，越易变形和流动。锥入度是稠度的反面表示方法，和使用条件有紧密的联系，是润滑脂选用的重要依据，我国用锥入度范围来划分润滑脂的稠度牌号。负荷较大、速度较低的摩擦机件，应选用锥入度较小的润滑脂；反之，应选用锥入度较大的润滑脂。润滑脂稠度等级和相应锥入度范围的对应关系见表 6-12。

表 6-12 稠度等级和相应锥入度范围

稠度级号	工作锥入度范围(25℃)/(1/10mm)	状 态
000	445～475	液状
00	400～430	几乎成液状
0	355～385	极软

续表

稠度级号	工作锥入度范围(25℃)/(1/10mm)	状　态
1	310～340	非常软
2	265～295	软
3	220～250	中
4	175～205	硬
5	130～160	非常硬
6	85～115	极硬或固体

2) 汽车常用润滑脂的规格和牌号

汽车用润滑脂的规格有：GB/T 491—2008《钙基润滑脂》、GB/T 5671—2014《汽车通用锂基润滑脂》、GB/T 7324—2010《通用锂基润滑脂》和 SH/T 0039—1990(1998 年确认)《工业凡士林》。

汽车常用润滑脂有以下 5 种。

(1) 钙基润滑脂。钙基润滑脂俗称黄油，是由动植物脂肪与石灰制成的钙皂稠化矿物润滑油，并以水作为胶溶剂而制成。它是 20 世纪 30 年代的老产品，有 4 个稠度牌号，抗水性强，耐热性差。长期以来使用它润滑汽车轮毂轴承、底盘拉杆球节、水泵轴承和分电器凸轮等。

(2) 钠基润滑脂。钠基润滑脂是以动植物脂肪酸钠皂稠化矿物润滑油制成的耐高温但不耐水的普通润滑脂，有 2 个牌号。由于钠皂熔点很高，滴点达 160℃，耐热性好，可在 120℃下较长时间地工作，并有较好的承压抗磨性能，可适应较大的负荷；但钠皂遇水易乳化变质，即抗水性差，不能用在潮湿环境或与水接触的部件。

(3) 汽车通用锂基润滑脂。汽车通用锂基润滑脂是用天然脂肪酸锂皂稠化低凝点润滑油，并加抗氧、防锈剂制成。稠度为 2 号，滴点达 180℃，具有良好的机械安定性、胶体安定性和抗水性，适用于－30～120℃下汽车轮毂轴承、底盘、水泵和发电机等各摩擦部位润滑，为普遍推荐使用的汽车通用润滑脂。

(4) 极压复合锂基润滑脂。极压复合锂基润滑脂与汽车通用锂基润滑脂的区别是有更高的极压抗磨性，适用于－20～160℃，高负荷机械设备的齿轮和轴承润滑，有 3 个牌号。部分高性能进口汽车推荐使用极压复合锂基润滑脂。

(5) 石墨钙基润滑脂。石墨钙基润滑脂是由动植物脂肪酸钙皂稠化 68 号机械油，加 10%鳞片状石墨制成，具有良好的抗水性和抗碾压性能，滴点为 80℃，适合于重负荷、低转速和粗糙的机械润滑及汽车钢板弹簧、起重机齿轮转盘等承压部位使用。

2. 润滑脂的选择与使用

1) 润滑脂的选择

应根据车辆和机械设备的使用说明书的规定，选用与用脂部位操作条件相适应的润滑脂品种和稠度牌号。现代汽车润滑脂品种的选择见表 6-13。

表 6-13　车润滑脂品种的选择

润　滑　脂	应　用　部　位
汽车通用锂基润滑脂(GB/T 5671—2014)或 2 号通用锂基润滑脂(GB/T 7324—2010)	轮毂轴承、水泵轴承、起动机轴承、发电机轴承、离合器分离轴承及底盘用脂润滑部位

续表

润 滑 脂	应 用 部 位
石墨钙基润滑脂(SH/T 0369—1992)	钢板弹簧
工业凡士林(SH/T 0039—1990)	蓄电池接线柱

 知识链接 6-21

工业凡士林属非皂基脂，是由石蜡等固体烃稠化高黏度润滑油制成的，适用于仓储的金属物品和工厂生产出来的金属零件及机器的防锈。在机械的工作温度不高、负荷不大时，也可以当作减摩润滑脂使用。

2) 润滑脂使用的注意事项

(1) 轮毂轴承是主要用脂部位，宜全年使用 2 号脂(南方)，或冬用 1 号夏用 2 号脂(北方)。3 号脂只宜在热带重负荷车辆上使用。

(2) 轮毂轴承润滑脂使用到严重断油、分层或软化流失前必须更换，普遍做法是在二级维护时换脂。

(3) 按使用说明书的规定及时向各润滑点注脂。

(4) 石墨钙基润滑脂因其中有鳞片状石墨不能用于高速轴承上，否则会导致轴承损坏。而汽车钢板弹簧必须使用石墨钙基润滑脂。

(5) 各种稠化剂制成的润滑脂不能相互掺混，否则可能破坏其胶体结构而失去原有的性能。

(6) 润滑脂一旦混有杂质难以除去，在保存、分装和使用过程中，应严格防止灰、砂和水分等外界杂质污染。

(7) 不能用报纸、牛皮纸和木桶盛放润滑脂，以免基础油渗出，使润滑脂失效。

(8) 润滑脂不能和润滑油混用。

 特别提示 6-11

换脂时应合理充填，热车注脂且量不能过多，否则会使机件运转阻力增加，工作温度升高，燃料消耗量相应增加。要求在轴承内填满脂，轮毂内腔仅薄薄地涂一层脂防锈即可。不宜在轮毂内腔装满脂，堆积在轮毂内腔的脂可能会流到制动蹄片上，造成制动失灵。合理充填还可以节约用量。

 应用实例 6-6

有人嫌润滑脂太稠，就用润滑油来调稀，这样做对吗？

【案例点评】

这样做是错误的。因为加入的润滑油不能均匀分布在脂中，在使用过程中很容易分离出来流失掉。

6.3 汽车工作液

引例

汽车工作液是指用以保障汽车正常工作和安全行驶的各种工作介质，包括液力传动油、汽车制动液、发动机防冻冷却液、空调制冷剂和减振器油等。

常见的汽车工作液有哪些规格和牌号？怎样正确选择和使用？

6.3.1 液力传动油

高档轿车和重型载货汽车传动系的发展趋势之一，是越来越多地采用自动变速器，其工作介质就是液力传动油，又称为自动变速器油，简称为 ATF(Automatic Transmission Fluid)。液力传动油的作用是在液力变矩器内实现动力传递、在自动变速器内实现控制和动力传递及润滑有关摩擦副。图 6.5 所示为市场上常见的几种液力传动油。

图 6.5 市场上常见的几种液力传动油

1. 液力传动油的分类、规格和牌号

目前我国尚未制定液力传动油详细分类的国家标准。现行标准是中石油的企业标准(Q/SY RH 2042—2001)，按 100℃ 运动黏度分为 6 号、8 号和 8D 号 3 种液力传动油。另有一种是拖拉机传动、液压两用油。

6 号液力传动油适用于内燃机车、载货汽车的液力变矩器，它接近于 PTF-2 级油，其凝点为 -20℃；8 号液力传动油适用于各种具有自动变速器的汽车，它接近于 PTF-1 级油，其凝点为 -25℃；8D 号液力传动油的各项技术指标除凝点为 -50℃ 外，其他均与 8 号油相同，专用于严寒地区；拖拉机传动、液压两用油(Q/SH 007.1.23—1987)适合作为国产及进口拖拉机、工程机械和车辆液压系统的工作介质和齿轮传动机构的润滑油，按 40℃ 运动黏度中心值划分有 68、100 和 100D 这 3 个牌号。

知识链接 6-22

国外液力传动油的规格多采用美国材料试验学会(ASTM)和美国石油学会(API)共同提出的 PTF (Power Transmission Fluid)使用分类，将液力传动油分为 PTF-1、PTF-2 和 PTF-3

这 3 类。PTF-1 类油主要用于轿车和轻型卡车的液力传动系统；PTF-2 类油主要用于重负荷的液力传动系统；PTF-3 类油的主要功能是用作传动、差速器和驱动齿轮的润滑及液压转向、制动、分动器和悬挂装置的工作介质。

2. 液力传动油的选择与使用

1) 液力传动油的选择

应按车辆使用说明书的规定，选用适当品种的液力传动油。我国一般使用兰州、上海炼油厂生产的液力传动油。6 号液力传动油适用于内燃机车或载货汽车的液力变矩器，8 号和 8D 号液力传动油适用于各种轿车、轻型客车的自动变速器。全液压的拖拉机、工程机械应选用拖拉机传动、液压两用油。100 号两用油适用于南方地区，100D 和 68 号油适用于北方地区。

目前世界各国普遍使用美国生产的自动变速器油，主要有通用公司生产的 Dexron、DexronⅠ、DexronⅡ 型和福特公司生产的 E、F 型。我国部分国产汽车和进口汽车多用美国通用公司生产的 DexronⅡ 型和福特公司生产的 F 型自动变速器油。进口轿车要求用 GM-A 型、A-A 型或 Dexron 型自动变速器油的均可用 8 号油代替。

2) 液力传动油使用的注意事项

(1) 保持油温正常。油温过高会加速液力传动油的氧化变质，引起故障。

(2) 经常检查油平面。油平面应在自动变速器量油尺上、下两刻线之间。

(3) 按车辆使用说明书的规定更换液力传动油和过滤器(或清洗滤网)，同时拆洗自动变速器油底壳，并更换其密封垫。通常每行驶 1 万 km 应检查油面，每行驶 3 万 km 应更换油液。

(4) 在检查油面和换油时，注意油液的状况。在手指上擦上少许油液，用手指互相摩擦看看是否有渣粒存在，并从量油尺上嗅闻油液气味，通过对油液外观检查，可反映部分问题。

(5) 液力传动油是一种专用油品，不能与其他油品混用。同牌号不同厂家生产的也不宜混用，以免造成油品变质。

特别提示 6-12

长期以来，液压动力转向系统一直采用自动变速器油，但目前有采用动力转向系专用油的趋势。动力转向系专用油含有去污添加剂的成分，可以有效清洁整个系统。采用动力转向系专用油可减少磨损、防止氧化起泡、降低工作温度、保护油封及管路，使转向机构操作轻便、滑顺。

6.3.2 汽车制动液

汽车制动液俗称刹车油，是用于汽车液压制动系统中传递压力，以制止车轮转动的工作介质。现代汽车使用的制动液主要是合成型制动液。图 6.6 所示为市场上常见的几种汽车制动液。

图 6.6 市场上常见的几种汽车制动液

1. 制动液的品种、规格和牌号

目前，我国制动液的品种按 GB 12981—2012《机动车辆制动液》进行分类。该标准是参照国际通行的美国汽车工程师协会标准、美国联邦机动车辆安全标准和国际标准化组织标准制定的。根据制动液高温抗气阻性从低到高分为 HZY3、HZY4、HZY5、HZY6 四级。该标准的系列代号由符号(HZY)和标记(阿拉伯数字)两部分组成，其中 H、Z、Y 分别为合成、制动和液体第一个汉字的汉语拼音首字母，阿拉伯数字表示等级号。

2. 制动液的选择与使用

1) 制动液的选择

合成型制动液是按等级来划分的，选用时应严格按照车辆使用说明书上的规定，选用合适等级的制动液。若国产车使用进口制动液或进口车使用国产制动液，应根据其对应关系正确选用。

 知识链接 6-23

各级制动液的主要特性和推荐使用范围见表 6-14。

表 6-14 制动液的主要特性和推荐使用范围

级别	制动液的主要特性	推荐使用范围
HZY3	具有良好的高温抗气阻性能和优良的低温性能	相当于 DOT3 水平，我国广大地区均可使用
HZY4	具有优良的高温抗气阻性能和良好的低温性能	相当于 DOT4 水平，我国广大地区均可使用
HZY5	具有优异的高温抗气阻性能和低温性能	相当于 DOT5 水平，供特殊要求车辆使用
HZY6	高温抗气阻性能低于 HZY5 的要求，但低温性能要优于 HZY5 标准要求	满足赛车的苛刻要求，用在普通车辆上更可提高车辆的安全系数

部分汽车要求使用的制动液的规格见表 6-15。

表 6-15 部分汽车要求的制动液规格

汽车型号	制动液级别
上海桑塔纳(LX 系列、2000 系列)	NO52 766 XO
富康(CITROEN ZX 型)	合成型 TOTAL FLUIDE SY 或 DOT4
夏利 TJ7100	912 合成制动液或 DOT3 制动液
捷达	DOT4 制动液

续表

汽 车 型 号	制动液级别
福特天霸 2.3L	DOT3 制动液
北京切诺基	DOT3 或 DOT4 制动液
奥迪 A6	DOT4 制动液

2) 制动液使用的注意事项

(1) 不同规格的制动液不能混用。

(2) 在加注或更换制动液时使用专用工具。

(3) 防止水分和矿物油混入制动液中。

(4) 制动缸皮碗不可敞开放置。

(5) 制动液多由有机溶剂制成，易挥发、易燃，在使用中要注意防火。

(6) 制动液有一定的毒性，在更换时不能用嘴去吸取制动液。

(7) 在使用过程中要防止制动液与车身涂层接触。

(8) 汽车制动液的更换周期一般是 2～4 万 km 或 1～2 年。

6.3.3 其他汽车工作液

1. 汽车发动机冷却液

发动机冷却液是汽车冷却系统中带走高温零部件热量的工作介质。冷却液与润滑油一样，是发动机正常工作必不可少的工作物质。它具有冷却、防腐、防冻、防垢等作用。

1) 冷却液的品种、规格和牌号

我国汽车发动机冷却液现行标准是 NB/SH/T 0521—2010《乙二醇型和丙二醇型发动机冷却液》和 GB 29743—2013《机动车发动机冷却液》。NB/SH/T 0521—2010 将产品分为乙二醇型轻负荷和重负荷、丙二醇型轻负荷和重负荷发动机冷却液四种类型，每种类型又分为浓缩液和-25 号、-30 号、-35 号、-40 号、-45 号和-50 号 6 个不同牌号的冷却液。冷却液可直接加车使用，浓缩液便于运输，使用时需加去离子水或蒸馏水稀释。

知识链接 6-24

冰点是指在标准大气压下水的液固转化温度，即水开始凝结成冰时的温度或冰开始变成水的温度。水的冰点为 0℃，在 0℃就会结冰，冷却水结冰后体积膨胀，会使气缸体、散热器等破损。

2) 冷却液的选择与使用

(1) 汽车发动机冷却液的选择。针对目前使用的乙二醇水基型发动机冷却液，汽车发动机冷却液的选择主要包括发动机冷却液防冻性的选择和产品质量的选择。发动机冷却液防冻性的选择原则是汽车发动机冷却液的冰点要比车辆运行地区的最低气温低 10℃左右，以确保在特殊情况下冷却液不冻结。不同发动机的技术特性、热负荷情况、冷却系材料等均有不同，对冷却液产品质量的要求也有所不同，在对冷却液产品进行选择时应以汽车制造厂家的规定或推荐为准。

知识链接 6-25

NB/SH/T 0521—2010 推荐的使用范围见表 6-16。

表 6-16 汽车发动机冷却液推荐使用范围

牌　号	推荐使用范围
−25	在我国一般地区如长江以北、华北环境最低气温在−15℃以上的地区均可使用
−35	在东北、西北大部分地区和华北环境最低气温在−25℃以上的寒冷地区使用
−45	在东北、西北和华北等环境最低气温在−35℃以上的寒冷地区使用

(2) 汽车发动机冷却液使用的注意事项。①加注冷却液之前应对发动机冷却系进行清洗。②应使用蒸馏水、去离子水或纯净水来稀释浓缩液。③注意检查冷却液液面高度，视情况正确补充。④不同厂家、不同牌号的发动机冷却液不能混用。⑤冷却液在使用一段时间后应及时更换。⑥乙二醇有毒，切勿口吸。

特别提示 6-13

冷却液，俗称防冻液。很多车主想当然地认为，防冻液只适用寒冷的冬季，夏季采用纯净水或自来水即可。其实，防冻液不仅具有防冻和防沸(沸点可达 118℃)的功能，它还具有防锈、防腐、防垢等作用，而这些预防功能都是纯净水或自来水所不能替代的。

2. 车用空调制冷剂

汽车空调包括冷气、暖气、去湿和通风等装置。空调制冷剂是制冷装置完成制冷循环的媒介，又称为制冷工质。空调在制冷循环中通过制冷剂的状态变化，进行能量转换，达到制冷的目的。

1) 制冷剂的品种

空调制冷剂是一种化学物质。汽车空调制冷系统使用的制冷剂主要有 R-12 和 R-134a 两种，它们都属于氟利昂(Freon)制冷剂。其中 R 是制冷剂(refrigrant)的第一个字母。由于 R-12 对大气臭氧层有破坏作用，有使全球变暖的温室效应，目前已停止使用。R-134a 是汽车空调的首选替代工质。这主要是由于 R-134a 不含氯原子，对臭氧层无破坏作用，温室效应影响小，其热力性质稳定并与 R-12 相近。

2) 制冷剂的使用

空调制冷剂在使用过程中应注意以下事项。

(1) 添加制冷剂应低温进行，要避热。应避免日光直射或火炉烘烤，在与火焰接触时会产生毒气。

(2) 要避免接触皮肤，以防冻伤，尤其要避免误入眼睛，以防造成失明。

(3) 操作现场要通风良好。制冷剂排到大气中会造成氧气浓度急剧下降，严重时使人窒息。

3. 减振器油

为了提高汽车的舒适性并延长汽车的使用寿命，汽车上都装有减振系统，其中大部分车辆都采用液压减振器。减振器油是汽车减振器的工作介质，它是利用液体流动通过节流阀时产生的阻力来起减振作用的。

我国克拉玛依炼油厂生产的减振器油，其特点是凝点很低，有良好的黏温性，适合在寒冷地区使用。另有一种按上海石油公司企业标准(沪 Q/YSM 118—1989)生产的减振器油，其凝点不高于$-8℃$，适合在温区使用。

多数国产汽车推荐使用上述专用的减振器油。在缺乏减振器油时，也允许用50%汽轮机油 HU-22 和 50%变压器油 DB-25(质量分数)的混合油，也可用 10 号机械油代替。

使用中要注意保持减振器密封良好，无渗漏现象，在 4~5 万 km 定期维护时拆检减振器，同时更换减振器油。

应用实例 6-7

有人为了降低成本，就用自来水来稀释浓缩防冻液，这样做对吗？

【案例点评】

这样做是错误的。自来水、河水、井水等水中含有大量的杂质及金属粒子，易沉淀在水套中形成水垢，影响散热效果。

小　　结

汽车燃料包括汽油、轻柴油和代用燃料。根据 GB 17930—2013《车用汽油》分，车用汽油分为 89 号、92 号、95 号和 98 号这 4 个牌号，牌号中的数字表示汽油的研究法辛烷值。轻柴油分为 5 号、0 号、-10 号、-20 号、-35 号和-50 号这 6 种牌号，牌号中的数字即为该柴油的凝点。乙醇汽油的主要牌号有 E90 号、E93 号、E97 号等，在汽油标号前加字母 E 作为车用乙醇汽油的标号，牌号中的数字表示汽油的研究法辛烷值。

汽车润滑剂包括内燃机油、车辆齿轮油和润滑脂。内燃机油有汽油机油、柴油机油和汽油机/柴油机通用油 3 种。汽油机油有 SE、SF、SG、SH、GF-1、SJ、GF-2、SL、GF-3 共 9 个级别，柴油机油有 6 个品种，两个级别，由上述 9×6 组合。车辆齿轮油按使用性能分为 GL-3、GL-4、GL-5 和 MT-1 四类。其中，GL-3 相当于普通车辆齿轮油，GL-4 相当于中负荷车辆齿轮油，CLE 相当于重负荷车辆齿轮油。润滑脂根据稠化剂的类型分为钙基润滑脂、钠基润滑脂、汽车通用锂基润滑脂、极压复合锂基润滑脂和石墨钙基润滑脂。其中，汽车通用锂基润滑脂是普遍推荐使用的汽车通用润滑脂。

汽车工作液是指用以保障汽车正常工作和安全行驶的各种工作介质，包括液力传动油、汽车制动液、发动机防冻冷却液、空调制冷剂和减振器油等。

习 题

一、单选题

1. 汽油的抗爆性用_____表示。
   A. α-甲基萘值　　B. 庚烷值　　C. 辛烷值　　D. 十六烷值
2. 柴油的发火性用_____表示。
   A. α-甲基萘值　　B. 庚烷值　　C. 辛烷值　　D. 十六烷值
3. 欧宝 1.8 轿车发动机的压缩比为 10.5，应选择的汽油牌号为_____。
   A. 90 号　　B. 93 号　　C. 95 号　　D. 97 号
4. 桑塔纳 3000 轿车发动机应选用 API_____级机油。
   A. SD　　B. SE　　C. SF　　D. SG
5. 进口高级轿车应选用_____齿轮油。
   A. GL-3　　B. GL-4　　C. GL-5　　D. 以上皆可
6. 国产润滑脂按_____来编号的。
   A. 滴点　　B. 锥入度　　C. 胶体安定性　　D. 稠化剂
7. 进口轿车要求用 Dexron 型自动变速器油的均可用_____油代替。
   A. 6 号　　B. 8 号　　C. 8D 号　　D. 100D 号
8. 奥迪 A6 应选用_____制动液。
   A. DOT3　　B. DOT4　　C. DOT5　　D. 以上皆可
9. 最低气温在 -35℃以上的寒冷地区应选用_____号发动机冷却液。
   A. -25　　B. -35　　C. -45　　D. -50
10. _____是汽车空调的首选替代工质。
    A. R-12　　B. R-12a　　C. R-134　　D. R-134a

二、判断题

1. 我国用马达法辛烷值来划分车用汽油的牌号。　　　　　　　　　　　　　　（　）
2. 油料着火可以用水扑救。　　　　　　　　　　　　　　　　　　　　　　（　）
3. 柴油的使用温度应比其凝点低 3～6℃。　　　　　　　　　　　　　　　（　）
4. 燃料乙醇经过变性处理后不能食用。　　　　　　　　　　　　　　　　　（　）
5. 稠化机油在使用中，如颜色变深，应立即更换。　　　　　　　　　　　　（　）
6. 不同牌号、种类的机油可混用。　　　　　　　　　　　　　　　　　　　（　）
7. 润滑脂的加注量不可过多，一般只装 1/3～1/2。　　　　　　　　　　　　（　）
8. 制动液可以与车身涂层接触。　　　　　　　　　　　　　　　　　　　　（　）
9. 汽车减振器是利用减振器油的不可压缩性来起减振作用的。　　　　　　　（　）
10. 防冻液中的乙二醇浓度越大，冷却效果越好。　　　　　　　　　　　　（　）

三、简答题

1. 汽油有哪些牌号？怎样选择和使用汽油？
2. 轻柴油有哪些牌号？怎样选择和使用轻柴油？
3. 乙醇汽油有何优缺点？怎样进行合理选择？
4. 怎样选择和使用内燃机油？
5. 怎样选择和使用车辆齿轮油？
6. 常见的汽车工作液有哪些？

项目 3
机械常识

本项目的学习可以使学生掌握构件的力学分析方法、熟悉常用零部件、认识常用机构、认识机械传动,为解决生产实际问题做好准备。

任务 7

构件的力学分析

任务目标

了解工程力学的基本概念；掌握刚体在力系作用下的平衡条件；熟练掌握典型构件在外力作用下的变形和失效规律；重点掌握各种汽车零件的强度分析方法。

任务要求

能力目标	知识要点	相关知识	权重	自测分数
了解相关知识	(1) 静力学基本概念 (2) 材料力学基本概念	(1) 力矩、力偶矩 (2) 各种基本变形的受力特点	15%	
熟练掌握知识点	(1) 静力学常识 (2) 材料力学常识	(1) 平面力系的平衡条件 (2) 拉伸与压缩、剪切与挤压、扭转与弯曲的强度计算	50%	
运用知识分析案例	灵活运用知识要点解决实际问题	分析各种汽车零件的强度问题	35%	

引 言

1997年9月，钱学森院士说过"工程力学走过了从工程设计的辅助手段到中心主要手段，不是唱配角而是唱主角了"。工程力学是研究物体机械运动和杆件弹性变形一般规律的科学，既是许多工程学科的基础，也可以独立解决工程问题。汽车工程师必须考虑汽车的安全性和可靠性，如怎样计算汽车转向盘的转矩，汽车发动机在特定速度下能提供的最大驱动力矩是多少，传动轴直径设计成多大才安全，传动轴设计成空心是否合理，驱动桥在恶劣工况下能承受多大的弯矩，等等。这一系列问题均可以利用工程力学知识进行解答。

7.1 构件的静力学分析

引例

静力学主要研究物体的受力和平衡规律,它在工程技术中具有重要的实际意义。例如,汽车转向轴在力偶作用下处于平衡状态,转向盘能使转向轴产生转动效应,要想知道这种效应是怎样产生的,这就需要我们进行静力学分析。

7.1.1 力的效应

1. 力的概念

力是指物体间相互的机械作用。力的效应取决于力的大小、方向、作用点,这3个因素称为力的三要素。因为力具有方向性,所以力是矢量,用带有箭头的线段来表示。力的法定计量单位为牛(N)或千牛(kN)。

作用在物体上的一群力称为力系。作用线在同一平面内的力系称为平面力系;作用线不在同一平面内的力系称为空间力系;作用线汇交于一点的力系称为汇交力系;作用线相互平行的力系称为平行力系;作用线既不汇交于一点,又不相互平行的力系称为一般力系;让物体处于平衡状态的力系称为平衡力系。

知识链接 7-1

平衡是指物体相对地球处于静止或匀速直线运动的状态,是物体机械运动的特殊形式。让物体处于平衡状态的条件称为平衡条件。

特别提示 7-1

为便于理解和接受,本节只在平面力系范围之内研究。在研究物体平衡时,若物体变形很小则可以忽略形变效应,假设物体受力后其几何形状和尺寸保持不变,这样的物体称为刚体,静力学的研究对象都是刚体。

2. 力的基本性质

1) 二力平衡公理

作用于刚体上的两个力,使刚体处于平衡状态的充要条件是:这两个力大小相等、方向相反且作用在同一直线上,如图7.1所示,即 $F = -F'$。

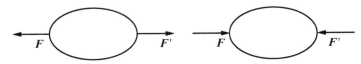

图 7.1 二力平衡条件

**特别提示 7-2**

工程中经常遇到不计自重，只受两个力作用而平衡的构件，称为二力构件，当构件为杆状时，又习惯称为二力杆。根据二力平衡公理，作用于二力杆上的两个力的作用线必定沿着两个力作用点的连线，且大小相等，方向相反。

2) 加减平衡力系公理

在作用力系已知的刚体上，加上或减去任意平衡力系，都不会改变原力系对刚体的作用效果。利用加减平衡力系公理可以得出一个推论：作用于刚体上某点的力，可以沿其作用线移动到刚体上的任一点，而不改变它对该刚体的作用效果，这称为力的可传递性原理。

如图 7.2 所示的小车，在力 F 的作用线上 B 点加一对与 F 等值且反向、共线的力 F_1 和 F'_1，这样并不改变原来力 F 对小车的作用效应。而 F 和 F_1 是一对平衡力，可以消去，就相当于把力 F 由 A 点移到 B 点了。

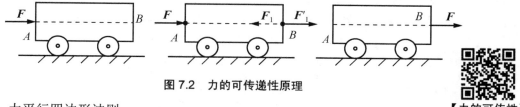

图 7.2 力的可传递性原理

【力的可传性】

3) 力平行四边形法则

如图 7.3 所示，作用于物体上同一点的两个力的合力也作用于该点，且合力的大小和方向可用以这两个力为邻边所做的平行四边形的对角线来确定。即合力为原两力的矢量和。矢量表达式为

$$F = F_1 + F_2$$

合力的大小为

$$F = \sqrt{F_1^2 + F_2^2 + 2F_1 F_2 \cos\alpha} \tag{7-1}$$

力的平行四边形法则是最简单的力系简化，也是力的分解法则。

4) 三力平衡汇交定理

如图 7.4 所示，刚体受不平行 3 个力作用而平衡，若其中两个力的作用线交于一点，则第 3 个力的作用线必过此交点且三力共面。

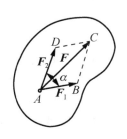 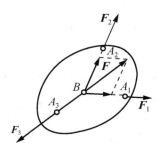

图 7.3 力平行四边形法则 　　　　　图 7.4 三力平衡汇交定理

5) 作用和反作用公理

两个物体之间的作用力与反作用力总是成对出现，且大小相等，方向相反，沿着同一直线，但分别作用在这两个物体上。

这一公理概括了物体间相互作用力的关系，表明作用力和反作用力总是成对出现的。

特别提示 7-3

由于作用力和反作用力分别作用在两个物体上，因此不能视为平衡力系。而二力平衡公理中的两个力则是作用在同一物体上，是平衡力系。

3. 约束与约束力

1) 约束与约束力的概念

在静力学中，为了便于研究物体间的相互作用，将限制非自由体向某些方向运动的其他物体称为约束。约束作用于非自由体上的力称为约束力。例如，轴承是轴的约束，轴承对轴的作用力就是约束力，如图 7.5 所示，在路上行驶的汽车受到地面的支撑力也是约束力。

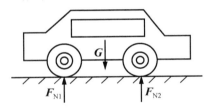

图 7.5 汽车的约束力

知识链接 7-2

自由体是指位移不受限制的物体，如空中飘荡的气球；非自由体是指位移受限制的物体，如放在容器中的气球。

特别提示 7-4

为与约束力相区别，将那些主动地作用于非自由体上，使非自由体产生运动或使非自由体有运动趋势的作用力称为主动力，如重力、牵引力等。而约束力却是被动的，它的大小和方向不仅与主动力有关，而且与接触处的约束特点有关。

2) 常见的约束类型

(1) 柔索约束。将柔软的、不可伸长的约束物体称为柔索约束，如绳索、链条等。这类约束只能限制被约束物体沿柔索被拉伸方向的运动，故其约束力方向沿柔性体，且背离被约束的物体。如图 7.6 所示，起重机用钢绳吊起大型机械主轴，主吊索 AC 和 BC 对吊钩的约束反力分别为 F_1' 和 F_2'，都通过它们与吊钩的连接点，方位沿各吊索的轴线，指向背离吊钩。

任务 7 构件的力学分析

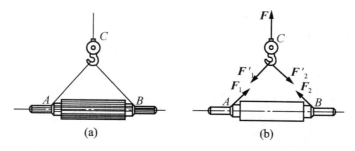

图 7.6 柔索约束

(2) 光滑接触面约束。当两物体的接触表面为可忽略摩擦阻力的光滑平面或曲面时，一物体对另一物体的约束就是光滑接触面约束。其约束力通过接触点，方向沿接触处的公法线并指向被约束的物体。如图 7.7 所示，其约束力均为压力，常用 F_N 表示。

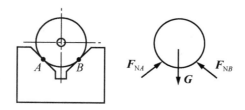

图 7.7 光滑接触面约束

(3) 光滑铰链约束。如图 7.8(a)所示，构件 A、B 通过中间销钉 C 来实现连接，这种使构件只能绕销轴转动的约束称为圆柱铰链约束。若将销钉和销孔间的摩擦忽略不计，则称这类约束为光滑铰链约束。若构成铰链约束的两构件都是可以运动的，这种约束称为中间铰链，图 7.8(b)为其简图形式。

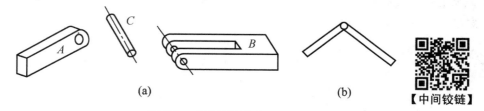

图 7.8 光滑铰链约束

根据光滑接触面约束力特点，销钉对构件的约束力经过接触点并沿接触点的公法线方向，且通过销孔中心，但接触点位置不能预先确定，且约束力的大小也与被约束物体的受力有关。为计算方便，约束力通常用经过构件销孔中心的两个正交分力 F_x 和 F_y 表示，如图 7.9 所示。

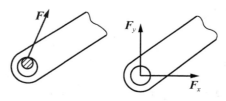

图 7.9 铰链受力分析

如图 7.10 所示，若光滑圆柱铰链中的一个构件固定在静止的支承物上，则约束变为固定铰支座，其约束力一般也以两个正交分力来表示。

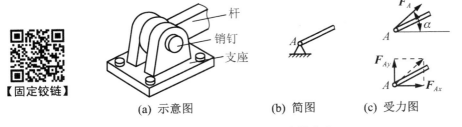

(a) 示意图　　(b) 简图　　(c) 受力图

图 7.10　固定铰支座

特别提示 7-5

为当中间铰链或固定铰链约束的二力构件时，其约束反力满足二力平衡条件，方向是确定的，沿两约束反力作用点的连线。

　应用实例 7-1

如图 7.11 所示结构，AB 杆中点作用力 F，杆 AB、BC 不计自重，杆 BC 在 B 端受到中间铰链约束。试确定 AB、BC 杆所受约束力的方向。

【案例点评】

如图 7.12 所示，杆 BC 受二力作用处于平衡状态，故其是二力杆，所以 BC 杆受力必定沿点 B、C 连线。杆 AB 在 A、B 两点受力并受主动力 F 作用，是三力构件，中间铰点 B 按作用与反作用公理可确定其受力方向，主动力 F 方向已知，按三力平衡汇交定理即可确定铰点 A 处的受力方向。

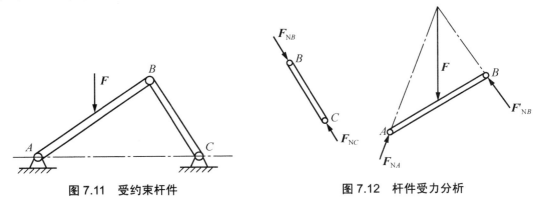

图 7.11　受约束杆件　　　　图 7.12　杆件受力分析

7.1.2　力矩和力偶矩

力对刚体的效应包括移动效应和转动效应。转动效应可用力对点的矩(简称力矩)来度量。

1. 力矩

1) 力对点之矩

如图 7.13 所示，当用扳手拧螺母时，力对螺母的转动效应不仅与力 F 的大小有关，还与力 F 至转动中心 O(矩心)的垂直距离 d(力臂)有关。因此用力的大小 F 与力臂 d 的乘积及其转动方向来度量力的转动效应，称为力 F 对矩心 O 之矩，简称为力矩，记为 $M_O(F)$，即

$$M_O(F) = \pm Fd \tag{7-2}$$

式(7-2)中正负号表示力矩在其作用面上的转向，一般规定：力 F 使刚体绕矩心作逆时针转动时为正，反之为负。力矩的国际单位为牛·米(N·m)。

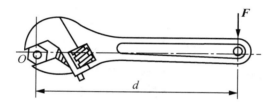

图 7.13 力对点之矩

2) 合力矩定理

若力 F_R 是平面力系 F_1，F_2，F_3，…，F_n 的合力，则合力 F_R 对点 O 之矩等于力系中各力对同一点力矩的代数和，即

$$M_O(F_R) = M_O(F_1) + M_O(F_2) + \cdots + M_O(F_n) = \sum_{i=1}^{n} M_O(F_i) \tag{7-3}$$

特别提示 7-6

当力臂不易求出时，常将力分解为两个互相垂直、力臂直观明了的分力，然后应用合力矩定理计算力矩。

2. 力偶矩

1) 力偶

力偶是指作用于物体上大小相等、方向相反、作用线平行的两个力组成的力系。如图 7.14 所示，司机双手转动转向盘就是力偶作用的例子。力偶用符号 (F, F') 表示，F 和 F' 分别表示组成力偶的两个力。

2) 力偶矩

力偶使刚体产生纯转动的效应可以用力偶矩来度量。力偶矩指力偶中力的大小与力偶臂的乘积，记为 M，即

$$M = \pm F \cdot d \tag{7-4}$$

式(7-4)中 d 为力偶臂，指力偶中两个力之间的垂直距离，如图 7.15(a)所示。正负号表示力偶的转动方向，一般规定：使物体作逆时针转动的力偶矩为正，反之为负，如图 7.15(b)所示。力偶矩的单位为牛·米(N·m)。

图 7.14 力偶的应用

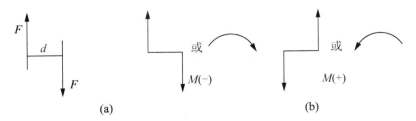

图 7.15 力偶矩的符号

组成力偶的两个力虽然大小相等、方向相反,但由于不共线,因此不是平衡力系,力偶对刚体只能产生纯转动。

特别提示 7-7

力矩与力偶矩的不同点:力矩是力使物体绕矩心转动效果的量度,力偶矩是力偶使物体转动效果的量度;力矩与矩心有关,力偶矩与矩心无关;力矩不能完全描述一个力,力偶矩能完全描述一个力偶。

力矩与力偶矩的相同点:单位相同,均为 N·m;符号相同,逆时针转动为正,顺时针为负。

应用实例 7-2

如图 7.16 所示,在刚性直角弯杆 ABC 的 C 点作用一力 $F=80\text{N}$,$\alpha=30°$,$a=2\text{m}$,$b=3\text{m}$,求力 F 对 A 点之矩。

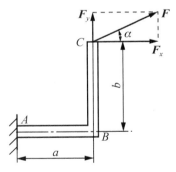

图 7.16 合力矩定理应用

【案例点评】

此题考察合力矩定理的应用,利用合力矩定理解题要比直接用几何方法求出合力对 A 点的力臂解题简便得多,在利用合力矩定理解题的过程中一定要注意力矩的方向性,解题步骤如下。

$$F_x = F\cos\alpha = 80 \times \frac{\sqrt{3}}{2} = 69.28 \text{ (N)}$$

$$F_y = F\sin\alpha = 80 \times 0.5 = 40 \text{ (N)}$$

$$M_A(F) = M_A(F_y) + M_A(F_x) = aF_y - bF_x = 2 \times 40 - 3 \times 69.28 = -127.85 \text{ (N·m)}$$

7.1.3 平面力系的平衡条件

1. 力在坐标轴上的投影

如图 7.17 所示,设力 F 作用于物体的 A 点,在力 F 作用线所在的平面内取直角坐标系 xOy,过力 F 的始点 A 和终点 B 分别向 x 轴引垂线,得到垂足 a、b,则线段 ab 称为力 F 在 x 轴的投影,用 F_x 表示。同理过 A、B 两点分别向 y 轴引垂线得到垂足 a'、b'。线段 $a'b'$ 称为力 F 在 y 轴上的投影,用 F_y 表示。

力的投影是代数量,其正负号规定如下:由 a 到 b 的方向与 x 轴正向一致时,力的投影为正,反之为负。

若已知力 F 的大小及其与 x 轴的夹角 α,则力在 x、y 轴上的投影 F_x、F_y 为

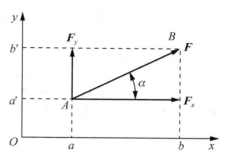

图 7.17 力在坐标轴上的投影

$$\left.\begin{array}{l}F_x = \pm F\cos\alpha \\ F_y = \pm F\sin\alpha\end{array}\right\} \quad (7\text{-}5)$$

【力的投影】

特别提示 7-8

在直角坐标系中,力 F 的投影 F_x、F_y 的绝对值等于力 F 的正交分力的大小,但须注意,力的投影是代数量,而分力是矢量,二者不可混为一谈。

2. 平面力系的平衡条件

平面力系的平衡条件为:力系中各力在每个坐标轴上投影的代数和都等于零,各力对任一点力矩的代数和也等于零,即

$$\left.\begin{array}{l}\sum F_x = 0 \\ \sum F_y = 0 \\ \sum M_O(F) = 0\end{array}\right\} \quad (7\text{-}6)$$

式(7-6)称为平面力系的平衡方程,也是平面力系平衡方程的基本形式,其中,前两式为投影方程,第三式为力矩方程。这 3 个方程式完全独立,因而应用它可以求解包含 3 个未知量的平衡问题。

平面力系平衡方程除了基本形式外,还有其他两种形式。

1) 二力矩式

$$\left.\begin{array}{l}\sum F_x = 0\left(\text{或}\sum F_y = 0\right) \\ \sum M_A(F) = 0 \\ \sum M_B(F) = 0\end{array}\right\} \quad (7\text{-}7)$$

式(7-7)的使用条件为:A、B 两点的连线不能与 x 轴(或 y 轴)垂直。

2) 三力矩式

$$\left.\begin{array}{l}\sum M_A(F)=0\\ \sum M_B(F)=0\\ \sum M_C(F)=0\end{array}\right\} \qquad (7\text{-}8)$$

式(7-8)的使用条件为：A、B、C 3 点不能在同一条直线上。

应用实例 7-3

一种车载式起重机，车重 $G_1=26\text{kN}$，起重机吊臂重 $G_2=4.5\text{kN}$。尺寸如图 7.18 所示，单位是 m，假设吊臂在起重机对称面内，且放在图示位置，试求车子不致翻倒的最大起重重量 $G_{\max}$。

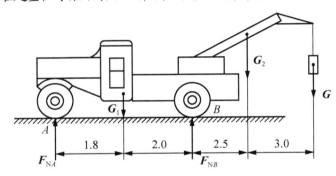

图 7.18　车载式起重机示意图

【案例点评】

汽车前轮离地的临界状态是起重量达到最大值的状态，此时地面对前轮的支撑力 $F_{NA}=0$，若此时以 B 点为矩心列平衡方程 $\sum M_B(F)=0$，方程中只有一个未知量 $G_{\max}$，可以顺利求出 $G_{\max}$ 的值。即 $M_B(G_1)+M_B(G_2)+M_B(G_{\max})=0$，代入数据得 $26\times 2-4.5\times 2.5-G_{\max}\times 5.5=0$，则

$$G_{\max}=\frac{26\times 2-4.5\times 2.5}{5.5}=7.41(\text{kN})$$

所以车子不致侧翻的最大起重重量为 7.41kN。

7.2　构件的变形和强度分析

引例

材料力学是研究各类构件的强度、刚度和稳定性的科学，使人们能合理确定构件的材料和形状尺寸，以达到安全与经济的设计要求。构件在工作时的受载情况是各不相同的，受载而产生的变形也随之而异，基本变形形式有拉伸与压缩、剪切与挤压、扭转、弯曲。这里主要研究构件在各种载荷情况下的强度问题及构件抵抗破坏的能力。

7.2.1 拉伸与压缩

1. 拉伸与压缩的概念

在实际工程中，发生轴向拉伸与压缩的杆件很多，承受拉伸与压缩变形的杆件称为拉杆或压杆。图 7.19 所示的螺栓连接结构，螺栓承受沿轴线方向作用的拉力，杆件沿轴向产生伸长变形，这种变形称为轴向拉伸，反之称为轴向压缩。汽车构件中也有很多拉(压)杆实例，如内燃机中的连杆、压缩机中的活塞杆等。如图 7.20 所示，拉伸与压缩杆件的受力特点是：作用在杆件上的两个力大小相等、方向相反。杆件的变形特点是：杆件沿轴线方向伸长或缩短。

【拉伸变形】

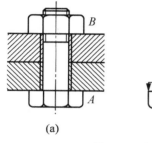
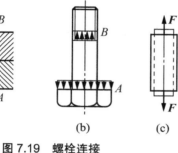
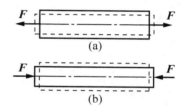

【拉压变形
伸长缩短】

图 7.19 螺栓连接　　　　图 7.20 轴向拉伸与压缩

2. 内力的概念

拉(压)杆在轴向外力作用下产生变形，内部材料微粒之间的相对位置发生了改变，其相互作用力也发生了改变。这种由外力引起的杆件内部相互作用力的改变量，称为内力。内力随着外力的增大而增大，当内力到达一定限度时，杆件就会发生破坏。

求内力的基本方法是截面法，如图 7.21 所示，为求得杆件任一截面 m—m 上的内力，可用一平面假想沿截面 m—m 将杆件截成Ⅰ、Ⅱ两段，然后任取一段作研究。杆件断开之后，内力就显现出来，内力的合力用 F_N 表示，针对Ⅰ段根据平衡条件可得 $F_N = F$，由于内力作用线必沿杆件轴线方向，故称内力 F_N 为轴力。

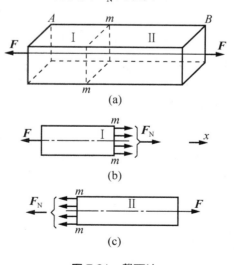

图 7.21 截面法

轴力的符号可根据杆件的变形情况来规定：当杆件受拉伸而伸长时，轴力的方向离开截面，其轴力为正；反之，轴力为负。按此规定，无论取杆件Ⅰ段还是Ⅱ段为研究对象，所求得的轴力不仅数值相等，而且符号也相同。

3. 应力的概念

对两根材料相同但直径不同的杆件施加拉力，若拉力相同，则两杆轴力相同，但随着拉力不断增加，横截面积小的杆件必然先断，这说明杆件的强度与横截面积的大小有关，横截面积越小，轴力在横截面上就分布得越集中，人们把内力在横截面上分布的密集度，即横截面单位面积上的内力称为应力。其中垂直于截面的应力称为正应力，以 σ 表示，平行于截面的应力称为剪应力，以 τ 表示。

在拉(压)杆中，横截面上的应力为正应力，横截面上各点的应力大小相等，其计算公式为

$$\sigma = \frac{F_N}{A} \tag{7-9}$$

式中：σ——横截面上的正应力，MPa；

F_N——横截面上的轴力，N；

A——横截面的面积，mm^2。

正应力的符号与轴力符号一致，即拉应力为正，压应力为负。

4. 拉伸(压缩)时的强度计算

工程中对各种材料都规定了其所能承担的最大应力值，称为材料的许用应力，用符号 $[\sigma]$ 表示。为保证构件具有足够的强度，必须使构件的最大工作应力不超过材料的许用应力，即

$$\sigma_{max} = \frac{F_N}{A} \leqslant [\sigma] \tag{7-10}$$

式(7-10)称为拉伸(压缩)时的强度条件。

知识链接 7-3

运用强度条件可以解决工程中 3 个方面的强度计算问题。

1) 强度校核

若已知构件的横截面积和承受载荷，则可计算出构件的工作应力，如果满足 $\sigma_{max} \leqslant [\sigma]$，则构件就具备了足够的强度。

2) 设计截面尺寸

根据构件所用材料的许用应力和所受的载荷，由 $A \geqslant \frac{F_N}{[\sigma]}$ 确定构件所需的截面面积，然后根据所需截面形状设计截面尺寸。

3) 确定承载能力

若已知材料的许用应力和横截面积，由 $F_N \leqslant A[\sigma]$ 可确定构件所能承受的最大轴力。

应用实例 7-4

图 7.22 所示为一液压千斤顶,其上、中、下 3 段顶杆的横截面积分别为 $A_1=150\text{mm}^2$、$A_2=100\text{mm}^2$ 和 $A_3=200\text{mm}^2$,顶杆材料 40Cr,其许用应力 $[\sigma]=900\text{MPa}$,若用此千斤顶顶起 $m=3000\text{kg}$ 的重物,则顶杆内的最大应力为多少?顶杆是否满足强度要求?

【案例点评】

在相同轴力的情况下,最大工作应力值肯定发生在横截面积最小的中间顶杆处,即

$$\sigma_{\max}=\frac{F_N}{A_2}=\frac{mg}{A_2}=\frac{3000\times 9.8}{100}=294(\text{MPa})<[\sigma]$$

满足强度要求。

图 7.22 液压千斤顶

7.2.2 剪切与挤压

1. 基本概念

工程上常会有构件如铆钉、螺栓、销等受到一对大小相等、方向相反、作用线相距很近的外力作用,这时构件将产生剪切和挤压变形。如图 7.23 所示,剪切变形的特点是位于两作用力之间的构件横截面发生相对错动,发生相对错动的面称为剪切面。如图 7.24 所示,挤压的变形特点是两构件在相互传递压力的接触面上产生塑性变形,发生挤压变形的接触表面称为挤压面。

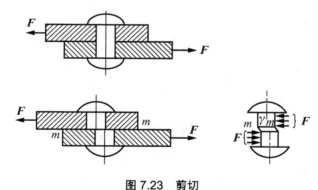

图 7.23 剪切

2. 剪切实用计算

现以铆钉受剪为例说明剪切实用计算方法。如图 7.25 所示,剪切面上作用有剪力 F_Q,根据截面法和平衡条件可知:$F_Q=F$。与剪力相对应,剪切面上有剪应力 τ 存在。为便于计算,假设剪应力在剪切面上均匀分布,则剪应力计算公式为

$$\tau=\frac{F_Q}{A} \tag{7-11}$$

式中：τ——平均剪应力，MPa；
F_Q——作用到剪切面上的剪力，N；
A——剪切面面积，mm^2。

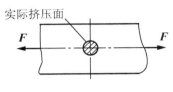

图 7.24 挤压

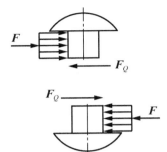

图 7.25 剪切计算

为保证受剪构件可安全可靠地工作，要求工作剪应力不超过材料的许用剪应力。所以剪切强度条件为

$$\tau = \frac{F_Q}{A} \leqslant [\tau] \tag{7-12}$$

式中：$[\tau]$——材料的许用剪应力。

知识链接 7-4

所谓实用计算，一般有两层含义，其一是假定切应力的分布规律，其二是确定许用应力时采用的实验条件与实际构件的受力情况相类似。

3. 挤压实用计算

如图 7.26 所示，挤压面上的压力称为挤压力，用 F_{jy} 表示，相应的应力称为挤压应力，用 σ_{jy} 表示，假定挤压应力在挤压面上均匀分布，则挤压应力计算公式为

$$\sigma_{jy} = \frac{F_{jy}}{A_{jy}} \tag{7-13}$$

式中：σ_{jy}——平均挤压应力，MPa；
F_{jy}——作用到挤压面上的挤压力，N；
A_{jy}——有效挤压面积，mm^2。

当接触面为平面时，有效挤压面积即为接触面积，当挤压面为圆柱面时，有效挤压面积为实际接触面积在垂直于挤压力的平面上的投影面积。

为了保证受挤压构件不致因挤压而失效的强度条件为

$$\sigma_{jy} = \frac{F_{jy}}{A_{jy}} \leqslant [\sigma_{jy}] \tag{7-14}$$

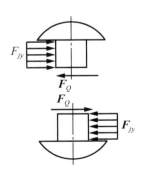

图 7.26 挤压实用计算

式中：$[\sigma_{jy}]$——材料的许用挤压应力。

特别提示 7-9

挤压应力与压缩应力是不同的。挤压应力是分布在两杆件接触表面上的压强；而压缩应力是分布在整个杆件内部单位截面积上的内力。

应用实例 7-5

图 7.27 所示的螺栓连接中，$F=28\text{kN}$，钢板厚度为 $\delta=10\text{mm}$，螺栓许用剪应力 $[\tau]=100\text{MPa}$，许用挤压应力 $[\sigma_{jy}]=200\text{MPa}$，试选择螺栓的直径 d_0。

【案例点评】

本题可利用杆件的剪切强度条件和挤压强度条件分别计算出螺栓的最小直径，然后取其中的较大值。因螺栓是圆柱体，有效挤压面积为实际接触面积在垂直于挤压力的平面上的投影面积，即 $A_{jy} = d_0 \cdot \delta$，剪切面积为螺栓横截面面积，即 $A = \dfrac{\pi d_0^2}{4}$。

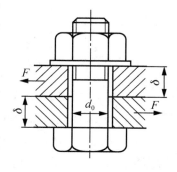

图 7.27 螺栓连接

由剪切强度条件得

$$A \geqslant \dfrac{F_Q}{[\tau]} = \dfrac{28000}{100} = 280(\text{mm}^2)，\text{即} \dfrac{\pi d_0^2}{4} \geqslant 280，d_0 \geqslant 18.89(\text{mm})$$

由挤压强度条件得

$$A_{jy} \geqslant \dfrac{F_{jy}}{[\sigma_{jy}]} = \dfrac{28000}{200} = 140(\text{mm}^2)，\text{即} d_0 \cdot \delta \geqslant 140，d_0 \geqslant 14(\text{mm})$$

所以，选择的螺栓直径不应小于 18.89mm，根据螺栓标准系列尺寸，取螺栓的直径 $d_0 = 20\text{mm}$。

7.2.3 轴的扭转

1. 圆轴扭转的概念

工程实际中，有很多发生扭转的构件，如汽车中传递发动机动力的传动轴，传递转向扭矩的转向轴。另外，图 7.28 中所示的螺钉旋具(俗称螺丝刀)亦是扭转变形实例。

如图 7.29 所示，这些发生扭转的构件的受力特点是：在杆件的两端作用两个大小相等、转向相反，且作用面与轴线垂直的力偶。其变形特点是：杆件各横截面都绕轴线作相对转动，这种变形形式称为扭转，可以把发生扭转的杆件称为轴，这里只研究轴的扭转问题。

2. 扭矩的计算

当轴上作用有外力偶矩时，轴才会发生扭转变形，但在工程实际中外力偶矩往往不会直接给出，而是给出轴所传递的功率和轴的转速。外力偶矩的计算公式为

$$M_e = 9550 \frac{P}{n} \tag{7-15}$$

式中：M_e——外力偶矩，N·m；

P——轴所传递的功率，kW；

n——轴的转速，r/min。

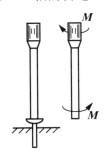

图 7.28 扭转构件

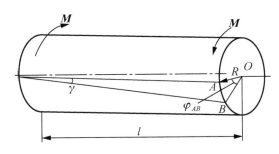

图 7.29 轴的扭转特点

如图 7.30 所示，轴扭转时，称任一截面上的内力偶矩 M_T 为扭矩，其大小等于该截面一侧所有外力偶矩的代数和。符号由右手螺旋法则判定：以 4 指握向表示旋向，拇指指向背离截面为正，指向截面为负。

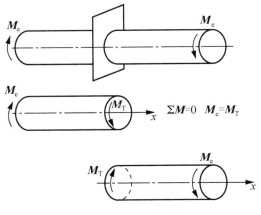

图 7.30 扭矩的计算

3. 扭转的强度计算

如图 7.31 所示，圆轴扭转时，横截面上没有正应力，只存在剪应力，剪应力的分布规律为：横截面上某点剪应力的大小与该点至圆心的距离成正比，方向垂直于截面半径线性分布且与扭矩 M_T 转向一致。

由剪应力分布规律可知，圆截面上边缘各点的剪应力最大，其计算公式为

$$\tau_{max} = \frac{M_T}{W_P} \tag{7-16}$$

式中：τ_{max}——最大剪应力，MPa；

M_T——扭矩，N·mm；

W_P——抗扭截面系数，mm³，$W_P = \frac{\pi D^3}{16}$，D 为实心圆轴截面直径，对于空心轴而

言，$W_P = \dfrac{\pi D^3}{16}(1-\alpha^4)$，$\alpha$ 为空心轴内外径之比。

圆轴扭转时，为保证正常工作，最大工作剪应力不能超过材料的许用剪应力，所以，圆轴扭转的强度条件为

$$\tau_{max} = \dfrac{M_T}{W_P} \leqslant [\tau] \tag{7-17}$$

式中：$[\tau]$——许用剪应力，MPa。

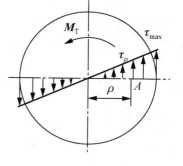

图 7.31 剪应力分布规律

知识链接 7-5

一些大型轴或对于减轻重量有特殊要求的轴，通常做成空心轴，如汽车传动轴。同样的材料，空心轴比实心轴重量轻、用料省。

应用实例 7-6

一汽车传动轴由 45 号无缝钢管制成，外径 $D = 90\text{mm}$，内径 $d = 85\text{mm}$，许用剪应力 $[\tau] = 60\text{MPa}$，工作时最大外力偶矩 $M_e = 1500\text{ N}\cdot\text{m}$。

(1) 试校核传动轴强度。
(2) 若将轴改为实心轴，试在相同条件下确定其直径 D_1。

【案例点评】

此题主要考察圆轴扭转强度条件的应用，传动轴上各截面最大扭矩等于外力偶矩，即

$$M_T = M = 1500\text{ N}\cdot\text{m}$$

抗扭截面系数为

$$W_P = \dfrac{\pi D^3}{16}(1-\alpha^4) = 0.2 \times 90^3 \left[1 - \left(\dfrac{85}{90}\right)^4\right] = 29800(\text{mm}^3)$$

最大切应力为

$$\tau_{max} = \dfrac{M_T}{W_P} = \dfrac{1500 \times 10^3}{29800} = 50.3(\text{MPa}) < [\tau]$$

故传动轴满足强度要求。

若空心轴与实心轴强度相同，它们的抗扭截面系数应相等，即

$$W_P = \dfrac{\pi D_1^3}{16} = \dfrac{\pi D^3}{16}(1-\alpha^4)$$

由此得

$$D_1 = D\sqrt[3]{1-\alpha^4} = 90 \times \sqrt[3]{1-(85/90)^4} = 52.92(\text{mm})$$

7.2.4 平面弯曲

1. 梁弯曲的概念

工程实际中常遇到发生弯曲变形的构件，如图 7.32 所示的行车大梁和火车轮轴。

如图 7.33 所示，这些发生弯曲构件的受力和变形特点是：在构件轴线平面内受力偶作用或受垂直于轴线方向的力作用，使构件的轴线弯曲成曲线，这种变形称为平面弯曲，可以把以弯曲为主要变形的杆件称为梁。

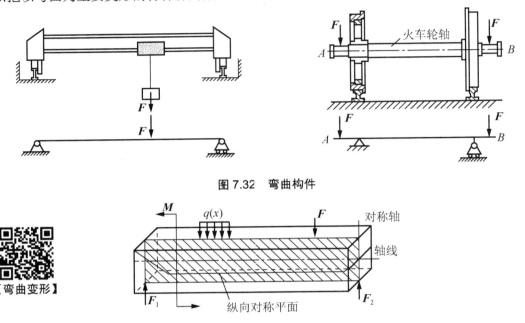

图 7.32　弯曲构件

图 7.33　梁的弯曲特点

2. 弯矩的计算

如图 7.34 所示，梁在弯曲变形时，使梁的轴线发生弯曲的内力偶矩 M 称为弯矩。任一截面的弯矩等于该截面一侧所有外力对该截面形心力矩的代数和。截面左侧外力对截面形心之矩顺时针转向为正，反之为负；截面右侧外力对截面形心之矩逆时针转向为正，反之为负。

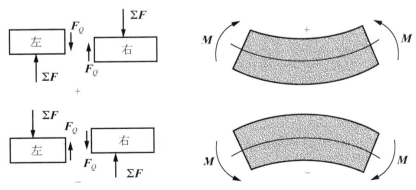

图 7.34　弯矩的计算

3. 梁弯曲的强度计算

如图 7.35 所示，梁截面上的正应力沿截面高度方向按线性规律分布，横截面上的最大

弯曲正应力发生在上下边缘各点上，其计算公式为

$$\sigma_{max} = \frac{M}{W_z} \tag{7-18}$$

式中：σ_{max}——最大弯曲正应力，MPa；

M——弯矩，N·mm；

W_z——抗弯截面系数，mm³，$W_z = \frac{bh^2}{6}$，b、h分别为梁横截面的宽度和高度。

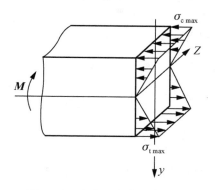

图 7.35　弯曲正应力分布规律

知识链接 7-6

当梁发生弯曲时，横截面上的正应力以拉应力和压应力两种形式存在，通常用σ_c表示压应力，用σ_t表示拉应力。

为保证正常工作，梁弯曲时最大弯曲正应力不能超过材料的许用弯曲应力，所以，梁弯曲的强度条件为

$$\sigma_{max} = \frac{M}{W_z} \leqslant [\sigma_w] \tag{7-19}$$

式中：$[\sigma_w]$——许用弯曲应力，MPa。

**应用实例 7-7**

一矩形截面梁，其截面的高宽之比$\frac{h}{b} = 2$，在相同的受力条件下，梁截面竖放合理还是平放合理？

【案例点评】

此题主要考察梁在不同放置方式下的抗弯曲能力，即梁在不同的放置形式下，其横截面上的最大弯曲应力值越小，抗弯曲能力越强。虽然题目没有给出具体的数据，但可以通过两种不同放置方式下最大弯曲应力的比值来求解，即

$$\frac{\sigma_{竖放}}{\sigma_{平放}} = \frac{M/W_{z竖放}}{M/W_{z平放}} = \frac{W_{z平放}}{W_{z竖放}} = \frac{hb^2/6}{bh^2/6} = \frac{b}{h} = \frac{1}{2}$$

所以，竖放时横截面上的弯曲应力小，抗弯能力强，竖放合理。

小 结

构件的力学分析包括构件的静力学分析和构件的变形、强度分析两方面,在静力学分析中,可以通过对力的效应、力矩与力偶矩的异同、平面力系的平衡条件三方面内容的掌握达到对常见构件进行受力分析的能力。针对构件的变形和强度分析,本任务主要涉及构件的4种基本变形形式:拉伸与压缩、剪切与挤压、轴的扭转和梁的弯曲。每种变形均有各自的受力和变形特点,可利用其强度条件对汽车常用零件进行强度校核、尺寸确定、抗破坏能力等方面的分析。

习 题

一、单选题

1. 一对等值、反向、不共线的平行力组成的力系称为_____。
   A. 平衡力系　　　　　　　　B. 力偶
   C. 作用力与反作用力　　　　D. 力矩
2. 一对作用力与反作用_____平衡力系。
   A. 属于　　　B. 不属于　　　C. 就是　　　D. 以上都不对
3. 单位面积上的内力称为_____。
   A. 外力　　　B. 内力　　　C. 应力　　　D. 强度
4. 以扭转为主要变形的杆件称为_____。
   A. 梁　　　　B. 轴　　　　C. 杆　　　　D. 构件
5. 弯曲最大应力发生在_____。
   A. 最小弯矩截面的轴线上　　　B. 最大弯矩截面的轴线上
   C. 最大弯矩截面的上下边缘　　D. 最小弯矩截面的上下边缘

二、判断题

1. 二力构件不论形状如何,其所受两个力的作用线必须沿着这两个力作用点的连线。（ ）
2. 大小相等、转向相同的两个力偶等效。（ ）
3. 力的投影和力的分力是相同的。（ ）
4. 杆件所受轴力越大,横截面上的剪应力越大。（ ）
5. 两根完全一样的轴,若将其中一根制成空心轴,则空心轴的抗扭能力更强。（ ）
6. 梁截面任一侧外力对截面形心之矩顺时针转向为正,反之为负。（ ）

三、简答题

1. 汽车驾驶员操纵转向盘时,可用双手对转向盘施加一力偶,也可用一只手对转向盘施加一个力。这种操纵方式对于汽车的转向效果是一样的吗？能否说力偶可以用力来等效替换？为什么？

2．4种基本变形的受力特点和变形特点各是什么？

四、计算题

1．如图 7.36 所示，用钢索起吊一钢管，已知钢管重 $G=10\text{ kN}$，钢索的直径 $d=40\text{ mm}$，许用应力 $[\sigma]=10\text{ MPa}$，试校核钢索的强度。

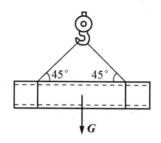

图 7.36　钢索吊钢管示意图

2．某一传动轴传递的功率 $P=80\text{kW}$，转速 $n=580\text{r}/\text{min}$，材料的许用剪应力 $[\tau]=160\text{MPa}$，试确定该轴满足传动要求的最小直径。

3．汽车的发动机额定功率 $P=100\text{kW}$，当传动轴转速 $n_1=1200\text{r}/\text{min}$ 时，其输出转矩为多少？当转速调为 $n_2=600\text{r}/\text{min}$ 时，传动轴的输出转矩又为多少？

任务 8

熟悉常用零部件

任务目标

了解各种常用零部件的结构和工作原理;掌握各种常用零部件的分类及其在汽车上的应用。

任务要求

能力目标	知识要点	相关知识	权重	自测分数
了解相关知识	各种常用零部件的结构和工作原理	(1) 轴、轴承的结构和工作原理 (2) 键、销、螺纹紧固件的结构和工作原理 (3) 联轴器、离合器、制动器的结构和工作原理	15%	
熟练掌握知识点	各种常用零部件的类型及其应用	(1) 轴、轴承的类型及其应用 (2) 键、销、螺纹紧固件的类型及其应用 (3) 联轴器、离合器、制动器的类型及其应用	35%	
运用知识分析案例	各种常用零部件在汽车上的应用	各种常用零部件在汽车上的应用	50%	

引 言

机器是由各种零部件组成的,其中轴和轴承、键和销、螺纹紧固件、联轴器、离合器和制动器是组成机器常用的零部件,其选择使用是否合理直接影响到整台机器的工作性能。

8.1 轴和轴承

> **引例**
>
> 轴、轴承是组成机器最常用的零部件。轴的作用是支撑旋转零件(如齿轮、带轮、链轮等)并传递运动和转矩;轴承的作用是支撑轴和轴上零件,并保持轴的旋转精度,减少转轴与支承之间的摩擦和磨损。轴承根据摩擦性质不同分为滑动轴承和滚动轴承。
>
> 常用的轴有哪些类型?滚动轴承和滑动轴承在汽车上分别有哪些应用?

8.1.1 轴

1. 轴的分类

根据承受载荷的不同,轴可分为心轴、传动轴和转轴。

(1) 心轴。只承受弯矩的轴称为心轴,如图 8.1 所示。心轴可以是转动的,如图 8.1(a)所示的铁路机车轴;也可以是固定的,如图 8.1(b)所示的自行车前轮轴。

(2) 传动轴。只传递转矩而不承受弯矩(或承受很小弯矩)的轴称为传动轴,如图 8.2 所示的汽车中连接变速器与后桥的轴。

(3) 转轴。既承受弯矩又承受转矩的轴称为转轴,它是最常见的一种轴,如图 8.3 所示的齿轮减速器中的轴。

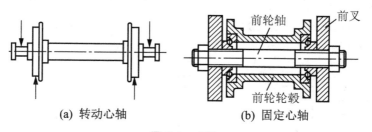

(a) 转动心轴　　　　　　(b) 固定心轴

图 8.1　心轴

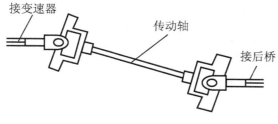

图 8.2　传动轴

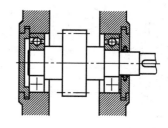

图 8.3　转轴

根据轴线的几何形状不同,轴还可分为直轴、曲轴和软轴。

(1) 直轴。它分为光轴和阶梯轴。图 8.4(a)所示的光轴形状简单、加工容易,一般用于传动。图 8.4(b)所示的阶梯轴便于轴上零件的装拆和固定,是一种应用最广泛的轴。

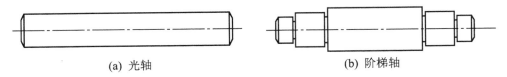

图 8.4 直轴 (a) 光轴 (b) 阶梯轴

(2) 曲轴。轴线不在一条直线上，属于专用零件，如图 8.5 所示为汽车曲轴。

(3) 软轴。图 8.6 所示的软轴，由多组钢丝分层卷绕而成，挠性好，能在轴线弯曲的状态下灵活地传递回转运动和转矩，可将转动灵活地传递到所需的任何位置。

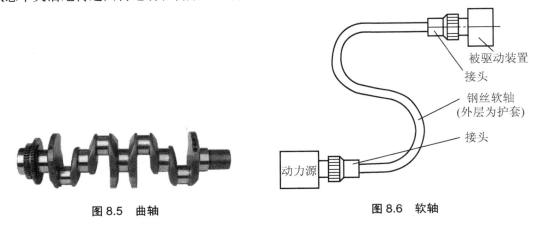

图 8.5 曲轴　　图 8.6 软轴

2. 轴的结构

如图 8.7 所示，轴通常由轴头、轴颈、轴身等部分组成。轴上与轴承配合的部分称为轴颈；与传动零件(如带轮、齿轮等)或联轴器、离合器配合的部分称为轴头；连接轴头与轴颈的部分称为轴身。

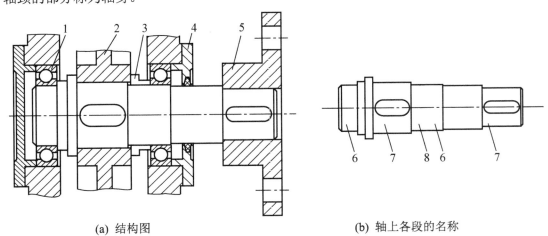

(a) 结构图　　(b) 轴上各段的名称

图 8.7 轴的名称

1—滚动轴承；2—齿轮；3—套筒；4—轴承盖；5—联轴器；6—轴颈；7—轴头；8—轴身

任务 8 熟悉常用零部件

特别提示 8-1

轴上零件的定位和固定是两个不同的概念。定位是针对装配而言的，是为了保证轴上零件准确的安装位置；固定是针对工作而言的，是为了使轴上零件在运转中保持原位不动。但两者又相互联系，通常作为轴的结构措施，既起固定作用，又起定位作用。

(1) 轴上零件的轴向定位和固定。轴向定位和固定是指将轴上的零件沿轴线方向进行定位和固定。轴上零件的轴向定位通常采用轴肩和轴环，如图 8.8 所示。

特别提示 8-2

阶梯轴上，用作零件轴向固定的台阶部分称为轴肩，环形部分称为轴环，如图 8.8 所示，它们对轴上零件起到轴向定位的作用。为了保证轴上零件的轮毂端面与定位面紧贴，轴肩和轴环的圆角半径 r 应小于零件轮毂孔端的圆角 R 或倒角 C，其大小应符合标准。轴肩和轴环的高度 h 必须大于 R 或 C。另外，安装滚动轴承处的轴肩和轴环高度必须低于轴承内圈厚度。

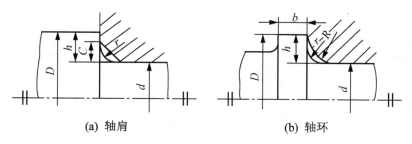

(a) 轴肩　　　　　　　　(b) 轴环

图 8.8　轴肩、轴环及其定位

轴上零件除要求正确定位外，还要求可靠的轴向固定，以防止轴上零件工作时产生轴向移动。常用的轴向固定的方法有套筒、圆螺母、轴端挡圈、紧定螺钉等结构，见表 8-1。

表 8-1　轴上零件常用的轴向固定方法

定位和固定方法	简　图	特点与应用
套筒	套筒	在轴上不需要开槽、钻孔或切制螺纹等，可使轴的结构简化，避免削弱轴的强度。一般用于两个零件距离不远时的轴向固定
圆螺母	圆螺母	可承受较大的轴向力。但螺纹对轴的强度削弱较大，应力集中严重。当使用套筒过长或无法使用套筒时可采用圆螺母进行轴向固定

定位和固定方法	简 图	特点与应用
轴端挡圈	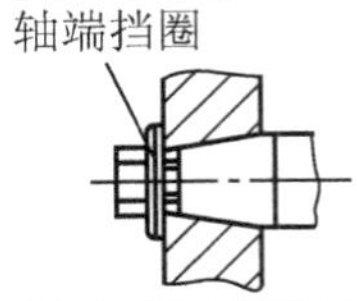	用于轴端要求固定可靠或承受较大轴向力的场合
弹性挡圈	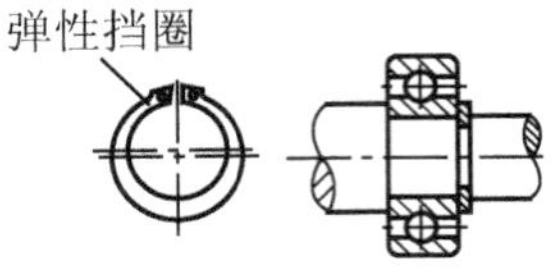	用于承受轴向力小或不承受轴向力的场合,常用作滚动轴承的轴向固定
紧定螺钉	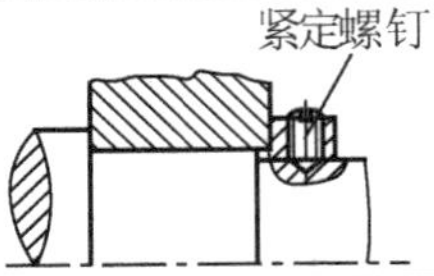	用于承受轴向力小或不承受轴向力的场合,还可兼做周向固定

(2) 轴上零件的周向定位和固定。周向定位和固定是指将轴上的零件在圆周方向进行定位和固定。周向固定是为了传递转矩,防止零件和轴产生相对的转动。常用的固定方式有键、花键、销、紧定螺钉、过盈配合、非圆轴等,见表8-2。

表8-2 轴上零件常用的周向定位和固定方法

定位和固定方法	简 图	特点及应用
平键		用于传递转矩较大,对中性要求一般的场合,使用最为广泛
花键	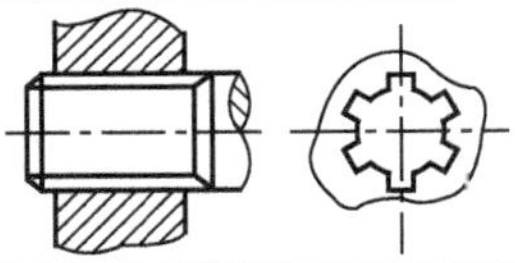	用于传递转矩大、对中性要求高或零件在轴上移动时要求导向性好的场合
销	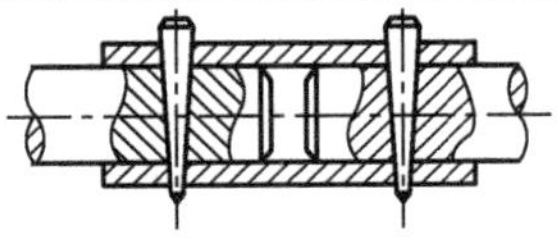	用于传递转矩较小的场合
过盈配合	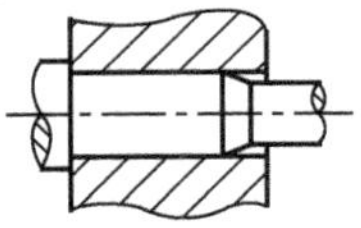	用于传递转矩较小,不便开键槽或要求零件与轴线对中性要求较高的场合

8.1.2 轴承

1. 滑动轴承

1) 滑动轴承的结构形式

在滑动摩擦下运转的轴承称为滑动轴承,根据所受的载荷方向,滑动轴承可分为向心滑动轴承和推力滑动轴承。

(1) 向心滑动轴承。向心滑动轴承的主要结构形式有整体式、剖分式等。

① 整体式。图 8.9 所示的整体式向心滑动轴承又称轴套,分为不带挡边和带挡边两种。整体式向心滑动轴承结构简单、成本低廉,但拆装不便,轴颈只能从端部装入。图 8.11 所示的连杆小头处用的就是不带挡边的整体向心滑动轴承。

② 剖分式。剖分式滑动轴承又称轴瓦,由上轴瓦和下轴瓦组成,如图 8.10 所示,也分为不带挡边和带挡边两种。在上、下轴瓦的剖分面处加工有定位唇,便于装配时定位;轴瓦上开有油孔和油沟,以便将润滑油引入轴承,并布满工作表面。这种轴承装拆方便,应用很广,常用于汽车发动机连杆大头(图 8.11)和曲轴主轴颈等处。

(a) 不带挡边　　　　　(b) 带挡边　　　【滑动轴承组装】

图 8.9　整体式向心滑动轴承

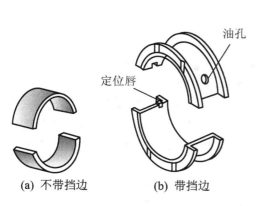

(a) 不带挡边　　(b) 带挡边

图 8.10　剖分式向心滑动轴承

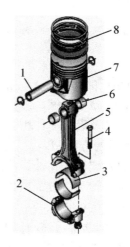

图 8.11　发动机活塞连杆组

1—活塞销;2—连杆盖;3—连杆轴瓦;
4—连杆螺栓;5—连杆;6—连杆轴套;
7—活塞;8—活塞环

(2) 推力滑动轴承。如图 8.12 所示,推力滑动轴承通常具有环状的支承面以承受轴向载荷。

在汽车发动机中,为了保证曲轴的轴向定位,承受离合器等引起的轴向推力,须在曲轴上设置推力轴承,其形式如图 8.13 所示。过去常用带翻边的轴承,现在比较广泛采用的是单独的止推环或半圆止推片。

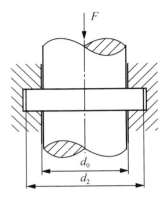

图 8.12 推力滑动轴承

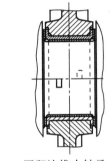 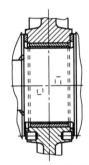 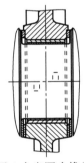 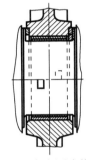

(a) 用翻边推力轴承　　(b) 用两个止推环　　(c) 用 4 个半圆止推片　　(d) 用两个半圆止推片

图 8.13 曲轴推力轴承的结构

2) 滑动轴承的润滑

润滑主要起减少摩擦、提高效率、减轻磨损、延长机器寿命的作用，同时还能起到冷却、防尘、防锈及吸振的作用。最常用的润滑方法和润滑装置有以下两种。

(1) 油润滑的方法和装置。油润滑有连续供油润滑和间歇供油润滑两种形式。间歇供油润滑常用的方法有人工油壶注油和油杯注油，这种润滑方法只适用于低速、不重要的轴承或间歇工作的轴承；对于重要的轴承，必须采用连续供油润滑。连续供油润滑常用的方法有油杯滴油润滑、飞溅润滑、压力循环润滑等。

① 油杯滴油润滑。常用的滴油油杯有针阀式注油油杯和油芯式油杯。图 8.14 所示的针阀油杯可调节滴油速度，改变供油量，在轴承停止工作时，可通过油杯上部的手柄关闭油杯停止供油；图 8.15 所示的芯捻油杯利用毛细管虹吸作用将油引到轴承工作表面上，这种方法不易调节供油量。

② 飞溅润滑。通常直接利用传动齿轮或甩油环(图 8.16)将油池中的润滑油溅到轴承上或箱壁上，再经油沟导入轴承工作面以润滑轴承。

③ 压力循环润滑。如图 8.17 所示，压力循环润滑利用油泵提供具有一定压力的润滑油，经过相关的管路，将润滑油送到每个需要进行润滑的部位。使用后的润滑油经过回收系统可流回到油箱中供重复循环使用。这种润滑可以保证供油的压力和数量，实现不间断的供油。

任务 8　熟悉常用零部件

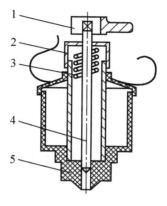

图 8.14　针阀油杯滴油润滑

1—手柄；2—调节螺母；3—弹簧；4—针阀；5—杯体

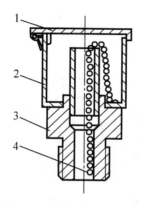

图 8.15　芯捻油杯滴油润滑

1—杯盖；2—杯体；3—接头；4—油芯

(2) 脂润滑的方法和装置。脂润滑只能间歇供给，可采用人工加脂和脂杯加脂等方法进行。图 8.18(a)所示的旋盖式脂杯靠旋紧杯盖，将杯内润滑脂压入轴承工作面；图 8.18(b)所示的压注脂杯则靠油枪压注润滑脂至轴承工作面。

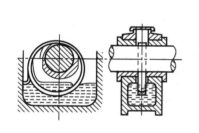

图 8.16　飞溅润滑

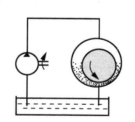

图 8.17　压力循环润滑

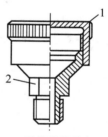

(a) 旋盖注脂脂杯

(b) 压注脂杯

图 8.18　脂润滑装置

1—杯盖；2—杯体

2．滚动轴承

1) 滚动轴承的结构

如图 8.19 所示，滚动轴承由外圈 1、内圈 2、滚动体 3 和保持架 4 组成。内圈装在轴颈上随轴转动，外圈 1 装在机座或零件的轴承座孔内不动，但也有外圈转动、内圈不动的使用情况。滚动体是滚动轴承的核心元件，当内、外圈转动时，滚动体在内、外圈的滚道中滚动。如图 8.20 所示，滚动体的形状有球形、圆柱形、圆锥形、鼓形、滚针形等。保持架将滚动体均匀隔开，使其沿圆周均匀分布，减小滚动体之间的摩擦和磨损。

2) 滚动轴承的类型

(1) 按承受载荷的方向不同，滚动轴承可分为向心滚动轴承和推力滚动轴承。向心滚动轴承主要承受径向载荷，如深沟球轴承；推力滚动轴承主要受轴向载荷，如推力轴承。

(2) 按照滚动体的形状不同，滚动轴承可分为球轴承和滚子轴承。在同样外形尺寸下，滚子轴承比球轴承承载能力大、抗冲击能力强;而球轴承则具有制造方便、价格低廉、运转灵活的优点。

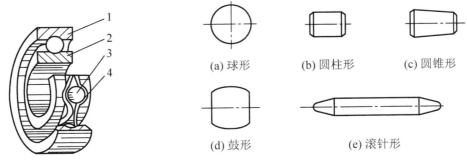

图 8.19　滚动轴承的结构　　　　　　图 8.20　滚动体形状

1—外圈;2—内圈;3—滚动体;4—保持架

(3) 按照滚动体的列数,滚动轴承可分为单列轴承、双列轴承和多列轴承。

(4) 按照工作时能否调心,滚动轴承可分为调心轴承和非调心轴承。

(5) 按照轴承的游隙能否调整,滚动轴承可分为可调游隙轴承(如角接触球轴承、圆锥滚子轴承)和不可调游隙轴承(如深沟球轴承、圆柱滚子轴承)等。

常用滚动轴承的类型及特点见表 8-3。

表 8-3　常用滚动轴承类型及特点

轴承类型	类型代号	结构简图	极限转速	特　点
深沟球轴承	6		高	可以承受径向及两个方向的轴向载荷;摩擦阻力小,适用于高速和有低噪声、低振动的场合
角接触球轴承	7		较高	可承受径向和单向轴向载荷;接触角 α 越大,承受轴向载荷的能力也越大;一般将两个轴承面对面安装,用于承受两个方向的轴向载荷
圆锥滚子轴承	3		中等	内、外圈可以分离;可以承受径向及单向的轴向载荷,承载能力大;成对安装,可以承受双向轴向载荷
圆柱滚子轴承	N		高	内、外圈可以分离;内外圈允许少量轴向移动,但不允许偏斜;能承受较大的冲击载荷;承载能力大
推力球轴承	5		低	可以承受单向轴向载荷;高速时离心力大

续表

轴承类型	类型代号	结构简图	极限转速	特　点
调心球轴承	1		中等	具有调心能力；可以承受径向载荷及双向轴向载荷
调心滚子轴承	2		低	具有调心能力；可以承受径向载荷及双向轴向载荷，径向承载能力强

3) 滚动轴承代号

每一滚动轴承用同一形式的一组数据表示，称为滚动轴承代号，常打印在滚动轴承端面上。按 GB/T 272—1993《滚动轴承　代号方法》的规定，轴承代号由前置代号、基本代号和后置代号构成，见表8-4。

表8-4　滚动轴承代号的构成

前置代号	基本代号					后置代号						
	第5位	第4位	第3位	第2位	第1位							
		尺寸系列代号										
成套轴承分部件代号	类型代号	宽度系列代号	直径系列代号	内径代号		内部结构代号	密封防尘结构代号	保持架及材料代号	特殊轴承材料代号	公差等级代号	游隙代号	多轴承配置代号	其他代号

基本代号用于表明滚动轴承的内径、直径系列和类型，是滚动轴承代号的基础。滚动轴承(除滚针轴承外)的基本代号由内径代号、尺寸系列代号、轴承类型代号构成。

(1) 内径代号。用基本代号的右起第一二位数字表示，见表8-5。

(2) 尺寸系列代号。由宽度(高度)系列代号和直径系列代号组合而成。宽度系列代号表示内、外径相同的同类轴承宽度的变化，用基本代号右起第四位数字表示，直径系列代号表示内径相同的同类轴承有几种不同的外径，用基本代号右起第三位数字表示。尺寸系列代号见表8-6。

(3) 类型代号。表示轴承的基本类型，用数字或大写拉丁字母表示，见表8-3。

表8-5　滚动轴承的内径代号

轴承公称内径/mm	内径代号	示　例
0.6 到 10(非整数)	用公称内径毫米数直接表示，在其与尺寸系列代号之间用"/"分开	深沟球轴承 618/2.5　$d=2.5$mm

续表

轴承公称内径/mm	内 径 代 号	示 例
1 到 9(整数)	直接用公称内径毫米数表示,对深沟球轴承及角接触球轴承7、8、9直径系列,内径与尺寸系列代号之间用"/"分开	深沟球轴承 62<u>5</u>　618/<u>5</u>　$d=5$mm
10 到 17	10　　00 12　　01 15　　02 17　　03	深沟球轴承 62<u>00</u>　$d=10$mm
20 到 480 (22、28、32除外)	用公称内径除以5的商数表示,商数为一位数时,需在商数的左边加"0",如08	调心滚子轴承 232<u>08</u>　$d=40$mm
大于和等于 500,以及22、28、32	直接用公称内径毫米数表示,但在尺寸系列代号之间用"/"分开	调心滚子轴承 230/<u>500</u>　$d=500$mm 深沟球轴承 62/<u>22</u>　$d=22$mm

表 8-6　滚动轴承的尺寸系列代号

直径系列	向心轴承								推力轴承			
	宽度系列代号								高度系列代号			
	8	0	1	2	3	4	5	6	7	9	1	2
	宽度尺寸依次递增→								宽度尺寸依次递增→			
	尺寸系列代号											
7	—	—	17	—	37	—	—	—	—	—	—	—
8	—	08	18	28	38	48	58	68	—	—	—	—
9	—	09	19	29	39	49	59	69	—	—	—	—
0	—	00	10	20	30	40	50	60	70	90	10	—
1	—	01	11	21	31	41	51	61	71	91	11	—
2	82	02	12	22	32	42	52	62	72	92	12	22
3	83	03	13	23	33	—	—	—	73	93	13	23
4	—	04	—	24	—	—	—	—	74	94	14	24
5	—	—	—	—	—	—	—	—	—	95	—	—

（外径尺寸依次递增↓）

知识链接 8-1

前置代号和后置代号是轴承的结构形式、尺寸、公差、技术要求等有改变时,在其基本代号的左、右添加的补充代号。常用的几个后置代号如下。

(1) 内部结构代号。它是表示同一类型轴承的不同内部结构,用字母紧跟着基本代号表示。如公称接触角 α 为 15°、25° 和 40° 的角接触球轴承分别用 C、AC 和 B 表示这种内部结构上的区别。

(2) 公差等级代号。为不同的尺寸精度和旋转精度的特定组合，共6个级别，由高到低依次为2级、4级、5级、6级(6x)和0级，代号为/P2、/P4、/P5、/P6(P6x)和P0。0级为普通级，在轴承代号中不标出，6x级仅适用于圆锥滚子轴承。

(3) 游隙组别代号。游隙是指轴承在无载荷作用时，一个套圈相对另一个套圈在某一个方向的可移动距离。轴承的径向游隙系列有6个组别，从小到大分别是1组、2组、0组、3组、4组和5组，0组游隙是常用的，在轴承代号中省略不标出，其余游隙代号分别为/C1、/C2、/C3、/C4、/C5。

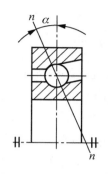

图 8.21 滚动轴承接触角

如图 8.21 所示，公称接触角是指滚动轴承的滚动体与外圈滚道接触点的法线和轴承径向平面的夹角，α 越大，滚动轴承承受轴向载荷的能力也越大。

特别提示 8-3

当滚动轴承的宽度系列代号为0时，表示正常宽度，可略去不写，但圆锥滚子轴承必须写出。如6208，宽度系列代号为0的深沟球轴承，宽度系列代号0省略；如30210，圆锥滚子轴承，宽度系列代号0 不能省略。

4) 滚动轴承的选择

选择滚动轴承时先选择类型，再选择尺寸。正确选择滚动轴承类型应考虑以下5个主要因素。

(1) 轴承所受的载荷。轴承所受的载荷的大小、方向和性质是选择轴承类型的主要依据。

① 载荷的大小与性质。通常，由于球轴承主要元件间的接触是点接触，适合于在中小载荷及载荷波动较小的场合工作；滚子轴承主要元件间的接触是线接触，适用于承受较大的载荷。

② 载荷方向。若轴承承受纯轴向载荷，一般选用推力轴承；若所承受的纯轴向载荷较小，可选用推力球轴承；若所承受的纯轴向载荷较大，可选用推力滚子轴承；若轴承承受纯径向载荷，一般选用深沟球轴承、圆柱滚子轴承或滚针轴承；当轴承在承受径向载荷的同时，还承受不大的轴向载荷，可选用深沟球轴承或接触角不大的角接触球轴承或圆锥滚子轴承；当轴向载荷较大时，可选用接触角较大的角接触球轴承或圆锥滚子轴承，或者选用向心轴承和推力轴承组合在一起的结构，分别承担径向载荷和轴向载荷。

(2) 轴承的转速。转速较高，载荷较小或要求旋转精度较高时，宜选用球轴承；转速较低，载荷较大或有冲击载荷时，宜选用滚子轴承。工作转速较高时，若轴向载荷不很大，可采用角接触球轴承承受纯轴向载荷。

(3) 轴承的调心性能。当轴的中心线与轴承座的中心线不重合而有角度误差时，或因轴受力弯曲或倾斜时，会造成轴承的内、外圈轴线发生偏斜。这时，应采用有一定调心性能的调心球轴承或调心滚子轴承。支点跨距大、轴的弯曲变形大或多支点轴，也可考虑选用调心轴承。圆柱滚子轴承、滚针轴承和圆锥滚子轴承对角度偏差敏感，适用于轴承与轴承座孔能保证同心、轴的刚度较高的地方。

(4) 轴承的安装和拆卸。当轴承座没有剖分面而必须沿轴向安装和拆卸轴承部件时，应优先选用内外圈可分离的轴承(如圆柱滚子轴承，滚针轴承、圆锥滚子轴承等)。当轴承在长轴上安装时，为了便于装拆，可以选用其内圈孔锥度为 1：12 的圆锥孔的轴承。

(5) 经济性要求。一般滚子轴承比球轴承价格高，深沟球轴承价格最低，先选用。轴承精度越高，则价格越高，若无特殊要求，一般选用 0 级。

当类型确定后，还要考虑选择哪个尺寸系列。尺寸系列包括直径系列和宽度系列。选择轴承的尺寸系列时，主要考虑轴承承受载荷的大小，此外，也要考虑结构的要求。就直径系列而言，载荷很小时，一般可以选择轻系列；载荷很大时，可考虑选择重系列；一般情况下，可先选用轻系或重系列，待校核后再根据具体情况进行调整。对于宽度系列，一般情况下可选用正常系列，若结构上有特殊要求时，可根据具体情况选用其他系列。

5) 滚动轴承的装拆

装拆滚动轴承时，不允许通过滚动体夹传力，以免给滚道或滚动体造成损伤。装内圈于轴上时，应施力于轴承的内圈，如图 8.22(a)所示；若安装时内外圈同时受力，应同时施力于轴承的内外圈，如图 8.22(b)所示；当轴承内圈与轴颈之间的过盈量过大时，可用热油预热轴承或用干冰冷却轴颈后再进行装配。

拆卸轴承时，应使用如图 8.22(c)所示的专用工具(轴承拉力器)。

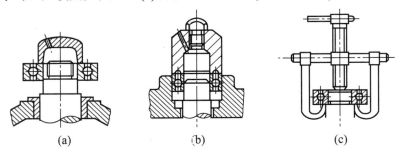

图 8.22 滚动轴承的安装与拆卸

特别提示 8-4

滚动轴承具有摩擦阻力小、易于起动、效率高、润滑简便和互换性好的优点，适用于低、中速，噪声较大，经常起动的场合；而滑动轴承除了在简单和成本要求低的场合使用外，主要用于滚动轴承难以满足支撑要求的场合，如高速、高精度、重载荷、结构上要求剖分的场合，此外，在低速而带有较大冲击的机器中也常采用滑动轴承。

应用实例 8-1

说明 7314B/P6、30210、6203 滚动轴承代号的意义。

【案例点评】

7314B/P6 的意义：7—轴承类型为角接触球轴承；宽度系列代号为 0(省略)；3—直径系列代号；14—内径为 70mm；B—公称接触角为 40°；P6—公差等级为 6 级。

30210 的意义：3—轴承类型为圆锥滚子轴承；0—宽度系列代号；2—直径系列代号；10—内径为 50mm，公差等级为 0 级(公差等级代号/P0 省略)。

6203 的意义：6—轴承类型为深沟球轴承；宽度系列代号为 0(省略)；2—直径系列代号；03—内径为 17mm，公差等级为 0 级(公差等级代号/P0 省略)。

8.2 连 接 件

引例

为了便于机器的制造、安装和维护，机器的各零部件间广泛采用各种连接。机械连接根据被连接零件在工作中位置能否相对变化可分为两类：一类是机器工作时，被连接的零、部件间有相对运动，如各种运动副、联轴器、离合器等，这样的连接称为动连接；一类是机器工作时，被连接的零部件间无相对运动，这样的连接称为静连接。机械连接又可分为可拆连接和不可拆连接两类：可拆连接是不损坏连接中的任一零件就可将被连接件拆开的连接，如螺纹连接、键连接、销连接等；不可拆连接是指必须毁坏连接中的某一部分才能拆开的连接，如焊接、铆接和粘接等。

8.2.1 键和销

1. 键

键主要用于轴与轴上零件(如齿轮、带轮等)之间的连接，如图 8.23 所示，键连接的作用是实现轴与轴上零件的周向固定，并传递转矩。常用的键有平键、半圆键、楔键和花键等。

(1) 平键。常用的平键有普通平键、导向平键和滑键 3 种。

图 8.24 所示的普通平键连接，工作时，依靠键和键槽的侧面的挤压来传递运动和转矩，平键的侧面为工作面。键的上表面与轮廓键槽底面间留有间隙，不能实现轴上零件的轴向固定。

知识链接 8-2

普通平键用于静连接，按键的端部形状分为圆头(A 型，应用广泛)、方头(B 型)和单圆头(C 型，用于轴端)3 种形式(图 8.24)。采用圆头和单圆头平键时，键在键槽中固定较好，轴上的应力集中较大。采用方头平键时，轴的应力集中小，但键在键槽中固定不好。

【普通平键连接】

【单圆头键连接】

【齿轮轴端挡板键装配】

【齿轮与轴、轴承剖面】

图 8.23 键连接

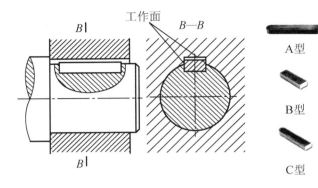

图 8.24 普通平键连接

如图 8.25 所示,导向平键用于动连接,如汽车变速器中的滑动齿轮与轴之间的连接。为了防止松动,需用螺钉将键固定在键槽中,为拆卸方便,在键中部制有起键螺孔。

当轴上零件滑移距离较大时宜采用滑键,如图 8.26 所示。滑键固定在轮毂上,轮毂带动滑键在键槽中作轴向滑动,轴上应铣出较长的键槽。

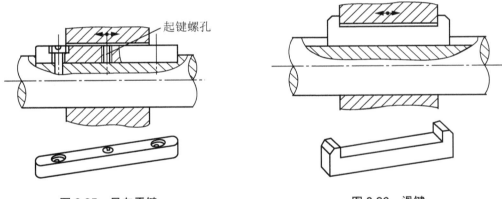

图 8.25 导向平键　　　　　　　　图 8.26 滑键

(2) 半圆键。如图 8.27 所示,半圆键与平键一样是靠键的侧面传递运动和转矩的,半圆键能在键槽内摆动,以适应轮毂键槽底面的斜度,装配方便,定心性好,但轴上的键槽较深,对轴的强度削弱较大,半圆键连接主要用于轻载或锥形轴端的场合。

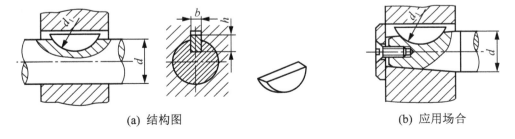

(a) 结构图　　　　　　　　　　　(b) 应用场合

图 8.27 半圆键

(3) 楔键。如图 8.28 所示，楔键用于静连接。键与键槽的两侧面不接触，键楔紧在轴与轮毂间，工作时靠键和键槽及轴与轮毂之间的摩擦力来传递转矩。楔键的上表面和毂槽底面均有 1∶100 的斜度。楔键分为普通楔键和钩头楔键。楔键连接主要用于定心精度要求不高、载荷平稳和低速的场合。

(4) 花键连接。如图 8.29 所示，花键可视为由多个平键组成，键齿侧面为工作面。花键连接齿数多，受力均匀，槽浅，应力集中小，对轴和轮毂的强度削弱小，对中性和导向性好，适用于载荷较大，定心精度要求较高的静连接和动连接中。但是花键结构复杂，加工需专门的刀具和设备，成本较高。

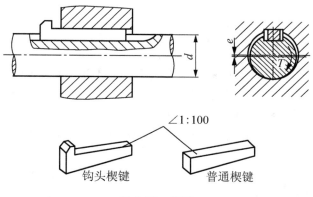

图 8.28　楔键

如图 8.30 所示，花键按齿形不同可分为矩形花键和渐开线花键。矩形花键两侧面为相互平行的平面，易加工，应用广泛。渐开线花键的齿廓为渐开线，齿根较厚，强度高，承载能力大，寿命长，工艺性好，定心精度高，宜用于载荷较大、尺寸也较大的连接。

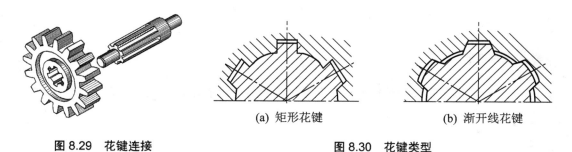

图 8.29　花键连接　　　　　　　　　图 8.30　花键类型

2. 销

销主要用于零件之间的定位，也可用于零件之间的连接，但只能传递不大的转矩。如图 8.31 所示，销的类型很多，常用的有圆柱销、圆锥销和开口销等。在圆柱销连接中，销与销孔有微量过盈，经过多次拆装，其定位精度会降低。在圆锥销连接中，销与销孔均有 1∶50 的锥度，使其有可靠的自锁性能，安装方便，定位精度高，可以多次拆装而不会影响其定位精度。开口销在装入销孔后，把末端开口撑开，能保证销不松脱，适用于有较大冲击和振动的场合。

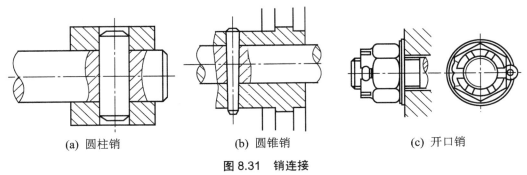

(a) 圆柱销　　　　　(b) 圆锥销　　　　　(c) 开口销

图 8.31　销连接

8.2.2　螺纹紧固件

1. 螺纹紧固件的基本类型

常用的螺纹紧固件有螺栓、螺钉、双头螺柱、螺母等。如图 8.32(a)所示，一端制有外螺纹且头上无槽的螺纹制件称为螺栓；如图 8.32(b)所示，一端制有外螺纹且头上有槽的螺纹制件称为螺钉；如图 8.32(c)所示，两端均制有外螺纹的螺纹制件称为双头螺柱；如图 8.32(d)所示，制有内螺纹与螺栓、螺柱相配的螺纹制件称为螺母。

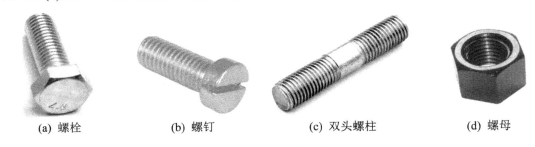

(a) 螺栓　　　　(b) 螺钉　　　　(c) 双头螺柱　　　　(d) 螺母

图 8.32　螺纹紧固件

螺栓一端制有螺纹，螺柱两端制有螺纹，螺钉头上有槽，紧定螺钉属于无头螺钉。

 知识链接 8-3

螺纹是指在圆柱(或圆锥)表面形成的具有相同轴向截面形状的连续凸起和沟槽。在内表面上形成的螺纹为内螺纹，在外表面上形成的螺纹为外螺纹。

螺纹的基本要素包括牙型、大径、小径、螺距、导程、线数和旋向等。

(1) 牙型。通过螺纹轴线剖切螺纹所得的截面形状称为螺纹的牙型。

(2) 大径、小径和中径。大径(又称公称直径)是指与外螺纹牙顶、内螺纹牙底相重合的假想圆柱或圆锥的直径；小径是指与外螺纹牙底、内螺纹牙顶相重合的假想圆柱(或圆锥)的直径；中径也是一个假想圆柱(或圆锥)的直径，该圆柱的母线通过牙型上的沟槽和凸起宽度相等的地方，如图 8.33 所示。

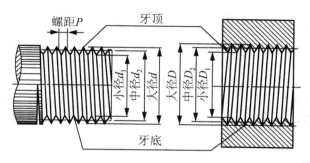

图 8.33 螺纹的主要几何参数

(3) 线数。形成螺纹的螺旋线的条数称为线数，有单线螺纹和多线螺纹之分。

(4) 螺距和导程。同一螺旋线上的相邻两牙在中径上对应两点间的轴向距离，称为导程。螺纹相邻牙在中径上对应两点间的轴向距离，称为螺距。

(5) 旋向。螺纹有左旋和右旋之分。顺时针旋转时旋入的螺纹称为右旋螺纹；逆时针旋转时旋入的螺纹称为左旋螺纹。右旋螺纹应用广泛。

螺纹的牙型、大径、螺距、线数和旋向称为螺纹的五要素，只有这五要素都相同的外螺纹和内螺纹才能相互旋合。牙型、大径和螺距都符合国家标准规定的螺纹称为标准螺纹；只有牙型符合国家标准规定，直径和螺距均不符合国家标准规定的螺纹称为特殊螺纹；牙型、直径和螺距均不符合国家标准规定的螺纹称为非标准螺纹。

2. 螺纹连接的基本类型

常用的螺纹连接的基本类型有螺栓连接、双头螺柱连接、螺钉连接和紧定螺钉连接。螺纹连接的特点是结构简单，装拆方便，连接可靠，且连接件已标准化，成本低廉，选用方便。

(1) 螺栓连接。螺栓连接常用于连接两件都不太厚的零件。它又分为以下两种情况：一是如图 8.34(a)所示的普通螺栓连接，被连接件上的通孔和螺栓间留有间隙，故通孔的加工精度低，使用时不受被连接件材料的限制；二是如图 8.34(b)所示的铰制孔螺栓连接，能精确固定被连接件的相对位置，并能承受横向载荷，但螺栓制造成本较高，对孔的加工精度要求也较高。

(2) 双头螺柱连接。图 8.35 所示的双头螺柱连接常用于连接一厚一薄两零件。拆装时只需拆螺母，而不需将双头螺柱从被连接件中拧出。

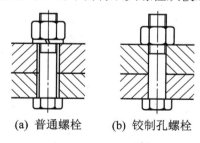

(a) 普通螺栓　　(b) 铰制孔螺栓

图 8.34 螺栓连接

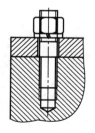

图 8.35 双头螺柱连接

(3) 螺钉连接。图 8.36 所示的螺钉连接常用于受力不大不常拆装的场合。

(4) 紧定螺钉连接。图 8.37 所示，紧定螺钉连接是利用拧入被连接件螺纹孔中的螺钉末端顶住另一被连接件的表面相应的凹坑中以固定两零件的相对位置，并传递不大的力和转矩。

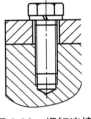

图 8.36　螺钉连接

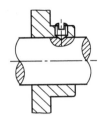

图 8.37　紧定螺钉连接

3. 螺纹连接的预紧和防松

大多数螺纹连接在装配时都必须拧紧，使连接在承受工作载荷之前预先受到力的作用，这个力称为预紧力。预紧的目的是保证连接的可靠性和密封性，防止受载后被连接件间出现缝隙或发生相对滑移。控制预紧力的方法很多，通常可用测力矩扳手或定力矩扳手来控制预紧力的大小。

从理论上讲，螺纹连接都能满足自锁条件，在静载荷和温度变化不大时不会自行松脱。但是在交变、冲击和振动载荷作用下，连接仍可能失去自锁作用而松脱，使连接失效，造成事故。为了使连接安全可靠，必须采用有效的防松装置。螺纹连接防松的目的在于防止螺旋副的相对转动。常用的防松方法见表 8-7。

表 8-7　防松方法

摩擦防松	弹簧垫圈	对顶螺母	尼龙圈缩紧螺母
	弹簧垫圈的材料为弹簧钢，装配后垫圈被压平，其反弹力能使螺纹间保持压紧力和摩擦力	利用两螺母的对顶作用使螺栓始终受到附加的拉力和附加的摩擦力，结构简单，可用于低速、重载场合	螺母中嵌有尼龙圈，拧上后尼龙圈内孔被胀大，箍紧螺栓
机械防松	开口销与六角开槽螺母	圆螺母与止动垫圈	止动垫片
	开槽螺母拧紧后，用开口销穿过螺栓尾部小孔和螺母槽；也可以用普通螺母拧紧后再配钻开口销孔	将垫片内翅嵌入螺栓的槽内，拧紧螺母后将垫片外翅之一折嵌于螺母的一个槽内	将垫片折边以固定螺母和被连接件的相对位置

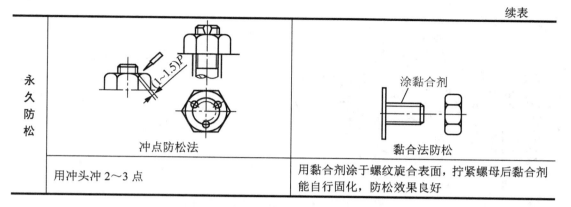

永久防松	冲点防松法 用冲头冲 2~3 点	黏合法防松 用黏合剂涂于螺纹旋合表面，拧紧螺母后黏合剂能自行固化，防松效果良好

8.2.3 联轴器、离合器和制动器

1. 联轴器

联轴器是一种连接装置，其作用是将两根轴连成一体，使其一起回转并传递运动和转矩，如图 8.38 所示，在汽车变速器与驱动桥之间就采用了万向联轴器。

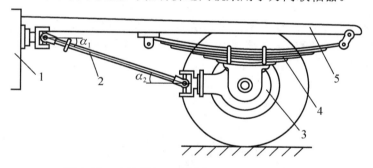

图 8.38 变速器与驱动桥之间的万向传动装置

1—变速器；2—万向传动装置与传动轴；3—驱动桥；4—后悬架；5—车架

图 8.39 所示的十字轴式万向联轴器是在汽车传动系中应用最广的一种联轴器。它允许相邻两轴的最大夹角为 15°～20°，一般由 1 个十字轴、2 个万向节叉和 4 个滚针轴承等零件组成。万向节叉 7 与前传动轴后端凸缘盘用 4 个螺栓连接。两个万向节叉的两对孔通过 4 个滚针轴承(由滚针 4 和套筒 5 组成)分别与十字轴 9 的两对轴颈铰接。当主动轴转动时，从动轴随之转动。油封 3 的作用是防止润滑油流失或尘土进入轴承。

2. 离合器

离合器的主要作用是在机器运转过程中随时实现轴与轴之间的分离或接合。由于汽车发动机只能无载荷起动，所以在起动发动机前必须先切断发动机与驱动轮之间的动力传递；另外，汽车在换挡和制动前也要切断动力传递。所以在手动挡汽车传动系中，发动机与变速器之间装有离合器，以便在汽车行驶过程中，驾驶员能够根据需要随时实现发动机与传动系分离或接合。

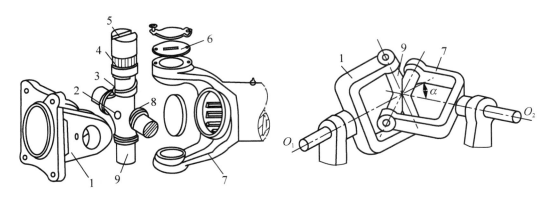

图 8.39 汽车中的十字轴式万向联轴器

1、7—万向节叉；2—安全阀；3—油封；4—滚针；5—套筒；6—垫片；8—油嘴；9—十字轴

离合器的形式很多，汽车中常用的是摩擦式离合器，即依靠工作表面间的摩擦力来传递转矩和运动。

(1) 单片式摩擦离合器。如图 8.40 所示，它由摩擦圆盘 2、3 和滑环 4 组成。圆盘 2 与主动轴 1 连接，圆盘 3 通过导向键与从动轴 5 连接并可在轴上移动。操纵滑环 4 可使两圆盘接合或分离。轴向压力 F 使两圆盘接合，并在工作表面产生摩擦力，以传递转矩。单片式摩擦离合器结构简单，分离灵活，散热性好，但径向尺寸较大，只能传递不大的转矩。

【摩擦单片拨叉离合器】

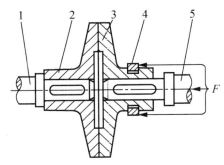

图 8.40 单片式摩擦离合器

1—主动轴；2—主动盘；3—从动盘；4—滑环；5—从动轴

(2) 多片式摩擦离合器。如图 8.41(a)所示，它由两组间隔排列的内、外摩擦片构成，主动轴 1 与外壳 2 相连接，外壳内装外摩擦片组 4，形状如图 8.41(b)所示，其外缘有凸齿插入外壳上的内齿槽内，使其与外壳一起转动，其内孔不与任何零件接触。从动轴 10 与套筒 9 相连接，套筒上装内摩擦片组 5，形状如图 8.41(c)所示，其外缘不与任何零件接触，与从动轴一起转动。滑环 7 由操纵机构控制。当滑环向左移动时，使杠杆 8 绕支点顺时针转动，通过压板 3 将两组摩擦片压紧，实现接合；滑环 7 向右移动，则实现离合器分离。

多片式摩擦离合器由于摩擦面增多，传递转矩的能力提高，径向尺寸相对减小，但结构较为复杂。

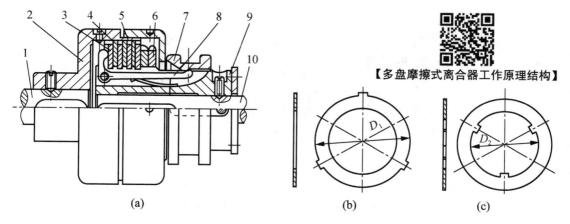

图 8.41 多片式摩擦离合器

1—主动轴；2—外壳；3—压板；4—外摩擦片；5—内摩擦片；
6—螺母；7—滑环；8—杠杆；9—套筒；10—从动轴

(3) 膜片弹簧离合器。图 8.42(a)所示为膜片式离合器，碟形膜片弹簧用优质钢板制成，其形状如图 8.42(b)所示，其上开有若干个径向切槽，切槽的内端开通，外端为圆孔，每两个切槽之间的钢板形成一个弹性杠杆，它既是压紧弹簧又是分离杠杆。

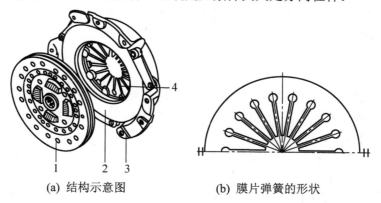

(a) 结构示意图　　　(b) 膜片弹簧的形状

图 8.42 膜片弹簧离合器

1—离合器从动盘；2—离合器压板；3—离合器盖；4—膜片弹簧

如图 8.43 所示，膜片弹簧离合器的压紧装置由离合器盖 2、压盘 3、膜片弹簧 4、支承圈 5 和 7、分离钩 6 和传动片组成。膜片弹簧中间的两侧有支承圈 5 和 7，用铆钉装在离合器盖 2 上。支承圈为膜片弹簧工作时的支点。如图 8.43(a)所示，在离合器盖未装到飞轮 1 上时，膜片弹簧不受力，处于自由状态。此时，离合器盖与飞轮之间有一距离 L。如图 8.43(b)所示，当把离合器盖靠向飞轮时，支承圈 5 压迫膜片弹簧 4，使之发生弹性变形(锥角变小)。这样，膜片弹簧的反弹力使其外缘对压盘及从动盘产生压紧力，从而使离合器处于压紧状态。如图 8.43(c)所示，当离合器分离时，分离轴承 8 左移，膜片弹簧被压在支承圈 7 上，膜片弹簧内缘前移，其径向截面以支承圈为支点转动(膜片弹簧呈反锥形)，其外缘通过分离钩 6 拉动压盘 3 而使离合器分离。

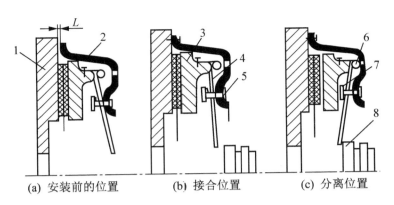

(a) 安装前的位置　　(b) 接合位置　　(c) 分离位置

图 8.43　膜片弹簧离合器工作原理示意图

1—飞轮；2—离合器盖；3—压盘；4—膜片弹簧；5、7—支承圈；6—分离钩；8—分离轴承

膜片弹簧离合器具有结构简单、轴向尺寸小、弹性特性好、弹力不受离心力影响等优点，因此在轿车上应用广泛。

特别提示 8-6

联轴器和离合器的作用都是用来连接两轴传递运动与转矩。不同的是联轴器在机器运转中一般不能分离，只有在停机后才能断开；离合器在机器运转中可随时接合或分离。

3. 制动器

制动器是产生制动力以阻碍车辆的运动或运动趋势的部件。常用的汽车制动器为摩擦式制动器，利用固定元件与旋转元件工作表面的摩擦而产生制动力矩，主要有鼓式制动器和盘式制动器两种。

(1) 鼓式制动器。鼓式车轮制动器多为内涨蹄式，主要用作汽车后轮制动器，如图 8.44 所示，两个制动蹄 2 和 7 的外表面安装了摩擦片 3，并分别通过销轴 1 和 8 与机架铰接。压力油推动制动缸 4 的左右两个活塞，使两个制动蹄 2 压紧制动轮 6，达到制动的目的。压力油卸载后，两个制动蹄 2 和 7 在弹簧 5 的作用下与制动轮 6 分离。内涨蹄式制动器结构紧凑，制动力较大，在结构尺寸受限制的机械及各种车辆中应用广泛，如捷达、桑塔纳轿车的后轮制动器都采用了内涨蹄式制动器。

(2) 盘式制动器。图 8.45 所示为盘式制动器，由制动块 2 压紧制动盘 1 而制动。由于摩擦面仅占制动盘的一小部分，故又称点盘式。这种制动器沿制动盘轴向施力，制动轴不受弯矩，径向尺寸小，结构简单，散热条件好，制动性能稳定，是一种比较新型的汽车制动器，主要用作轿车前轮制动器，与后轮的鼓式制动器配合使用，但在一些高性能轿车上也可用于全部车轮的制动。

应用实例 8-2

桑塔纳 2000 轿车使用了哪种联轴器、离合器和制动器？

【案例点评】

桑塔纳 2000 轿车使用的联轴器、离合器、制动器分别是十字轴万向联轴器、膜片弹簧式离合器、前轮盘式后轮鼓式的制动器。

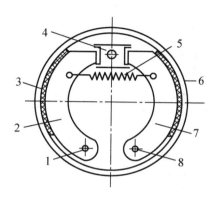

图 8.44　内涨蹄式制动器

1、8—销轴；2、7—制动蹄；3—摩擦片；
4—制动缸；5—弹簧；6—制动轮

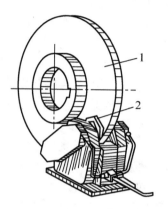

图 8.45　盘式制动器

1—制动盘；2—制动块

小　结

汽车常用零部件有轴和轴承、键和销、螺纹紧固件、联轴器、离合器和制动器。

轴的功用是支撑轴上零件并传递运动和转矩；轴承的功用是支撑轴和轴上零件，并保持轴的旋转精度，减少轴与支承之间的摩擦和磨损。轴承根据工作时的摩擦性质不同分为滚动轴承和滑动轴承。

常用的键有平键、半圆键、楔键和花键等；常用的销有圆柱销、圆锥销和开口销等；常用的螺纹紧固件有螺栓、双头螺柱、螺钉和紧定螺钉等。

联轴器、离合器的功用是实现轴与轴之间的连接或分离，并传递转矩；制动器的功用是实现机器的制动，迫使机器停止或降低机器转速。

习　题

一、单选题

1. 阶梯轴上最常用的轴向固定方法是_____。
   A. 轴肩和轴环　　　　　　　B. 套筒
   C. 轴端挡圈　　　　　　　　D. 弹性挡圈
2. 汽车连杆大头采用的轴承类型是_____。
   A. 滚动轴承　　　　　　　　B. 剖分式滑动轴承

  C. 整体式滑动轴承   D. 球轴承

3. 既有径向载荷又有轴向载荷的情况下，应选用_____。

  A. 深沟球轴承   B. 圆柱滚子轴承

  C. 圆锥滚子轴承   D. 推力球轴承

4. _____常用于连接两块都不太厚的零件。

  A. 螺栓连接   B. 螺钉连接

  C. 双头螺柱连接   D. 紧定螺钉连接

5. _____常用于连接一厚一薄两零件。

  A. 螺栓连接   B. 螺钉连接

  C. 双头螺柱连接   D. 紧定螺钉连接

6. _____常用于受力不大不常拆装的场合。

  A. 螺栓连接   B. 螺钉连接

  C. 双头螺柱连接   D. 紧定螺钉连接

7. 螺纹连接防松的目的在于_____。

  A. 增加螺纹连接能力   B. 增加螺纹连接的横向力

  C. 防止螺纹副的相对转动   D. 增加螺纹连接的刚度

8. 普通平键连接的主要用途是使轴与轮毂之间_____。

  A. 沿轴向固定并传递轴向力   B. 沿轴向可相对滑动并具有导向作用

  C. 沿周向固定并传递转矩   D. 沿周向可相对滑动并具有导向作用

9. 汽车传动系中应用最广的联轴器是_____。

  A. 十字轴万向联轴器   B. 十字滑块联轴器

  C. 齿式联轴器   D. 弹性联轴器

10. 鼓式制动器常用作_____。

  A. 轿车后轮制动器   B. 轿车前轮制动器

  C. 轿车前、后轮制动器   D. 货车前、后轮制动器

二、判断题

1. 曲轴既能传递动力又能传递运动，因此是传动轴。（　　）
2. 为了便于安装和拆卸，一般机器中的轴多采用阶梯轴。（　　）
3. 汽车曲轴采用整体式滑动轴承。（　　）
4. 角接触球轴承 7308 的内径是 8mm。（　　）
5. 滑动轴承也是标准件。（　　）
6. 用弹性挡圈固定轴上零件时，它可以承受较大的轴向载荷。（　　）
7. 键的功用是使齿轮实现轴向移动。（　　）
8. 楔键靠键的侧面传动运动和转矩。（　　）
9. 联轴器和离合器在连接和传动作用上是相同的。（　　）
10. 膜片弹簧离合器在汽车上应用最为广泛。（　　）

三、简答题

1. 轴按承受载荷不同可分为哪几种？举例说明。
2. 指出下列轴承代号的意义：6203、6208、30316/P4、7310B、51312、N1024。
3. 常用的键连接有哪些类型？各用在什么场合？
4. 为什么螺纹连接要预紧？常用什么方法来控制预紧力？
5. 螺纹连接为什么要防松？一般有哪些防松方法？
6. 联轴器离合器的功用是什么？二者有何区别？
7. 选择一款轿车，了解其中采用哪些类型的轴和轴承，并指出各用在什么地方。

任务 9

认识常用机构

任务目标

了解平面四杆机构、凸轮机构、间歇运动机构的分类；掌握平面四杆机构、凸轮机构、间歇运动机构的工作原理及其应用。

任务要求

能力目标	知识要点	相关知识	权重	自测分数
了解相关知识	常用机构的分类	平面四杆机构、凸轮机构、间歇运动机构的分类	25%	
熟练掌握知识点	常用机构的工作原理及其应用	平面四杆机构、凸轮机构、间歇运动机构的工作原理及其应用	45%	
运用知识分析案例	各种常用机构的类型选择	根据工作要求和使用场合选择各种常用机构的类型	30%	

引 言

汽车是一台由多种机构组成的能做有效机械功和进行能量转换的机器。机构在机器中起着运动、动力传递和运动形式转换的作用。如汽车发动机是将化学能转变为机械能并对外输出动力的机器，通过底盘驱动汽车行驶。发动机由曲柄滑块机构、配气机构和燃料供给系、润滑系、冷却系、起动系、点火系(柴油机无)组成；底盘由传动系、行驶系、转向系和制动系组成。在汽车中应用着大量的常用机构，这些机构一旦不能正常工作，将极大地影响行车安全。

常见机构有哪些分类？常用机构的工作原理是什么，有哪些应用？

任务 9　认识常用机构

9.1　平面四杆机构

 引例

　　构件间只能作平面移动或转动的平面机构，称为平面连杆机构。由 4 个构件组成的平面连杆机构称为平面四杆机构。平面四杆机构是平面连杆机构中最常见的形式，是平面连杆机构的基础。按运动形式不同，平面四杆机构分为铰链四杆机构和滑块四杆机构，如汽车刮水器、前轮转向机构等应用了铰链四杆机构，发动机应用了滑块四杆机构。
　　平面四杆机构有哪些类型？它们是怎样实现运动形式转换的？

9.1.1　铰链四杆机构

　　所有运动副均为转动副的平面四杆机构称为铰链四杆机构。如图 9.1 所示，固定不动的构件 AD 是机架；与机架相连的构件 AB、CD 称为连架杆；不与机架直接相连的构件 BC 称为连杆。连架杆中，能作整周回转的构件称为曲柄，只能做往复摆动的构件称为摇杆。

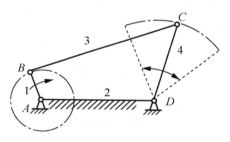

图 9.1　铰链四杆机构

 知识链接 9-1

　　平面运动副按两构件的接触情况分为高副和低副。两构件通过点或线接触组成的运动副称为高副。两构件通过面接触组成的运动副称为低副。低副又分为转动副和移动副。若两构件只能在一个平面内相对转动，则这种运动副称为转动副或铰链，如图 9.2 所示。若两构件只能沿某一方向作相对直线移动，这种运动副称移动副，如图 9.3 所示。

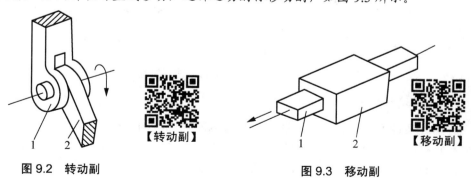

图 9.2　转动副　　　　　　　　　　　图 9.3　移动副

163

根据两连架杆中曲柄或摇杆的数目，铰链四杆机构分为曲柄摇杆机构、双曲柄机构和双摇杆机构3种基本形式。

1. 曲柄摇杆机构

两连架杆中一个是曲柄另一个是摇杆的铰链四杆机构称为曲柄摇杆机构。曲柄摇杆机构可实现曲柄整周转动与摇杆往复摆动的互相转换。图 9.4 所示的汽车前窗刮水器，随着电动机带着曲柄 AB 转动，刮水胶板与摇杆 CD 一起摆动，完成刮水功能。图 9.5 所示的缝纫机踏板机构，摇杆 CD (主动件)做往复摆动，通过连杆 BC 驱使曲柄 AB (从动件)做整周转动。

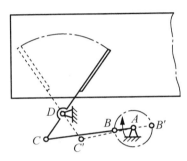

图 9.4　汽车前窗刮水器

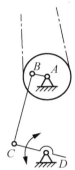

图 9.5　缝纫机踏板机构

2. 双曲柄机构

两连架杆均是曲柄的铰链四杆机构称为双曲柄机构。通常主动曲柄匀速转动时，从动曲柄作变速转动。当两曲柄的长度相等且平行布置时，称为平行双曲柄机构。图 9.6(a)所示的平行四边形机构具有两曲柄转向相同、转速相等的特点，图 9.7(a)所示的火车驱动轮联动机构就是平行四边形机构的应用实例。图 9.6(b)所示的逆平行四边形机构具有两曲柄转向相反、转速不等的特点，图 9.7(b)所示的车门启闭机构就是逆平行四边形机构的应用实例。

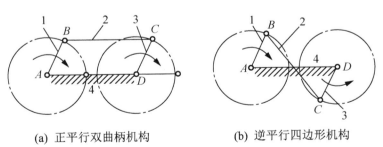

(a) 正平行双曲柄机构　　(b) 逆平行四边形机构

图 9.6　平行双曲柄机构

3. 双摇杆机构

两连架杆均是摇杆的铰链四杆机构称为双摇杆机构。双摇杆机构可将一种摆动转化为另一种摆动。双摇杆机构中若两摇杆长度相等则称为等腰梯形机构。图 9.8 所示的汽车前轮转向机构，摇杆 AB 和 CD 分别与两前轮轴固连在一起，当车轮转弯时(图中为向右转弯)，左右两前轮轴摆动的角度 β 和 δ 不相等，四杆的相对长度可保证两前轮轴线的延长线与后轮轴线的延长线相交于一点 O，从而使车轮绕 O 点转动时，4 个车轮都在地面上作纯滚动，减少了转弯时轮胎相对地面滑动时的磨损。

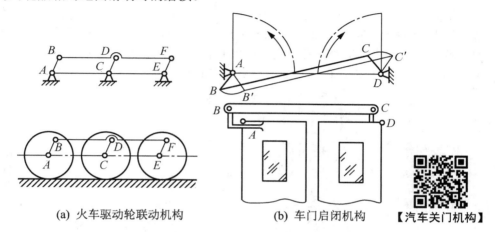

(a) 火车驱动轮联动机构　　(b) 车门启闭机构　　【汽车关门机构】

图 9.7　平行双曲柄机构的应用

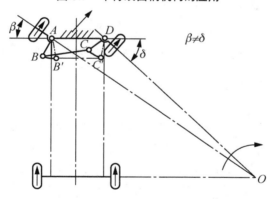

图 9.8　汽车前轮转向机构

知识链接 9-2

1) 铰链四杆机构存在曲柄的条件

铰链四杆机构的类型与机构中是否存在曲柄有关。可以证明，铰链四杆机构存在曲柄的条件如下。

条件一：最短杆与最长杆长度之和小于或等于其余两杆长度之和。

条件二：连架杆与机架必有一个是最短杆。

2) 铰链四杆机构基本类型的判别准则

(1) 满足条件一且以最短杆为机架的是双曲柄机构。

(2) 满足条件一且以最短杆为连架杆的是曲柄摇杆机构。

(3) 满足条件一但不满足条件二的是双摇杆机构。

(4) 不满足条件一的是双摇杆机构。

9.1.2 滑块四杆机构

1. 曲柄滑块机构

将曲柄摇杆机构的摇杆长度取无穷大时,曲柄摇杆机构中的摇杆转化为沿直线运动的滑块,成为曲柄滑块机构。曲柄滑块机构广泛用于回转运动与往复运动之间的转换。曲柄的回转运动可转化为滑块的往复运动;滑块的往复运动也可转化为曲柄的回转运动。如图9.9所示,活塞式内燃机就是曲柄滑块机构最典型的应用实例。

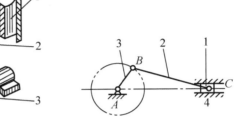

图9.9 曲柄滑块机构及其应用

1—滑块(活塞);2—连杆;3—曲柄(曲轴);4—机架(气缸)

特别提示 9-1

在曲柄滑块机构中,若以滑块为主动件,当连杆与从动曲柄共线时,连杆作用于从动曲柄上的力正好通过曲柄的回转中心,不能推动曲柄转动,机构的这种位置称为死点位置。只要从动件能与连杆共线,机构就有死点位置。对于传动机构来说,处于死点位置时,机构将被卡死或出现运动方向不确定的现象。为了使机构顺利通过死点位置,可采用一定方法克服,如通过安装在从动曲柄上的飞轮惯性冲过死点位置,还可以利用多组机构交错排列并使各组机构的死点位置相互错开,如汽车上的V形发动机。

2. 摇块机构

在如图9.9所示曲柄滑块机构中,若取与滑块铰接的构件BC为机架,则滑块只能摇摆不能移动,曲柄滑块机构就转化为摇块机构。如图9.10(a)所示,构件1做整周转动,摇块3只能绕C点做往复摆动。图9.10(b)所示的自动货车翻斗机构就是摇块机构的应用实例。

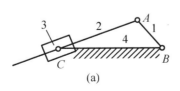
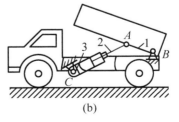

图9.10 摇块机构及其应用

知识链接 9-3

如图 9.11(a)所示,以构件 4 为机架的曲柄滑块机构,若取不同构件为机架,则可分别演化为转动导杆机构、摆动导杆机构、摇块机构和定块机构。

如图 9.11(b)所示,取构件 1 为机架,构件 2 为曲柄,构件 3 沿连架杆 4(即导杆)移动并作平面运动,所得的机构称导杆机构。若构件 1 的长度小于或等于构件 2 的长度,导杆 4 能做整周转动,称为转动导杆机构。

如图 9.11(c)所示,取构件 1 为机架,构件 2 为曲柄,若构件 1 的长度大于构件 2 的长度,导杆 4 只能作摆动,称为摆动导杆机构。

如图 9.11(d)所示,取构件 2 为机架,构件 1 为曲柄,构件 3 为摇块,所得机构称为摇块机构。

如图 9.11(e)所示,取构件 3 为机架,所得机构称为定块机构。

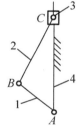 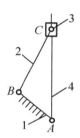 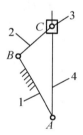 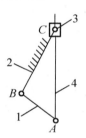 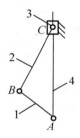

(a) 曲柄滑块机构　　(b) 转动导杆机构　　(c) 摆动导杆机构　　(d) 摇块机构　　(e) 定块机构

图 9.11　曲柄滑块机构的演化

 应用实例 9-1

铰链四杆机构 $ABCD$ 的各杆长度如图 9.12 所示。现分别以 AB、BC、CD 和 AD 各杆为机架时,试判别其各属何种机构?

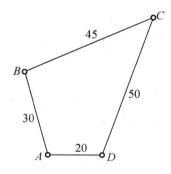

图 9.12　铰链四杆机构

【案例点评】

铰链四杆机构中最短杆 AD 的长度为 20mm,最长杆 CD 的长度为 50mm,其余两杆

AB 和 BC 的长度分别为 30mm 和 45mm。最短杆与最长杆长度之和小于其余两杆长度之和 (20+50<30+45)，满足曲柄存在的第一个条件。

以 AB 或 CD 为机架，则最短杆 AD 为连架杆，机构为曲柄摇杆机构；以 BC 为机架，则最短杆 AD 为连杆，机构为双摇杆机构；以最短杆 AD 为机架，机构为双曲柄机构。

9.2 凸轮机构

配气机构是汽车发动机中又一重要机构，配气机构的工作正常与否，直接影响发动机工况。如图 9.13 所示，顶置凸轮式配气机构按照发动机各缸工作过程的需要，要求定时地开启和关闭进、排气门，使新鲜可燃混合气(汽油机)或纯空气(柴油机)及时进入气缸，废气及时排出气缸。在一个工作循环内，曲轴转两周，凸轮轴转一周，进气门、排气门各启闭一次(气门迅速打开，随即迅速关闭，然后关闭不动)。采用凸轮机构能实现各种预期的运动规律，而平面四杆机构是不能实现复杂的运动要求的。

凸轮机构有哪些类型？它们是怎样实现运动形式转换的？

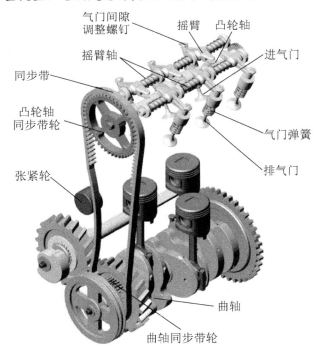

图 9.13 顶置凸轮式配气机构

凸轮机构主要由凸轮、从动件和机架组成。凸轮是一个具有特殊曲线轮廓或凹槽的构件，一般以凸轮作为主动件，通过凸轮的连续匀速转动(也有作往复移动的)，使从动件在凸轮轮廓的驱动下，按预定运动规律作往复直线运动或摆动。只要适当设计凸轮轮廓曲线，就可以使从动件获得预定的运动规律。

图 9.14 所示为内燃机中用以控制进气和排气的凸轮机构，凸轮 1 是一个具有变化向径的盘形构件，当凸轮 1 匀速回转时，随着凸轮向径的变化，迫使气门阀杆 2(从动件)在固定导套 3(机架)内上、下运动，从而控制气门的开启与闭合。凸轮轮廓曲线的形状决定了气门开闭的起讫时间、速度和加速度的变化规律。

9.2.1 凸轮机构的类型

凸轮机构的类型繁多，常见的分类方法如下。

1. 按凸轮的形状分类

(1) 盘形凸轮机构。这种机构的凸轮是一个绕固定轴线转动且具有变化向径的盘形构件，如图 9.14 所示。盘形凸轮是凸轮的最基本类型，但从动件的行程不能太大，否则其结构庞大。

(2) 移动凸轮机构。这种机构的凸轮是一个具有曲线轮廓并作往复直线运动的构件，如图 9.15 所示。有时也可将凸轮固定，而使从动件相对于凸轮运动。

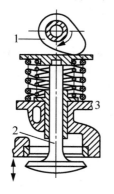
图 9.14 内燃机配气机构

1—盘形凸轮；2—从动件；3—机架

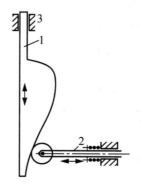
图 9.15 移动凸轮机构

1—移动凸轮；2—从动件；3—机架

(3) 圆柱凸轮机构。这种机构的凸轮是在圆柱表面开有曲线凹槽并绕圆柱轴线旋转的构件，如图 9.16 所示。它的从动件可以获得较大的行程。

知识链接 9-4

盘形凸轮和移动凸轮与从动件之间的相对运动是平面运动，所以盘形凸轮机构和移动凸轮机构都属于平面凸轮机构。圆柱凸轮与从动件之间的相对运动是空间运动，所以圆柱凸轮机构属于空间凸轮机构。

【摆动圆柱凸轮】

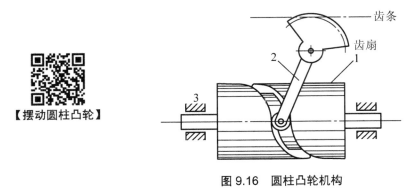

图 9.16　圆柱凸轮机构

1—圆柱凸轮；2—从动件；3—机架

2. 按从动件的端部结构分类

(1) 尖顶从动件凸轮机构。如图 9.17(a)所示，这种机构的从动件结构最简单，尖顶能与任何形状的凸轮轮廓相接触，故能实现复杂的运动规律。但尖顶与凸轮是点接触，磨损快，故尖顶从动件仅适用于受力不大的低速凸轮机构。

(2) 滚子从动件凸轮机构。如图 9.17(b)所示，这种机构的从动件的一端铰接一个可自由转动的滚子，滚子与凸轮轮廓之间为滚动摩擦，故磨损较小，可传递较大的动力，应用广泛。但因它的零件较多，质量增加较大，且滚子轴磨损后会产生噪声，故仅适用于重载和中低速的凸轮机构。

(3) 平底从动件凸轮机构。如图 9.17(c)所示，这种机构的从动件与凸轮轮廓表面接触的端面为一平面。平底与凸轮接触处之间容易形成油膜，利于润滑和减少磨损。不计摩擦时，凸轮对从动件的作用力始终垂直于平底，传动效率较高，故常用于承受较大载荷的高速凸轮机构中，但不能用于具有内凹轮廓的凸轮机构。

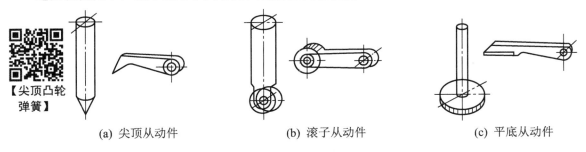

(a) 尖顶从动件　　　　(b) 滚子从动件　　　　(c) 平底从动件

图 9.17　从动件的形状

【尖顶凸轮弹簧】

3. 按从动件的运动形式分类

(1) 移动从动件。如图 9.14 所示，在凸轮机构中，若从动件相对于机架作往复直线移动，则称为移动从动件。移动从动件的轴线通过凸轮的回转中心时，称为对心移动从动件；否则称为偏置移动从动件。

(2) 摆动从动件。如图 9.16 所示，在凸轮机构中，若从动件绕自身的固定轴线往复摆动，则称为摆动从动件。

4. 按锁合方式分类

(1) 力锁合。力锁合是利用从动件的重力、弹簧力或其他外力使从动件与凸轮保持接触，如图 9.14、图 9.15 所示。

(2) 形锁合。形锁合是靠凸轮与从动件的特殊几何结构来保持两者的接触，如图 9.16 所示。

特别提示 9-2

凸轮机构结构简单、紧凑，设计方便；但凸轮和从动件组成的运动副为高副，容易磨损，故凸轮机构常用在受力不大的控制机构或调节机构中。当凸轮尺寸小且接近轴径时，则凸轮与轴做成一体，称为凸轮轴，如图 9.18 所示。

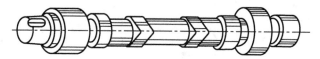

图 9.18 凸轮轴

9.2.2 凸轮机构的工作过程

图 9.19(a)所示为尖顶对心移动从动件盘形凸轮机构。以凸轮最小向径为半径所做的圆称为基圆，基圆半径用 r_0 表示。图示位置凸轮转角为零，从动件位移为零，从动件尖端位于离轴心 O 最近的位置 A，称为起始位置。当凸轮以等角速度 ω 逆时针转过 δ_t 时，凸轮轮廓 AB 段的向径逐渐增加，推动从动件以一定运动规律达到最远位置 B'，这一过程称为推程，与推程相对应的凸轮转角 δ_t 称为推程角；从动件的位移 h 称为升程。凸轮继续转过 δ_s 时，因凸轮轮廓 BC 段为圆弧，故从动件在最远位置停止不动，这一过程称为远停程，对应的凸轮转角 δ_s 称为远停程角(远休止角)。凸轮继续转过 δ_h 时，凸轮轮廓 CD 段的向径逐渐减小，从动件在其重力作用下按一定运动规律回到初始位置，这个过程称为回程，对应的凸轮转角 δ_h 称为回程运动角。凸轮继续转过 δ_s' 时，因凸轮轮廓 DA 段为圆弧，故从动件在最近位置停止不动，这一过程称为近停程，对应的凸轮转角 δ_s' 称为近停程角(近休止角)。当凸轮不停转动，从动件就重复上述"升—停—降—停"的运动过程。

如图 9.19(b)所示，以从动件的位移 s 为纵坐标，对应的凸轮转角 δ 为横坐标，依据上述凸轮与从动件的运动关系，可逐点画出从动件的位移(等于从动件与凸轮轮廓接触点到基圆上的向径长)与凸轮转角 δ(与时间 t 成正比)间的关系曲线，称为从动件位移曲线。根据从动件位移曲线，可做出其速度曲线和加速度曲线。

知识链接 9-5

从动件的位移、速度和加速度随凸轮的转角而变化，这种变化关系称为从动件的运动规律。凸轮轮廓曲线的形状决定了从动件的运动规律，而从动件的运动规律又要满足一定的工作要求。因此，在设计凸轮轮廓曲线前，首先要根据工作要求选择适当的从动件运动规律；然后再考虑凸轮安装空间的大小及其他具体条件，初步确定凸轮的基圆半径；最后进行凸轮轮廓曲线的设计。

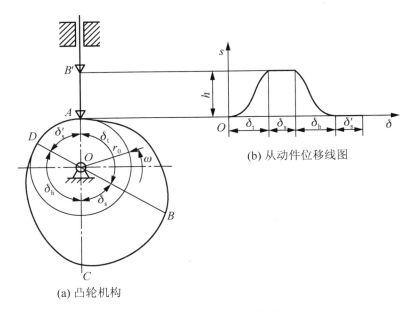

(a) 凸轮机构

(b) 从动件位移线图

图 9.19 凸轮机构及位移线图

 应用实例 9-2

分析凸轮机构常见的故障。

【案例点评】

凸轮机构常见的故障有凸轮与轴连接松动、凸轮磨损、凸轮裂纹及从动件磨损等。这些故障均可导致从动件运动不正常。从动件磨损会引起运动误差，一旦发现从动件磨损应及时更换。在装配凸轮机构时，应保证从动件活动自由并检查锁合力的大小是否合适。

9.3 间歇运动机构

 引例

间歇运动机构能够将主动件的连续运动转变为从动件的周期性间歇运动，主要包括棘轮机构和槽轮机构。为了保证汽车在原地停驻，汽车上装有驻车制动器(俗称手刹)。驻车制动器的内部装有棘爪齿板和棘爪，将驻车制动器拉紧后，棘爪就会卡在棘爪齿板上，使驻车制动器自动锁紧，如要松开就必须按下释放按钮。

间歇运动机构有哪些类型？它们是怎样实现运动形式转换的？

9.3.1 棘轮机构

1. 棘轮机构的工作原理

如图 9.20 所示,棘轮机构主要由摇杆 1、驱动棘爪 2、棘轮 3、止回棘爪 4 和机架 6 组成。当摇杆 1 逆时针摆动时,铰接在摇杆上的驱动棘爪 2 推动棘齿带动棘轮 3 同向转动一定角度。当摇杆 1 顺时针摆回时,驱动棘爪 2 在棘齿背面滑过,止回棘爪 4 阻止棘轮 3 反向转动,棘轮 3 静止不动。这样,当摇杆 1(主动件)连续往复摆动时,棘轮 3(从动件)便只能作单向的间歇转动。弹簧 5 用来使驱动棘爪 2 和止回棘爪 4 与棘轮 3 保持接触,摇杆的摆动可通过曲柄摇杆机构或凸轮机构来实现。

2. 棘轮机构的类型

棘轮机构按其工作原理可分为齿式棘轮机构(图 9.20、图 9.21、图 9.22)和摩擦式棘轮机构(图 9.23)两大类。

齿式棘轮机构按啮合部位可分为外啮合(图 9.20)和内啮合(图 9.21);按驱动方向可分为单向驱动(图 9.20、图 9.21)和双向驱动(图 9.22),单向驱动棘轮机构的棘齿多为锯齿形,双向驱动棘轮机构的棘齿多为矩形。

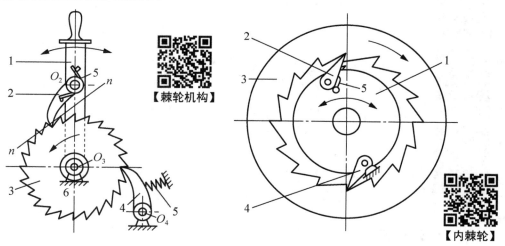

图 9.20 外啮合齿式棘轮机构

1—摇杆;2—驱动棘爪;3—棘轮;
4—止回棘爪;5—弹簧;6—机架

图 9.21 内啮合齿式棘轮机构

1—轴;2—驱动棘爪;3—棘轮;
4—止回棘爪;5—弹簧

 知识链接 9-6

齿式棘轮机构的工作原理为啮合原理,摩擦式棘轮机构的工作原理为摩擦原理。

棘轮机构可实现超越运动、步进运动、分度和制动等要求,常在各种机械中起超越作用(单向离合器作用),如自行车后轴上的飞轮,实际上是一个内啮合单向驱动棘轮机构。如图 9.24 所示,当脚蹬踏板时,经主动链轮 1 和链条 2 带动内圈有棘齿的从动链轮 3 顺时针转动，再经棘爪 4 带动后轮轴 5 顺时针转动，从而驱动自行车前进。当自行车前进时，如果不蹬踏板(踏板不动)，后轮轴 5 借助惯性便会超越从动链轮 3 而转动。此时，棘爪在棘齿背面滑过，实现自行车自动滑行。利用超越性设计的超越离合器已在汽车上得到广泛的应用。

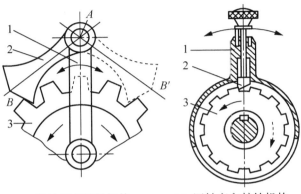
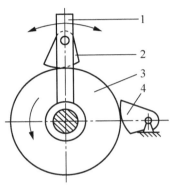

(a) 翻转变向棘轮机构　　(b) 回转变向棘轮机构

图 9.22　双向式棘轮机构

1—摇杆；2—棘爪；3—棘轮

图 9.23　摩擦式棘轮机构

1—摇杆；2—驱动棘爪；
3—棘轮；4—止回棘爪

【双向棘轮】

【双向棘轮】

【摩擦棘轮】

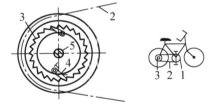

图 9.24　内啮合单向驱动棘轮机构

1—主动链轮；2—链条；3—从动链轮(棘轮)；4—棘爪；5—后轮轴

9.3.2　槽轮机构

1. 槽轮机构的工作原理

槽轮机构又称马耳他机构。如图 9.25 所示，槽轮机构主要由装有圆柱销 A 的拨盘 1、具有径向槽的槽轮 2 及机架组成。拨盘 1 以等角速度 ω_1 连续转动时，当圆销 A 未进入槽轮的径向槽时，槽轮的内凹锁止弧 efg 被拨盘的外凸锁止弧 abc 锁住，槽轮静止不动；如图 9.25(a)所示，当圆柱销 A 进入槽轮的径向槽时，槽轮的内凹锁止弧被松开，圆柱销带动槽轮转动；如图 9.25(b)所示，当圆柱销 A 开始脱离槽轮的径向槽时，槽轮的内凹锁止弧又被拨盘的外凸锁止弧锁住，槽轮静止不动。随着拨盘连续转动，槽轮便周而复始地作时动时停的周期性间歇运动。

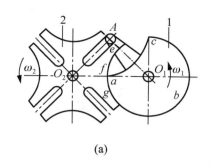
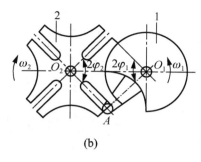

(a)　　　　　　　　　　　　　　(b)

图 9.25　外啮合槽轮机构

【外槽轮】

1—拨盘；2—槽轮

2. 槽轮机构的类型

槽轮机构按槽轮径向槽的开口在外缘或内缘分为外啮合槽轮机构(图 9.25)和内啮合槽轮机构(图 9.26)，前者槽轮与拨盘的转向相反，后者槽轮与拨盘的转向相同。槽轮机构按拨盘上圆柱销数目的多少分为单圆柱销槽轮机构(图 9.25、图 9.26)、双圆柱销槽轮机构(图 9.27)和多圆柱销槽轮机构，合理搭配拨盘的圆柱销数和槽轮的槽数，可使槽轮实现不同的间歇运动规律。

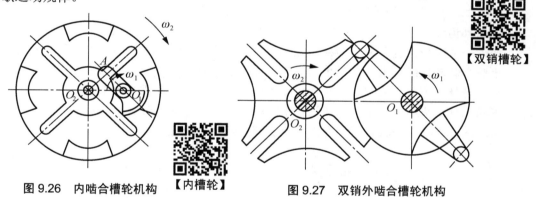

图 9.26　内啮合槽轮机构　　　　图 9.27　双销外啮合槽轮机构

【内槽轮】　　　　【双销槽轮】

知识链接 9-6

一般地，槽轮径向槽的数目 z 应大于或等于 3；槽轮的运动时间总是少于其静止时间；当拨盘上圆柱销的数目为 n 时，则拨盘转动一周，槽轮将被拨动 n 次。

槽轮机构广泛地应用于转位和送进的场合。图 9.28 所示为槽轮机构在电影放映机卷片机构中的应用，当拨盘 1 转动一周，槽轮转过四分之一周，卷过一张底片并停留一定时间时，利用人眼"视觉暂留"现象，可使观众看到连续的画面。

特别提示 9-3

棘轮机构是将主动件的往复摆动转变为从动件的间歇运动。槽轮机构则是将主动件的连续转动转变为从动件的间歇运动。

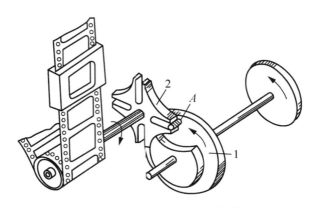

图 9.28 电影放映机卷片机构

1—拨盘；2—槽轮

应用实例 9-3

分析红旗 CA7220 型轿车的驻车制动系统。

【案例点评】

红旗 CA7220 型轿车的机械驻车制动系统与行车制动系统共用一套制动器总成，只是传动机构相互独立。如图 9.29 所示，在驻车制动时，驾驶员将驻车制动操纵杆 7 向上扳起，通过一系列杆件将驻车制动操纵缆绳 9 拉紧，从而对两后轮制动器进行驻车制动。此时由于驻车制动操纵杆上棘爪的单向作用，使棘爪与棘爪齿板啮合，操纵杆不能反转，整个驻车制动杆系被可靠地锁止在制动位置。欲解除驻车制动，须先将操纵杆 7 扳起少许，再压下操纵杆端头的压杆按钮，通过棘爪压杆使棘爪离开棘爪齿板，然后放松操纵杆端按钮，使棘爪得以将整个驻车制动杆系锁止在解除制动的位置。

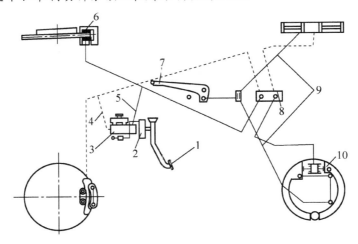

图 9.29 红旗 CA7220 型轿车的驻车制动系统

1—制动踏板；2—真空助力器；3—制动主缸；4、5—制动管路；6—盘式制动器；
7—驻车制动操纵杆；8—感载比例阀；9—驻车制动操纵缆绳；10—鼓式制动器

小　结

　　机构在机器中起着运动、动力传递和运动形式转换的作用。汽车中的常用机构有平面四杆机构、凸轮机构和间歇运动机构。

　　按运动形式不同，平面四杆机构分为铰链四杆机构和滑块四杆机构。根据两连架杆中曲柄或摇杆的数目，铰链四杆机构分为曲柄摇杆机构、双曲柄机构和双摇杆机构。当铰链四杆机构杆件尺寸关系做某种特殊变化或取不同杆件为机架时，可演化出曲柄滑块机构、转动导杆机构、摆动导杆机构、摇块机构及定块机构。

　　凸轮机构主要由凸轮、从动件和机架组成。按凸轮的形状划分，凸轮机构可分为盘形凸轮机构、移动凸轮机构和圆柱凸轮机构。按从动件的端部结构划分，凸轮机构可分为尖顶从动件凸轮机构、滚子从动件凸轮机构和平底从动件凸轮机构。按从动件的运动形式划分，凸轮机构可分为移动从动件和摆动从动件。按锁合方式划分，凸轮机构可分为力锁合和形锁合。

　　间歇运动机构能够将主动件的连续运动转变为从动件的周期性间歇运动，主要包括棘轮机构和槽轮机构。

习　题

一、单选题

1. 铰链四杆机构的一个连架杆能作整周回转，另一个连架杆能做往复摆动，该机构是_____。
　　A. 双曲柄机构　　　　　　　　B. 双摇杆机构
　　C. 曲柄摇杆机构　　　　　　　D. 曲柄滑块机构

2. 四杆长度不等的双曲柄机构，若主动曲柄匀速转动时，从动曲柄作_____。
　　A. 匀速转动　　　　　　　　　B. 变速转动
　　C. 同速转动　　　　　　　　　D. 间歇转动

3. 铰链四杆机构 $ABCD$ 的各杆长度分别为 $AB=40$mm、$BC=90$mm、$CD=55$mm、$AD=100$mm，若以 AB 为机架，则为_____机构。
　　A. 双曲柄机构　　　　　　　　B. 双摇杆机构
　　C. 曲柄摇杆机构　　　　　　　D. 曲柄滑块机构

4. 曲柄滑块机构有死点时，其主动件为_____。
　　A. 曲柄　　　　　　　　　　　B. 滑块
　　C. 以上皆可　　　　　　　　　D. 以上皆非

5. 在移动从动件盘形凸轮机构中，_____传力性能最好。
　　A. 尖顶从动件　　　　　　　　B. 滚子从动件
　　C. 平底从动件　　　　　　　　D. 以上皆非

6. 当凸轮尺寸小且接近轴径时，则凸轮与轴做成一体，称为_____。
   A. 整体式凸轮　　　　　　　　B. 可调式凸轮
   C. 轴凸轮　　　　　　　　　　D. 凸轮轴
7. 汽车前轮转向机构实际上是一个_____。
   A. 曲柄摇杆机构　　　　　　　B. 双曲柄机构
   C. 双摇杆机构　　　　　　　　D. 平行四边形机构
8. 自动货车翻斗机构实际上是一个_____。
   A. 铰链四杆机构　　　　　　　B. 曲柄滑块机构
   C. 定块机构　　　　　　　　　D. 摇块机构
9. _____常用于内燃机配气机构。
   A. 棘轮机构　　　　　　　　　B. 槽轮机构
   C. 平面四杆机构　　　　　　　D. 凸轮机构
10. _____可将主动件的往复摆动转换为从动件的间歇运动。
    A. 棘轮机构　　　　　　　　　B. 槽轮机构
    C. 平面四杆机构　　　　　　　D. 凸轮机构

二、判断题

1. 机构是由两个以上构件组成的。　　　　　　　　　　　　　　　　（　　）
2. 运动副是连接，连接是运动副。　　　　　　　　　　　　　　　　（　　）
3. 在铰链四杆机构中，若存在曲柄，则曲柄一定为最短杆。　　　　　（　　）
4. 在双曲柄机构中，最短杆一定是机架。　　　　　　　　　　　　　（　　）
5. 死点位置有害，应处处避免。　　　　　　　　　　　　　　　　　（　　）
6. 曲柄滑块机构的上、下止点位置是两个死点位置。　　　　　　　　（　　）
7. 由于凸轮机构是高副机构，所以更适用于重载场合。　　　　　　　（　　）
8. 凸轮机构是将凸轮的旋转运动转变为从动件的往复直线运动的机构。（　　）
9. 凸轮机构也可以实现间歇运动。　　　　　　　　　　　　　　　　（　　）
10. 间歇运动机构都是将主动件的连续转动转变为从动件的间歇运动。　（　　）

三、简答题

1. 什么是运动副？运动副有哪些类型？
2. 在铰链四杆机构中，曲柄存在的条件是什么？
3. 在汽车上找出平面四杆机构的应用实例。
4. 简述顶置凸轮式配气机构的组成和作用。
5. 简述凸轮机构的类型和工作过程。
6. 简述棘轮机构和槽轮机构的工作原理。

任务 10

认识机械传动

 任务目标

了解各种机械传动的组成；掌握各种机械传动的工作原理；重点掌握各种机械传动的应用和维护方法。

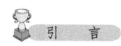 任务要求

能力目标	知识要点	相关知识	权重	自测分数
了解相关知识	各种机械传动的组成	带传动、链传动、齿轮传动、蜗杆传动及轮系的组成	15%	
熟练掌握知识点	各种机械传动的工作原理	带传动、链传动、齿轮传动、蜗杆传动及轮系的工作原理	35%	
运用知识分析案例	各种机械传动在汽车上的应用及维护	带传动、链传动、齿轮传动、蜗杆传动及轮系的应用及维护	50%	

引 言

机械传动是利用机械方式传递运动和动力的，可分为摩擦式传动和啮合式传动两类。摩擦式传动是靠机件间的摩擦力来传递运动和动力的，如摩擦式带传动。摩擦式传动容易实现无级变速，适用于轴间距较大的传动场合，过载打滑还能起到缓冲和保护传动装置的作用，但一般不能用于大功率的场合，也不能保证准确的传动比。啮合式传动是靠主动件与从动件或借助中间件的啮合来传递运动和动力的，如齿轮传动、啮合式带传动、链传动、蜗杆传动等。啮合式传动适用于大功率的场合，传动比准确，但一般要求较高的制造精度和安装精度。

汽车中常用的机械传动有哪些？各有什么应用？

10.1 带传动

带传动是通过中间挠性件(传动带)来传递运动和动力的,适用于轴间距较大的场合。它在汽车中应用广泛,如汽车发动机风扇常常与发电机一起由曲轴带轮通过传动带驱动。

10.1.1 带传动的类型和应用

1. 带传动的类型

带传动一般由主动带轮、从动带轮和紧套在带轮上的传动带组成。按照工作原理不同,带传动可分为摩擦式带传动(图10.1)和啮合式带传动(图10.2)。

【V带传动】

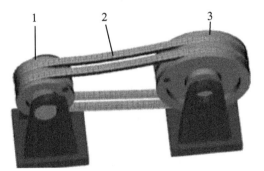

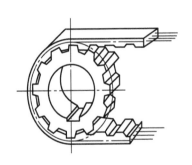

图10.1 摩擦式带传动
1—主动带轮；2—传动带；3—从动带轮

图10.2 啮合式带传动

摩擦式带传动依靠带和带轮之间的摩擦力来传递运动和动力,按其截面形状分为平带、V带、多楔带、圆形带传动等,如图10.3所示。

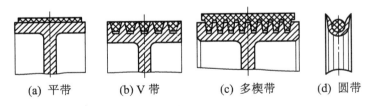

(a) 平带　　(b) V带　　(c) 多楔带　　(d) 圆带

图10.3 摩擦带截面类型

平带的横截面为扁平矩形,其工作面是与带轮接触的内表面,在汽车传动装置中很少应用。V带的横截面为等腰梯形,其工作面是与带轮槽相接触的两侧面,传递功率较大,应用最广泛。多楔带是在一根胶带的纵向设有许多楔的特殊V带,属于摩擦传动带,兼有平带和V带的优点,适用于传递功率较大且要求结构紧凑的场合。圆带的横截面为圆形,其传动能力较小,常用于小功率传动。

知识链接 10-1

摩擦式带传动是具有中间挠性体的摩擦传动,其优点是:结构简单,安装和维护方便;带富有弹性,能缓冲吸振,传动平稳,噪声小;过载时带会在带轮上打滑,可以防止其他零件损坏,有过载保护作用;单级能实现远距离传动。其缺点是:带与带轮间有弹性滑动,传动比不准确;带的寿命较短;不适宜在高温、易燃及有油和水的场合。所以摩擦式带传动一般用于功率不大和无须保证准确传动比的场合。带传动一般置于高速级。工作速度一般为 5~30m/s,传动比(主动带轮的转速与从动带轮转速之比)$i \leqslant 7$。

特别提示 10-1

弹性滑动和打滑是两个截然不同的概念。弹性滑动是由于弹性变形和带两边拉力差而引起的局部滑动,不可避免;而打滑是由于过载引起的全面滑动,可以避免。

啮合式带传动又称同步带传动,依靠带内侧的齿与带轮的齿相啮合来传递运动和动力。它消除了传动带在带轮上的滑动,传动效率高,传动比准确,但结构复杂成本高,常用于要求传动平稳、传动精度较高的场合。

2. 带传动的应用

(1) V 带传动。汽车发动机附件(发电机、空调压缩机和风扇)常采用 V 带驱动。图 10.4 所示为捷达 2 气门发动机曲轴通过 V 带驱动发动机风扇与发电机。

(2) 多楔带传动。有些发动机附件采用多楔带传动。图 10.5 所示为捷达 5 气门发动机附件(发电机、空调压缩机和动力转向泵),采用双面多楔带传动。

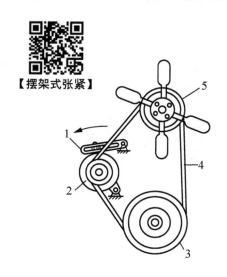

图 10.4 汽车风扇传动带与张紧装置

1—移动支架;2—发电机;3—曲轴带轮;
4—传动带;5—风扇及带轮

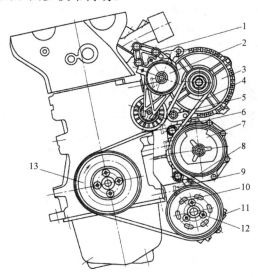

图 10.5 捷达 5 气门发动机多楔带传动

1、5、6—螺栓;2—自动张紧轮装置;3—发电机;
4—多楔带;7—空调压缩机;8—支架;
9、12—柱形螺栓;10—组合螺栓;
11—动力转向泵;13—曲轴多楔带轮

(3) 同步带传动。捷达、上海桑塔纳、一汽奥迪、北京切诺基等发动机曲轴与凸轮轴间的传动(正时传动)均采用同步带传动。它不但保证了传动比的准确性,而且噪声小,不需润滑。如图10.6所示,捷达2气门发动机的配气正时机构就采用同步带传动。

【张紧轮张紧】

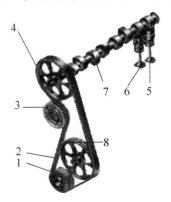

图10.6 同步带正时传动机构

1—曲轴同步带轮;2—同步带;3—张紧轮;4—凸轮轴同步带轮;
5—排气门;6—进气门;7—凸轮轴;8—中间轴同步带轮

10.1.2 汽车用传动带的结构和标记

1. V带的结构和标记

汽车V带根据其结构分为包边式V带(简称包布带)和切边式V带(简称切边带)两种,切边带又分普通式、底胶夹布式和有齿式3种形式,如图10.7所示。

汽车V带是标准件,根据公称顶宽分为AV10、AV13、AV15、AV17、AV22等5种型号,AV后面的数字表示顶宽的大小,单位为mm。

汽车V带的标记由型号、有效长度公称值和标准号组成。如AV15型汽车V带有效长度公称值为1000mm,其标记为AV15×1000 GB 12732—2008。

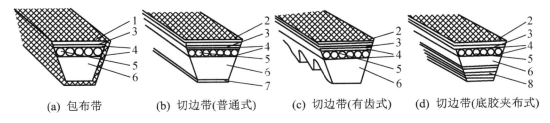

(a) 包布带　(b) 切边带(普通式)　(c) 切边带(有齿式)　(d) 切边带(底胶夹布式)

图10.7 汽车V带结构

1—包布;2—顶布;3—顶胶;4—缓冲胶;5—芯绳;6—底胶;7—底布;8—底胶夹布

2. 多楔带的结构和标记

如图10.8所示,多楔带由顶布1、芯线2、黏合胶3和楔胶4这4部分组成。多楔带根据截面尺寸不同分为PH、PJ、PK、PL和PM这5种型号,汽车用多楔带主要是PK型多楔带，我国的国家标准 GB 13552—2008《汽车多楔带》仅对 PK 型多楔带规定了技术要求。汽车用双面多楔带型号为 DPK。

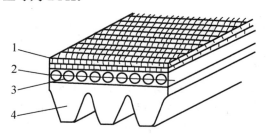

图 10.8　汽车多楔带结构

1—带背织物；2—抗拉体；3—粘合胶；4—楔胶

汽车多楔带的规格包括楔数、型号和有效长度，如楔数为 6、有效长度为 1150mm 的多楔带标记为 6 PK 1150。

3. 同步带的结构和标记

汽车同步带结构如图 10.9 所示，图 10.9(a)所示是梯形齿同步带，现多数已被圆弧齿同步带替代，图 10.9(b)所示是圆弧齿同步带。GB 12734—2003《汽车同步带》按汽车用同步带齿形不同分为梯形齿同步带和圆弧齿同步带两类，梯形齿同步带按带齿尺寸分为 ZA 型和 ZB 型两种，圆弧齿同步带分为 ZH 型、YH 型、ZR 型、YR 型、ZS 型和 YS 型 6 种型号，前带 Z 的同步带节距 C 为 9.525mm，前带 Y 的同步带节距 C 为 8mm。在实际应用中，由于汽车发动机制造厂的不同要求，因同步带齿的齿形变化而产生新的型号，没有形成标准化，但绝大部分同步带的齿节距均为 9.525mm 或 8mm。

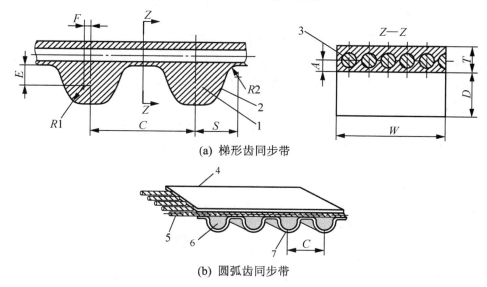

(a) 梯形齿同步带

(b) 圆弧齿同步带

图 10.9　汽车同步带结构

1—混合物；2—尼龙；3—玻璃纤维芯线；4—带背；5—承载绳；6—带齿；7—包布带

汽车同步带用数字和字母按以下顺序表示带的标记：齿数、齿形、宽度，如 80 个齿、19mm 宽、ZH 型带的标记为 80 ZH 19。

10.1.3 带传动的张紧和维护

1. 带传动的张紧装置

传动带使用一段时间后会因带的伸长而松弛，从而使得带与带轮之间的摩擦力下降，影响传动的效能。为了保证带传动正常工作，必须调整带的张紧度。在汽车发动机上，可以将发电机的支架制成可移动的或可转动的，以便调节带的张紧度，如图 10.10(a)所示；也可以安装一个张紧轮，通过调整张紧轮的位置来调整带的张紧度，如图 10.10(b)所示。

2. 带传动的安装与维护

(1) 安装时主动带轮与从动带轮的轮槽应对正，两轮轴线应尽量平行，误差不得超过 ±20′(图 10.11)，否则将加剧带的磨损，甚至使带从带轮上脱落。

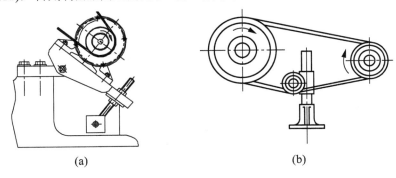

图 10.10 带传动的张紧装置

(2) 安装带轮时，先将中心距缩小，再将传动带套在带轮上后再慢慢拉紧，以使传动带松紧适度。带的张紧度一般可凭经验控制，以大拇指能按下 15～20mm 为宜(图 10.12)也可用挠度测量器测量。

(3) 换带时必须全部更换，不能新、旧带混合使用。

(4) 传动带不能和酸、碱、油接触，工作温度不宜超过 60℃。

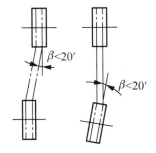

图 10.11 带轮安装的位置图

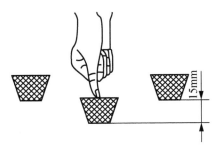

图 10.12 带的张紧测试

知识链接 10-2

带传动工作时的主要失效形式是带在带轮上打滑、传动带的磨损和疲劳断裂。

 应用实例 10-1

说明下列传动带标记的含义：AV13×1000 GB 12732—2008、100 ZR 19。

【案例点评】

AV13×1000 GB 12732—2008 表示汽车 V 带的型号为 AV13，有效长度公称值为 1000mm。

100 ZR 19 表示汽车同步带的型号为 ZR，齿数为 100 个，带宽为 19mm。

10.2 链 传 动

 引例

链传动是以链条作为挠性件来传动运动和动力的一种啮合传动，可用于发动机的正时传动机构，也可用于发动机机油泵的驱动机构，如捷达 EA113 5V 发动机使用的机油泵就是由曲轴通过链条直接驱动的。

10.2.1 链传动的类型和应用

1. 链传动的类型

如图 10.13 所示，链传动是由主动链轮 1、传动链 2、从动链轮 3 组成的。链轮具有特定的齿形，链条套装在主动链轮和从动链轮上。

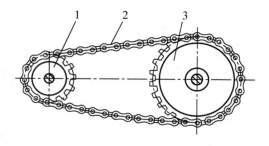

图 10.13 链传动

1—主动链轮；2—传动链；3—从动链轮

链传动是靠链条与链轮轮齿的啮合来传递运动和动力的。传动链按链条结构的不同主要有滚子链(图 10.14)和齿形链(图 10.15)两种。齿形链比滚子链工作平稳、噪声小，承受冲击载荷能力强,但结构较复杂,成本较高。滚子链和齿形链在汽车发动机中都有应用,但相对来说滚子链的应用较多。

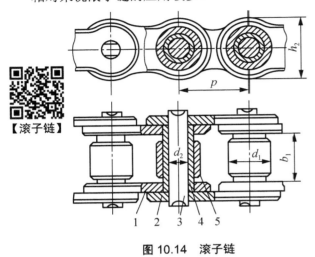

图 10.14 滚子链

1—内链板;2—外链板;3—销轴;4—套筒;5—滚子

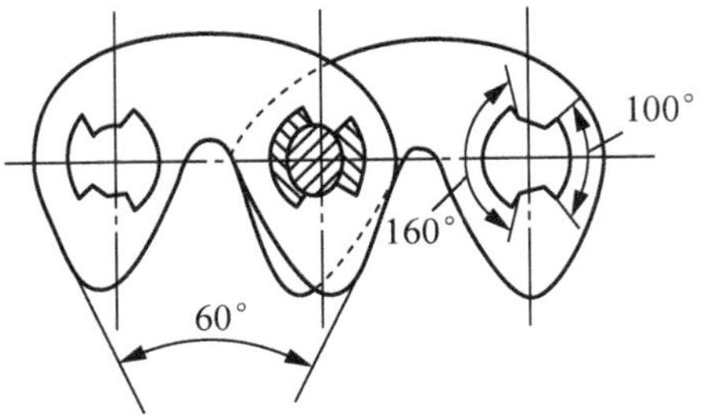

图 10.15 齿形链

2. 链传动的应用

链传动与带传动相比,工作时无滑动、承载能力大、效率高、传递距离较远、且能在较恶劣的情况下使用,近年来在新型发动机中应用广泛,如发动机双轴平衡机构(图 10.16)、发动机正时链传动机构(图 10.17)、发动机机油泵驱动机构(如捷达 EA113 5V 发动机机油泵由曲轴通过传动链直接驱动)等。

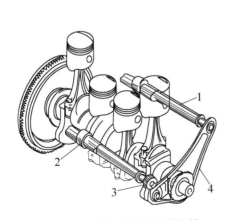

图 10.16 链传动双轴平衡机构

1—右平衡轴及平衡重;2—左平衡轴及平衡重;
3—传动齿轮;4—传动链

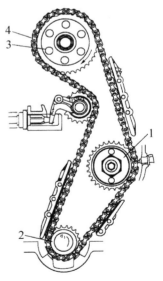

图 10.17 正时链传动

1—中间链轮;2—曲轴正时链轮;
3—凸轮轴正时链轮;4—传动链

10.2.2　链传动的张紧和维护

1. 链传动的张紧

传动链张紧的目的主要是为了避免链的悬垂度太大，啮合时链条产生横向振动，同时可增大啮合包角。常用的张紧方法有：①通过调整中心距使链张紧；②拆除1～2个链节，缩短链长，使链张紧；③加张紧轮使链张紧。

2. 链传动的维护

1) 正确的布置和安装

(1) 链传动一般应布置在铅垂平面内，尽可能避免布置在水平面或倾斜平面内。如确有必要，则应考虑加装托板或装张紧轮装置，并选择较为紧凑的中心距。

(2) 最好两轮轴线布置在同一水平面内，或两轮中心线与水平面成45°以下的倾角。

(3) 主动链轮的转向应使传动链紧边在上，若松边在上会因悬垂度太大而破坏正常啮合。

2) 合理的润滑

链传动的润滑至关重要。合适的润滑能显著降低链条铰链的磨损，延长使用寿命。链传动的润滑方式有以下4种。

(1) 人工定期用油壶或油刷给油，如图10.18(a)所示。

(2) 用油杯通过油管向松边内外链板间隙处滴油，如图10.18(b)所示。

(3) 油浴润滑如图10.18(c)所示，飞溅润滑，如图10.18(d)所示。

(4) 用油泵向链条连续供油如图10.18(e)所示。

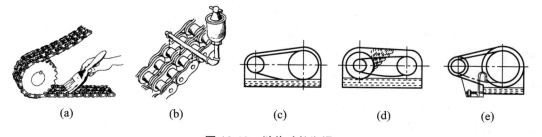

图 10.18　链传动的润滑

 知识链接 10-3

链传动的失效主要表现为链条的失效。链条的失效形式主要有链板疲劳破坏、滚子套筒的冲击疲劳破坏、销轴与套筒的胶合、链条铰链磨损、链条的过载拉断等。

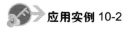 **应用实例 10-2**

说明下列传动链标记的含义：16A－1－82 GB/T 1243—2006。

【案例点评】

16A-1-82 GB/T 1243—2006 表示 A 系列滚子链、节距为 25.4mm、单排、链节数为 82、制造标准为 GB/T 1243—2006。

10.3 齿 轮 传 动

齿轮传动是利用两齿轮轮齿的相互啮合来传递运动和动力的，是应用最为广泛和特别重要的一种机械传动形式，可用于传递空间任意轴之间的运动和动力，在汽车手动变速器、自动变速器、转向器中都有应用。手动变速器通过不同的齿轮啮合实现换挡，所用齿轮有直齿圆柱齿轮或斜齿轮，如奔驰 C 级 Sport Coupe 轿车 6 速手动变速器除倒挡齿轮为直齿圆柱齿轮外，其他各挡位齿轮均为斜齿轮；自动变速器通过离合器和制动器固定和释放行星齿轮机构中的不同元件来获得各种挡位；汽车转向器是利用齿轮齿条或蜗轮蜗杆传动来改变车轮的行驶方向。

10.3.1 齿轮传动的特点和类型

1. 齿轮传动的特点

齿轮传动与其他机械传动相比，具有传动平稳可靠、传动效率高、传递速度大、传递功率范围大、结构紧凑等优点。因此，齿轮在汽车等各种机械设备和仪器仪表中被广泛使用。齿轮传动的主要缺点是：传动中会产生冲击、振动和噪声；没有过载保护作用；制造和安装精度要求高；成本高。

2. 齿轮传动的类型

齿轮传动的分类方法很多。按两齿轮的相对运动是平面运动还是空间运动来分，可分为平面齿轮传动[图 10.19(a)～图 10.19(e)]和空间齿轮传动[图 10.19(f)～图 10.19(j)]。

(a) 外啮合直齿圆柱齿轮传动

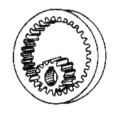
(b) 内啮合直齿圆柱齿轮传动

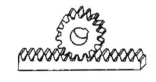
(c) 齿轮齿条传动

图 10.19 齿轮传动的类型

(d) 斜齿圆柱齿轮传动　　(e) 人字齿轮传动　　(f) 直齿锥齿轮传动　　(g) 圆弧齿锥齿轮传动

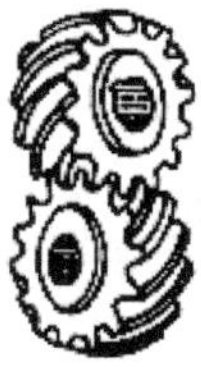

(h) 交错轴斜齿圆柱齿轮传动　　(i) 蜗杆传动　　(j) 准双曲面齿轮传动

图 10.19　齿轮传动的类型(续)

(1) 平面齿轮传动。它用于传递两平行轴之间的运动。常见的平面齿轮传动有直齿圆柱齿轮传动、斜齿圆柱齿轮传动、人字形齿轮传动 3 种。

(2) 空间齿轮传动。它用于传递不平行两轴间的运动。常见的空间齿轮传动有交错轴斜齿圆柱齿轮传动、锥齿轮传动、蜗杆传动 3 种。

知识链接 10-4

齿轮传动还可按齿廓曲线形状、工作条件、齿面硬度进行分类。按齿轮齿廓曲线不同，它分为渐开线齿轮、摆线齿轮和圆弧齿轮，其中渐开线齿轮应用最广；按齿轮的工作条件不同，它分为开式齿轮传动和闭式齿轮传动；按齿轮齿面硬度不同，它分为软齿面齿轮(齿面硬度小于或等于 350HBS)和硬齿面齿轮(齿面硬度大于 350HBS)。

10.3.2　直齿圆柱齿轮传动

1. 直齿圆柱齿轮各部分的名称和符号

图 10.20 所示是标准直齿圆柱齿轮的局部图。其各部分的名称和符号如下。

(1) 齿顶圆。过齿轮齿顶所做的圆，其直径(半径)用 $d_a(r_a)$ 表示。

(2) 齿根圆。过齿轮齿根所做的圆，其直径(半径)用 $d_f(r_f)$ 表示。

(3) 分度圆。在齿顶圆和齿根圆之间假设的一个作为齿轮尺寸计算、制造、测量基准的圆，其直径(半径)用 $d(r)$ 表示。

(4) 齿厚。分度圆上，同一个齿的两侧面齿廓间的弧长称为该圆上的齿厚，用 s 表示。

(5) 齿槽宽。分度圆上，同一个齿槽两侧面齿廓间的弧长称为该圆上的齿槽宽，用 e 表示。

(6) 齿距。分度圆上，相邻两齿同向齿廓间的弧长称为该圆上的齿距，用 p 表示。

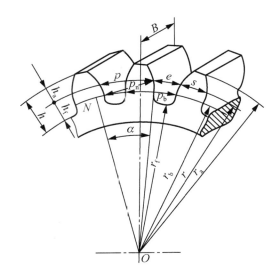

图 10.20　标准直齿圆柱齿轮的局部图

(7) 齿顶高。齿顶圆和分度圆之间的径向距离，用 h_a 表示。

(8) 齿根高。分度圆和齿根圆之间的径向距离，用 h_f 表示。

(9) 齿高。齿顶圆和齿根圆之间的径向距离，用 h 表示。

2. 齿轮的主要参数

(1) 模数 m。由分度圆周长 $\pi d = pz$，知分度圆的直径为

$$d = \frac{p}{\pi} z$$

当已知一直齿轮的齿距 p 和齿数 z，就可以求出分度圆直径 d。但式中 π 为无理数，这样求得的 d 也是无理数，将使计算烦琐而又不精确，而且也给齿轮的制造和检验带来不方便。工程上为了设计、制造和检验的方便，规定齿距 p 除以圆周率 π 所得的商称为模数，用 m 表示。即

$$m = \frac{p}{\pi}$$

则有

$$d = mz$$

模数的单位是 mm，表示轮齿的承载能力，模数越大轮齿的承载能力越强。我国已规定了标准模数系列，见表 10-1。

表 10-1　模数系列　　　　　　　　　　　　　　　　　　　(单位：mm)

第一系列	1	1.25	1.5	2	2.5	3	4	5	6	8
	10	12	16	20	25	32	40	50		
第二系列	1.75	2.25	2.75	(3.25)	3.5	(3.75)	4.5	5.5	(6.5)	7
	9	(11)	14	18	22	28	36	45		

注：1. 本表适用于渐开线圆柱齿轮，对斜齿轮是指法面模数。
　　2. 优先选用第一系列，括号内数据尽量少用。

知识链接 10-5

齿数对分度圆直径之比称为径节，以 P 表示，且 $P = z/d$，单位是 in^{-1}。在采用英制单位的国家，以径节 P 来计算齿轮的基本尺寸。由 $d = z/P$（P 的单位为 in^{-1}）和 $d = mz$（m 的单位为 mm），可以得到径节 P 与模数 m 的关系为 $m = 25.4/P$。

(2) 压力角 α。渐开线齿廓上任一点的法线方向，与该点的线速度方向之间所夹的锐角称为该点的压力角，如图 10.21 所示的 α_k。齿轮齿廓上各点的法线及线速度的方向各不相同，故各点的压力角也不同。齿轮的压力角通常是指分度圆上的压力角，用 α 表示。我国规定，标准压力角 $\alpha = 20°$。可见，分度圆就是齿轮取标准模数和标准压力角的圆。

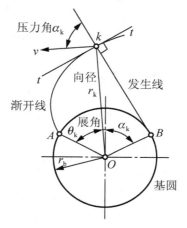

图 10.21 压力角 α_k

(3) 齿顶高系数 h_a^* 和顶隙系数 c^*。轮齿的齿顶高和齿根高规定用模数乘上某一系数来表示，即

齿顶高 $\qquad\qquad\qquad h_a = h_a^* m$

齿根高 $\qquad\qquad\qquad h_f = (h_a^* + c^*) m$

全齿高 $\qquad\qquad\qquad h = h_a + h_f = (2h_a^* + c^*) m$

式中，h_a^* 为齿顶高系数，c^* 为顶隙系数。一对齿轮啮合时，一个齿轮轮齿的齿顶到另一个齿轮轮齿的齿根之间的径向距离，称为顶隙，用 c 表示，$c = c^* m$。顶隙可以避免传动时轮齿互相干涉，且有利于储存润滑油。我国标准规定：

正常齿 $\qquad\qquad\qquad h_a^* = 1 \qquad c^* = 0.25$

短齿 $\qquad\qquad\qquad\ \ h_a^* = 0.8 \qquad c^* = 0.30$

特别提示 10-2

所谓标准齿轮是指分度圆上的齿厚等于齿槽宽（即 $s = e = p/2 = \pi m/2$），且模数 m、压力角 α、齿顶高系数 h_a^*、顶隙系数 c^* 均为标准值的齿轮。

3. 渐开线直齿圆柱齿轮的正确啮合条件

一对渐开线直齿圆柱齿轮的正确啮合传动条件是：两轮的模数和压力角分别相等且为标准值，即

$$\begin{cases} m_1 = m_2 = m \\ \alpha_1 = \alpha_2 = \alpha \end{cases} \tag{10-1}$$

10.3.3 斜齿圆柱齿轮传动

1. 斜齿圆柱齿轮传动的啮合特点

直齿圆柱齿轮的轮齿方向与轴线平行，如图 10.22(a)所示，当两个直齿圆柱齿轮啮合时，相互啮合的两个齿的接触线，是平行于轴线且与齿宽相等的直线段，在直齿轮运转的过程中，轮齿将沿齿宽同时进入或脱离啮合，因而作用在轮齿上的载荷是突然加上或卸掉的，这将使传动不平稳，容易产生振动和噪声。而斜齿轮的轮齿方向与轴线倾斜成螺旋形，如图 10.22(b)所示，斜齿轮啮合传动时，两轮轮齿开始啮合，接触线长度由零逐渐增大；当到达某一位置后，接触线长度又逐渐缩短，直到脱离啮合。因此，斜齿轮传动比直齿轮传动平稳，承载能力较大，适用于高速和重载传动。

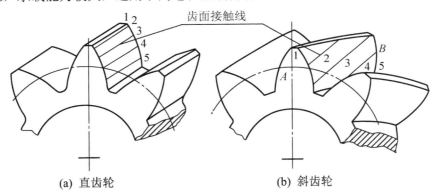

(a) 直齿轮　　　　　　　　(b) 斜齿轮

图 10.22　圆柱齿轮齿面接触线

2. 斜齿圆柱齿轮的主要参数

斜齿圆柱齿轮的轮齿在齿宽方向上是沿螺旋线方向分布的。它的齿面为渐开螺旋面，所以其端面(垂直于齿轮轴线的平面)和法面(垂直于齿廓的平面)的齿形不同。由于加工斜齿轮时，刀具是沿螺旋线方向走刀的，所以要以轮齿的法面参数为标准来选择刀具。但在计算几何尺寸时又要按端面的参数进行计算。

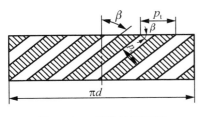

图 10.23　斜齿轮展开图

(1) 螺旋角 β。如图 10.23 所示，在斜齿轮展开图中，斜齿轮的螺旋线变成斜直线，它与轴线的夹角 β 称为螺旋角。螺旋角 β 一般为 $8°\sim 20°$。

(2) 模数。如图 10.23 所示，有阴影线的部分表示齿厚，无阴影线的部分表示齿槽。p_n 表示法向齿距，p_t 表示端面齿距，则 p_n 和 p_t 之间的几何关系为

$$p_n = p_t \cos \beta \tag{10-2}$$

而 $p_n = \pi m_n$，$p_t = \pi m_t$，所以

$$m_n = m_t \cos \beta \tag{10-3}$$

式中，m_t 表示端面模数，m_n 表示法面模数，一般规定 m_n 为标准值。

(3) 压力角。斜齿轮在分度圆上的压力角也有法面压力角 α_n 和端面压力角 α_t 之分，两者之间的关系为

$$\tan \alpha_n = \tan \alpha_t \cos \beta \tag{10-4}$$

一般规定法面压力角取标准值，即 $\alpha_n = 20°$。

3. 斜齿圆柱齿轮的正确啮合条件

一对外(内)啮合斜齿圆柱齿轮的正确啮合条件是：两轮的法面模数和法面压力角分别相等且为标准值；两轮分度圆柱上的螺旋角大小相等、旋向相反(同)，即

$$\begin{aligned} m_{n1} &= m_{n2} = m \\ \alpha_{n1} &= \alpha_{n2} = \alpha \\ \beta_1 &= \pm \beta_2 \end{aligned} \tag{10-5}$$

式中，"－"号用于外啮合，"＋"号用于内啮合。

10.3.4 直齿锥齿轮传动

如图 10.24 所示，锥齿轮的轮齿分布在截锥体上，故其齿形从大端到小端是逐渐收缩的。它用于两轴线相交的轴间传动，特别是两轴线正交的轴间传动。

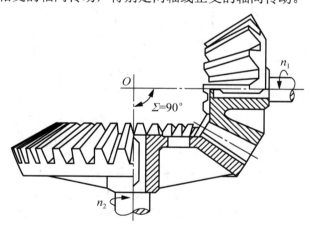

图 10.24 锥齿轮

锥齿轮的轮齿可以是直齿、斜齿或曲齿。直齿锥齿轮传动设计、制造和安装方便，所以应用较广。而曲齿锥齿轮传动运转平稳、承载能力高，在汽车差动轮系中应用广泛。

直齿锥齿轮的正确啮合条件为：两轮的大端模数和大端压力角分别相等且为标准值。即

$$\begin{aligned} m_1 &= m_2 = m \\ \alpha_1 &= \alpha_2 = \alpha \end{aligned} \tag{10-6}$$

锥齿轮的大端基本参数为标准值。

知识链接 10-6

齿轮传动的失效一般发生在轮齿上，通常有轮齿折断、齿面点蚀、齿面磨损、齿面胶合和塑性变形等。

10.3.5 蜗杆传动

【蜗杆传动】

如图 10.25 所示，蜗杆传动也是一种齿轮传动，常用于传递两交错轴之间的运动和动力，交错角为 90°，由蜗杆和蜗轮组成，蜗杆通常为主动件。

1. 蜗杆传动的类型

根据蜗杆的形状不同，蜗杆传动可分为为圆柱蜗杆传动[图 10.26(a)]、环面蜗杆传动[图 10.26(b)]和锥蜗杆传动[图 10.26(c)]等。圆柱蜗杆传动又分为普通蜗杆传动和圆弧蜗杆传动，普通圆柱蜗杆根据不同的齿廓曲线又可分为阿基米德蜗杆、渐开线蜗杆等，其中阿基米德蜗杆由于加工方便，应用最为广泛。

图 10.25　蜗杆传动

1—蜗杆；2—蜗轮

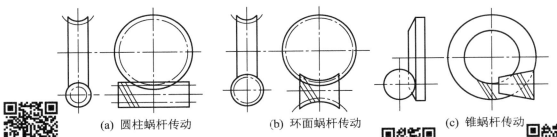

(a) 圆柱蜗杆传动　　(b) 环面蜗杆传动　　(c) 锥蜗杆传动

图 10.26　蜗杆传动的类型

【蜗杆工作】　　　　　　　　　　　【圆弧蜗杆传动】　　　【锥蜗杆传动】

2. 蜗杆传动的正确啮合条件

如图 10.27 所示，通过蜗杆轴线并与蜗轮轴线垂直的平面称为中间平面。它对于蜗杆是轴面，对于蜗轮为端面。在中间平面上，蜗杆和蜗轮的啮合可看作渐开线齿轮与齿条的啮合。在中间平面上的基本参数为标准值，即蜗杆的轴面参数和蜗轮的端面参数为标准值。

蜗杆传动的正确啮合条件是：蜗杆的轴面模数 m_{a1} 和轴面压力角 α_{a1} 分别等于蜗轮的端面模数 m_{t2} 和端面压力角 α_{t2} 且为标准值；蜗杆分度圆柱上的导程角 γ_1 与蜗轮分度圆柱上的螺旋角 β_2 大小相等、旋向相同，即

$$\left.\begin{array}{l} m_{a1} = m_{t2} = m \\ \alpha_{a1} = \alpha_{t2} = \alpha \\ \gamma_1 = \beta_2 \end{array}\right\} \tag{10-7}$$

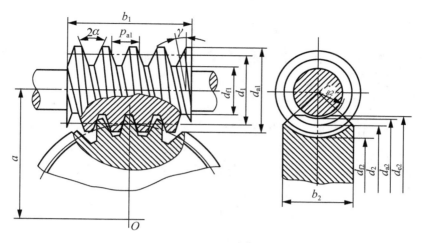

图 10.27　阿基米德蜗杆传动

应用实例 10-3

已知一标准直齿圆柱齿轮，$m=3\text{mm}$，$z=19$，试计算该齿轮的分度圆直径、齿顶高、齿根高、齿顶圆直径、齿根圆直径。

【案例点评】

分度圆直径：$d=mz=3\times19=57\,(\text{mm})$

齿顶高：$h_a=h_a^*m=1\times3=3\,(\text{mm})$

齿根高：$h_f=(h_a^*+c^*)m=(1+0.25)\times3=3.75\,(\text{mm})$

齿顶圆直径：$d_a=d+2h_a=57+2\times3=63\,(\text{mm})$

齿根圆直径：$d_f=d-2h_f=57-2\times3.75=49.5\,(\text{mm})$

10.4　齿　轮　系

引例

为了获得大传动比或实现变速、变向，一对齿轮组成的齿轮传动往往不能满足工作要求，通常采用由一系列齿轮组成的传动系统来满足特定的功能要求。这种一系列齿轮组成的传动系统称为齿轮系，简称轮系，如汽车手动变速器、自动变速器、后桥差速器等。

汽车中用到的轮系有哪些？怎样计算其传动比？

10.4.1　齿轮系的类型

根据轮系运转时各齿轮轴线位置相对机架是否固定，将轮系分为定轴轮系和行星轮系两种基本类型。

【空间定轴轮系传动】

【平面定轴轮系】

1. 定轴轮系

如图 10.28 所示,当轮系运转时,各齿轮轴线位置相对机架固定不动的轮系称为定轴轮系。

2. 行星轮系

如图 10.29 所示,当轮系运转时,至少有一个齿轮的轴线绕另一个齿轮的固定轴线转动的轮系称为行星轮系。行星轮系中,齿轮 2 除绕自身轴线回转外,还随同构件 H 一起绕齿轮 1 的轴线回转,既有自转又有公转,如同太阳系中的行星一样,称为行星轮;齿轮 1 的几何轴线位置固定,又与行星轮啮合,称为太阳轮;支持行星轮的回转构件 H 称为行星架。

【转化轮系】

【行星齿轮传动】

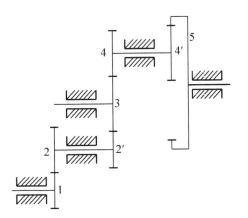

图 10.28 定轴轮系

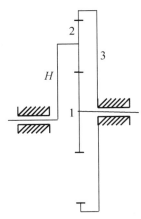

图 10.29 行星轮系

由定轴轮系和行星轮系组成的轮系称为混合轮系。

10.4.2 齿轮系传动比的计算

1. 定轴轮系传动比的计算

在轮系中,输入轴与输出轴的角速度(或转速)之比称为轮系的传动比,用 i 表示。设 1 为轮系的首轮,K 为末轮,则该轮系的传动比为

$$i_{1K}=\frac{\omega_1}{\omega_K}=\frac{n_1}{n_K} \tag{10-8}$$

设首轮 1 的转速为 n_1,末轮 K 的转速为 n_K,m 为轮系中外啮合齿轮的对数,经过一定的推导可得平面定轴轮系的传动比为

$$i_{1K}=\frac{n_1}{n_K}=(-1)^m\frac{\text{齿轮系中轮1至轮}K\text{之间所有从动轮齿数的连乘积}}{\text{齿轮系中轮1至轮}K\text{之间所有主动轮齿数的连乘积}} \tag{10-9}$$

图 10.28 所示定轴轮系的传动比为

$$i_{15}=\frac{n_1}{n_5}=i_{12}i_{2'3}i_{34}i_{4'5}=(-1)^3\frac{z_2z_3z_4z_5}{z_1z_{2'}z_3z_{4'}}$$

知识链接 10-7

既是主动轮又是从动轮的齿轮称为惰轮，它不影响传动比大小，只起改变从动轮转向作用，如图 10.28 所示定轴轮系中的齿轮 3。

2. 行星轮系传动比计算

不能直接用定轴轮系传动比的计算公式(10-9)计算行星轮系的传动比，而应用转化轮系法。根据相对运动原理，假想对整个行星轮系加上一个与行星架转速 n_H 大小相等转向相反的公共转速 $-n_H$，则行星架被固定，而各构件间的相对运动关系保持不变。这样，原行星轮系就转变为假想的定轴轮系，这个经过一定条件转化得到的假想定轴轮系，称为原行星轮系的转化轮系。利用定轴轮系传动比的计算方法，可列出转化轮系中任意两个齿轮的传动比，设 n_G 和 n_K 为行星轮系中任意两个齿轮 G 和 K 的转速，n_H 为行星架的转速，则有

$$i_{GK}^H = \frac{n_G^H}{n_K^H} = \frac{n_G - n_H}{n_K - n_H} = \pm \frac{\text{齿轮}G\text{到}K\text{之间所有从动轮齿数的连乘积}}{\text{齿轮}G\text{到}K\text{之间所有主动轮齿数的连乘积}} \tag{10-10}$$

如图 10.29 所示，行星轮系转化轮系的传动比为

$$i_{13}^H = \frac{n_1^H}{n_3^H} = \frac{n_1 - n_H}{n_3 - n_H} = -\frac{z_2 z_3}{z_1 z_2} = -\frac{z_3}{z_1}$$

特别提示 10-3

式(10-10)只适用于齿轮 G、K 和行星架 H 的轴线平行的场合。

10.4.3 齿轮系的功用

1. 实现远距离传动

如图 10.30 所示，当两轴间的距离较远时，如果仅用齿轮 1 和齿轮 2 传动，两轮尺寸很大，这样既占空间又费材料。若改用齿轮 a、b、c、d 组成的轮系传动，使整个机构的轮廓尺寸减小。

2. 实现变速传动

在汽车变速器中，利用轮系实现变速传动。图 10.31 所示为汽车上常用的三轴四速变速器传动简图。图中轴 I 为输入轴，轴 III 为输出轴，轴 II 和 IV 为中间传动轴。当牙嵌离合器的 x 和 y 半轴接合，滑移齿轮 4、6 空套时，III 轴得到与 I 轴同样的高转速；当离合器脱开，运动和动力由齿轮 1、2 传给 II 轴，当移动滑移齿轮使 4 与 3 啮合，或 6 与 5 啮合，III 轴可得中速或低速挡；当移动齿轮 6 与 IV 轴上的齿轮 8 啮合，III 轴转速反向，可得低速的倒车挡。

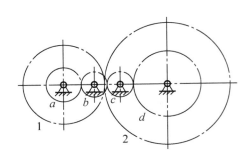
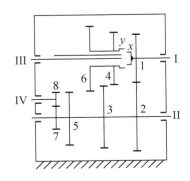

图 10.30 利用轮系实现远距离传动　　图 10.31 三轴四速变速器传动简图

3. 实现运动的合成与分解

在机械传动中有时需要将一个运动分解为几个运动或把几个运动合成为一个运动，图 10.32(a)所示的汽车后桥差速器可把主变速器的运动分解为两轮的运动。

如图 10.32(b)所示，动力由齿轮 5 传给松套在后轴上的齿轮 4，对于底盘来说，齿轮 4 和齿轮 5 的几何轴线都固定不动，所以组成定轴轮系。中间齿轮 2 松套在齿轮 4 侧面突出部分的小轴上，它们同时与左、右两半轴上的齿轮 1 和齿轮 3 啮合。当汽车在平坦的道路上直线行驶时，左、右两轮所行的距离相等，所以转速也相同。这时齿轮 2 不绕自己的轴线转动，而齿轮 1、2、3 如同一个整体一起随着齿轮 4 转动，所以 $n_1=n_2=n_4$。当汽车向左转弯时，右轮比左轮转得快，齿轮 1 和齿轮 3 之间发生相对转动，齿轮 2 除随齿轮 4 转动外，还要绕自己的轴线转动，所以是行星轮，齿轮 4 是行星架，齿轮 1 和齿轮 3 是太阳轮，它们组成 1 个行星轮系。

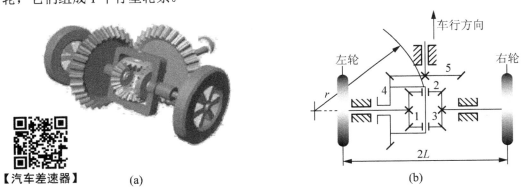

图 10.32 汽车后桥差速器

该行星轮系转化轮系的传动比为

$$i_{13}^H = \frac{n_1 - n_H}{n_3 - n_H} = -\frac{z_3}{z_1}$$

由于 n_H 就是 n_4，$z_1 = z_3$，所以有

$$\frac{n_1 - n_4}{n_3 - n_4} = -\frac{z_3}{z_1} = -1$$

则

$$n_1 + n_3 = 2n_4 \quad \text{或} \quad n_4 = \frac{n_1 + n_3}{2}$$

当转弯半径为 r 时，左、右轮的转速分别为

$$n_1 = \frac{r-L}{r} n_4$$

$$n_3 = \frac{r+L}{r} n_4$$

应用实例 10-4

如图 10.33 所示的行星轮系，各轮齿数为 $z_1 = 100$，$z_2 = 101$，$z_{2'} = 100$，$z_3 = 99$，行星架 H 为原动件，试求传动比 i_{H1}。

【案例点评】

$$i_{H1} = \frac{n_H}{n_1} \quad n_3 = 0$$

$$i_{13}^H = \frac{n_1 - n_H}{n_3 - n_H} = \frac{n_H - n_1}{n_H} = \frac{z_2 z_3}{z_1 z_{2'}} = 1 - i_{1H}$$

$$i_{1H} = 1 - \frac{101 \times 99}{100 \times 100} = \frac{1}{10000}$$

$$i_{H1} = \frac{1}{i_{1H}} = 10000$$

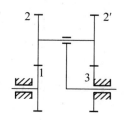

图 10.33 行星轮系

小 结

常用的机械传动有带传动、链传动和齿轮传动等。带传动利用挠性带来传递运动和动力；链传动利用链轮与链条的啮合传递运动和动力；齿轮传动是靠轮齿的啮合来传递运动和动力，可用于空间任意轴之间的动力传递；另外，在某些应用场合，一对齿轮往往不能满足传动要求，常采用齿轮系来传递运动和动力。

习 题

一、单选题

1. 摩擦式带传动主要是依靠_____来传递运动和功率的。
   A. 带和带轮之间的正压力　　B. 带和带轮接触面之间的摩擦力
   C. 带的紧边拉力　　　　　　D. 带的初拉力
2. 带传动采用张紧轮的目的是_____。
   A. 减轻带的弹性滑动　　　　B. 提高带的寿命
   C. 改变带的运动方向　　　　D. 调节带的初拉力

3. 汽车在转弯时，内侧轮的转速_____。
   A. 大于外侧轮转速　　　　　　　B. 小于外侧轮转速
   C. 等于外侧轮转速　　　　　　　D. 以上皆有可能
4. 行星轮系换挡与定轴轮系换挡机理_____。
   A. 相同　　　B. 不同　　　C. 可以相同　　　D. 可以不同
5. 汽车多楔带的标记是_____。
   A. AV10　AV13　　B. 2A　2B　　C. PK　DPK　　D. AV102A
6. 带传动不能保证准确的传动比是因为_____。
   A. 弹性滑动　　　　　　　　　　B. 打滑
   C. 弹性滑动和打滑　　　　　　　D. 以上皆不对
7. 齿轮上具有标准模数和标准压力角的是_____。
   A. 基圆　　　B. 分度圆　　　C. 齿顶圆　　　D. 齿根圆
8. 一对外啮合斜齿圆柱齿轮的螺旋角应满足_____。
   A. $\beta_1 + \beta_2 = 0$　　　　　　　B. $\beta_1 - \beta_2 = 0$
   C. $\beta_1 + \beta_2 = 90°$　　　　　D. $\beta_1 - \beta_2 = 90°$
9. 标准直齿锥齿轮_____参数为标准值。
   A. 小端　　　B. 中端　　　C. 大端　　　D. 以上皆是
10. 要实现两正交轴间的传动，可采用_____传动。
    A. 直齿圆柱齿轮　　　　　　　B. 斜齿圆柱齿轮
    C. 锥齿轮传动　　　　　　　　D. 以上皆可

二、判断题

1. 带传动的打滑是不可避免的。　　　　　　　　　　　　　　　　　（　　）
2. 齿条的齿廓是直线。　　　　　　　　　　　　　　　　　　　　　（　　）
3. 标准斜齿圆柱齿轮不根切的最少齿数是 17。　　　　　　　　　　　（　　）
4. 链传动在汽车上几乎没有应用。　　　　　　　　　　　　　　　　（　　）
5. 轮系的传动比是指轮系首末两齿轮的齿数比。　　　　　　　　　　（　　）

三、简答题

1. 弹性滑动与打滑有何不同？
2. 什么是标准齿轮？
3. 比较各种齿轮传动的正确啮合条件。
4. 轮系有哪几种类型？在汽车上有何应用？
5. 举例说明各种机械传动在汽车上的应用。

项目 4
液压传动

本项目的学习可以使学生掌握液压传动的基础知识，并在此基础上结合汽车常用设备掌握液压元件的工作原理和性能。

任务 11 认识液压传动

任务目标

了解液压传动的基本参数;掌握液压传动的基本原理;重点掌握液压传动系统的组成及作用。

任务要求

能力目标	知识要点	相关知识	权重	自测分数
了解相关知识	液压传动的基本参数	(1) 压力 (2) 流量	15%	
熟练掌握知识点	(1) 液压传动的工作原理 (2) 液压系统的组成及作用	(1) 液压传动的基本原理 (2) 液压传动系统的组成	35%	
运用知识分析案例	液压传动的工作原理及液压传动系统的组成	能分析汽车液压传动系统	50%	

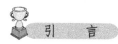

引言

液压传动在汽车上应用非常广泛,如汽车液压制动系统、液压助力转向系统、液压悬架系统及自卸汽车液压系统等,作为一名汽车专业人员,必须掌握液压传动的基础知识。

11.1 液压传动概述

液压千斤顶是汽车修理中常用的工具,主要用于更换车轮时将汽车顶起便于维修人员工作。液压千斤顶是典型的液压传动系统。

常用的千斤顶有直立式、卧式和分体式 3 种,这里以直立式液压千斤顶为例来说明液压传动的基本概念、工作原理及液压传动系统的组成。

11.1.1 液压传动的基本概念

如图 11.1 所示,液压千斤顶一般由杠杆 1、大活塞 11、液压缸 15、小活塞 3、手动柱塞泵 12、单向阀 5 和 6、托盘 16、油管 7 和油箱 8 等组成。

液压传动是以液体为工作介质,利用液体的压力能进行运动和动力传递的一种传动方式。

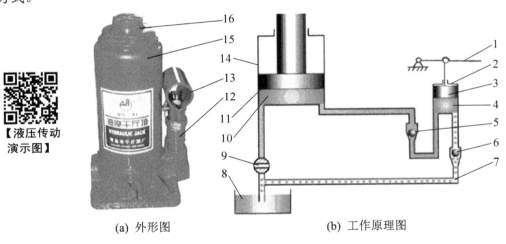

(a) 外形图　　　　　　　　　(b) 工作原理图

图 11.1　液压千斤顶

1—杠杆;2—泵体;3—小活塞;4、10—油腔;5、6—单向阀;7—油管;8—油箱;9—截止阀;
11—大活塞;12—手动柱塞泵;13—杠杆安装处;14—缸体;15—液压缸;16—托盘

 知识链接 11-1

液压传动系统本质上是一种能量转换装置,它先将机械能转换为便于输送的液压能,随后又将液压能转换为机械能而做功。

液压传动系统使用的液体为液压油,液压油不仅有效地传递能量,而且还起到润滑和散热的作用。选用合适的液压油是确保液压系统正常工作的前提。

11.1.2 液压传动的工作原理

液压千斤顶的工作原理如图 11.1(b)所示，小活塞 3 和大活塞 11 分别能在泵体 2 和缸体 14 内滑动并具有良好的密封，液压千斤顶工作时，截止阀 9 关闭。

提起杠杆 1 时，手动柱塞泵油腔 4 内密封容积增大，形成局部真空而使压力低于大气压，油箱 8 中的液压油在大气压的作用下顶开单向阀 6 进入手动柱塞泵油腔 4，吸油一次。压下杠杆 1 时，手动柱塞泵油腔 4 内压力增大，液压油顶开单向阀 5 通过油管 7 进入液压缸的油腔 10 中，推动大活塞 11 上升，将重物举起一段距离，压油一次。再提起杠杆时，单向阀 5 阻止液压缸 15 中的压力油倒流回手动柱塞泵 12，从而保证重物不致自行下落。截止阀 9 的作用是放油，将截止阀旋转 90°，在重物的重力作用下，液压缸的油液排回油箱，大活塞 11 可下降至原位。

反复提起和压下杠杆 1 时，手动柱塞泵 12 交替进行吸油和压油，压力油不断地进入液压缸 15 中，将重物提升到指定高度。

从液压千斤顶工作过程可以看出，液压传动是以液压油为工作介质，依靠油腔密封容积的变化来传递运动，通过液压油内部的压力来传递动力的。

千斤顶必须保持直立状态，同时用三角垫木前后塞住车轮，才能安全起顶车辆，否则严禁起顶。松开截止阀时必须缓慢，以免排油过快而引发事故。

11.1.3 液压传动系统的组成

液压传动系统一般由 5 个部分组成。

(1) 动力元件。它指各种液压泵。它的作用是把原动机(电动机或发动机)的机械能转换成液压油的压力能，是液压系统的动力源。

(2) 执行元件。它指各种液压缸或液压马达。它的作用是将液压油的压力能转换成机械能，实现往复直线运动、摆动或连续转动。

(3) 控制元件。它指各种类型的液压控制阀。它的作用是改变液压传动系统的压力、流量和流向，从而控制执行元件的动力、速度和方向。

(4) 辅助元件。它指油箱、油管、管接头、滤油器、密封件等。它的作用是储存、输送、净化和密封液压油等，并有散热作用。

(5) 工作介质。它指各种液压油。它的作用是在液压传动系统内传递能量。

如图 11.1 所示，杠杆 1、泵体 2、小活塞 3 组成了手动柱塞泵 12，是液压千斤顶的动力元件；大活塞 11 和缸体 14 组成了液压缸 15，是液压千斤顶的执行元件；单向阀 5、6 和截止阀 9 是液压千斤顶的控制元件；油管 7 和油箱 8 是液压千斤顶的辅助元件；液压千斤顶的工作介质是液压油。

知识链接 11-2

液压油是工业润滑油中用量最大、应用最广的品种。液压油广泛用于冶金、矿山、工程机械、汽车、飞机、运输工具、机床及其他液压系统中。全世界每年液压油的需要量约 1000 万吨，占工业润滑油的一半。目前我国每年液压油的用量约 30 万吨，其中抗磨液压油约 4 万吨。在任何液压系统中，液压油是至关重要的组成部分。

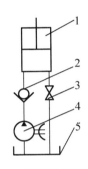

图 11.2　液压千斤顶回路图

1—液压缸；2—单向阀；3—截止阀；
4—液压泵；5—油箱

 特别提示 11-3

如图 11.1(b)所示的液压千斤顶工作原理图，液压元件基本上都是用结构式或半结构式表示的示意图，这些图形直观性强，易于理解，但绘制困难。

为了简化液压传动系统图的绘制，每一个液压元件都用其图形符号表示，将表示各种不同功能的图形符号用管路连接起来，就绘制出了液压传动系统回路图。

液压千斤顶回路图如图 11.2 所示。

 应用实例 11-1

汽车液力变矩器的工作原理采用的是液压传动原理么？如不是，说明为什么？

【案例点评】

液力变矩器系统不属于液压传动系统，而是液力传动。液力传动与液压传动一样，都是以液体作为工作介质进行传动的，但二者传动方式不同。液压传动是以密闭系统内的受压液体来传动能量的，而液力传动是通过液体循环流动过程中的动能来传递能量的。

11.2　液压传动的基本参数

 引例

作为汽车专业技术人员，了解一些液压传动的基本参数压力和流量等，有利于加深对液压传动系统的认识。

11.2.1　压力

压力是液体单位面积上所受的法向作用力，用 p 表示：

$$p = \frac{F}{A} \tag{11-1}$$

式中：F——作用力，N；
$\qquad A$——有效作用面积，m²。

压力的国际单位制单位是 Pa(N/m²)，常用单位还有 MPa(10^6Pa)等。

根据帕斯卡原理知：在密闭容器内，施加于静止液体内的压力可以等值的传递到液体各点。在图 11.1 中，若小活塞 3 在外力 F_1 的作用下，使密闭容积中的油液产生了压力 p，由于大活塞 11 的有效面积 A_2 大于小活塞 3 的有效面积 A_1，在大活塞处使外力 F_1 放大为 F_2，F_2 的大小为

$$F_2 = \frac{A_2}{A_1} F_1 \tag{11-2}$$

液压系统的工作压力取决于负载的大小，即要克服的阻力越大，缸中的压力越大。

特别提示 11-4

在液压元件铭牌上所标注的压力是指额定压力，额定压力是按试验标准规定连续运转的最高压力，输出压力超过额定压力就为过载。它是液压元件的主要参数之一。

11.2.2 流量

流量是单位时间内流过某一截面的液压油体积，用 q 表示：

$$q = \frac{V}{t} = \frac{Al}{t} = Av \tag{11-3}$$

式中：V——流过截面的液压油体积，m³；
$\qquad t$——流过 V 体积油液所需时间，s；
$\qquad A$——截面面积，m²；
$\qquad l$——油液流过的距离，m；
$\qquad v$——液体流速，m/s。

流量的国际单位制是 m³/s，常用单位还有 L/min。

特别提示 11-5

额定流量是按试验标准规定，液压元件连续运转必须保证的流量，它也是液压元件的主要参数之一。

知识链接 11-3

油液流动时由于其黏性而受到阻力作用，从而导致能量损耗。这些损耗使功率消耗增加、效率降低、油液发热、泄漏增加，液压系统性能变差。

应用实例 11-2

液压千斤顶顶起重物的速度与哪些因素有关？

【案例点评】

液压千斤顶顶起重物的速度与两活塞的面积之比和操作者的速度有关。

同样的重量，同样的操作者，两活塞面积之比越大，重物被顶起的速度越慢。同样的千斤顶，同样的重量，操作者速度越快，重物被顶起的速度也快。

小　　结

液压传动是以液压油为工作介质，依靠油腔密封容积的变化来传递运动，通过液压油内部的压力来传递动力的。

液压传动系统由动力元件、执行元件、控制元件、辅助元件和工作介质5个部分组成。液压传动的基本参数是压力和流量。

习　　题

一、填空题

1．液压传动是以_____作为工作介质，依靠_____来传递运动，通过_____来传递动力的。

2．液压传动系统由_____、_____、_____、_____和_____5个部分组成。

3．液压传动的两个基本参数是_____和_____。

4．液压系统的工作压力取决于_____。

5．同一液压管路中，截面面积与流速成_____比。

二、判断题

1．液压传动系统实质上是一个能量转换装置。　　　　　　　　　　　（　　）

2．动力元件主要指的是各种液压缸和液压马达。　　　　　　　　　　（　　）

3．液压千斤顶的起顶速度仅与操作者的力量有关。　　　　　　　　　（　　）

4．液压泵的作用是将液压能转换成机械能。　　　　　　　　　　　　（　　）

5．液压传动有一定的能量损耗。　　　　　　　　　　　　　　　　　（　　）

三、简答题

1．简述液压传动的工作原理。

2．液压传动系统由哪些部分组成？各部分的功用是什么？

3．若进入某液压缸的流量为 q，活塞面积为 A，那么，活塞的运动速度是多少？

4．什么是额定压力和额定流量？

5．液压传动系统在汽车中的应用有哪些？

任务 12

认识液压元件

任务目标

了解液压元件的结构；掌握液压元件的图形符号；重点掌握液压元件的作用和工作原理。

任务要求

能力目标	知识要点	相关知识	权重	自测分数
了解相关知识	液压元件的结构	动力元件、执行元件、控制元件和辅助元件的结构	20%	
熟练掌握知识点	(1) 动力元件的图形符号和工作原理 (2) 执行元件的图形符号和工作原理 (3) 控制元件的图形符号和工作原理	(1) 液压泵的图形符号和工作原理 (2) 液压缸和液压马达的图形符号和工作原理 (3) 压力控制阀、流量控制阀和方向控制阀的图形符号和工作原理	30%	
运用知识分析案例	常用汽车液压元件的选用技术	常用液压元件的正确选择和使用	50%	

引 言

汽车液压助力转向系统的作用是保持汽车稳定地直线行驶，并能根据需要改变方向，助力转向系统是在机械式转向系统的基础上加装一套动力辅助装置组成的。

如图 12.1 所示，属于动力辅助装置的部件有转向油罐 10、转向油泵 11、转向油管 12、位于转向器 7 内的转向控制器和转向动力缸。当驾驶员转动转向盘 1 时，转向摇臂 6 摆动，通过转向直拉杆 8、转向横拉杆 5、转向节臂 4，使转向轮偏转，从而改变汽车的行驶方向。假如向左转动转向盘 1，汽车转向系统动作，带动前车轮向左转；反之，车轮向右转。

转向器输入轴带动转向器 7 内部的转向控制阀移动，使转向动力缸产生液压作用力，帮助驾驶员转向操纵。这样，为了克服地面作用于转向轮上的转向阻力矩，驾驶员需要加于转向盘上的转向力矩，比用机械转向系统时所需的转向力矩小得多。那么，这种液压转向系统中各种液压元件的结构、图形符号和工作原理是怎样的呢？

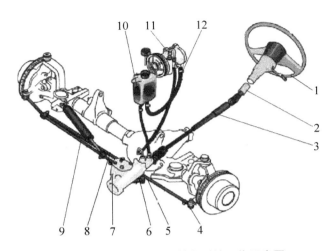

图 12.1　汽车液压助力转向系统工作示意图

1—转向盘；2—转向轴；3—转向中间轴；4—转向节臂；5—转向横拉杆；6—转向摇臂；
7—转向器；8—转向直拉杆；9—转向减振器；10—转向油罐；11—转向油泵；12—转向油管

12.1　动 力 元 件

引例

液压系统中的液压油要经过一定的动力推动才能够流动，就像心脏推动血液流动一样。动力元件泵依靠原动机输入的机械能运动，完成吸油、排油从而推动液压油流动，最后将原动机输入的机械能转换为液体的压力能向系统供油。

汽车液压助力转向系统中的泵可根据需要选择齿轮泵、叶片泵和柱塞泵等。

12.1.1　液压泵的工作原理

图12.2所示的单柱塞液压泵，柱塞2装在缸体4中形成一个密封容积，柱塞2在弹簧3的作用下始终压紧在偏心轮1上。原动机驱动偏心轮1旋转使柱塞2作往复运动，密封容积的大小发生周期性的交替变化。当柱塞2右移时，密封容积由小变大形成部分真空，油箱中液压油在大气压力作用下经吸油管顶开吸油单向阀5进入密封容积而实现吸油；反之，当柱塞2左移时，密封容积由大变小，密封容积中吸满的油液将顶开压油单向阀6流入系统而实现压油。这样液压泵就将原动机输入的机械能转换成液压油的压力能，原动机驱动偏心轮不断旋转，液压泵就不断地吸油和压油。

由上述分析可见，液压泵是依靠密封容积变化来实现吸油和压油的，故一般称为容积式液压泵。液压泵输出流量的大小取决于密封容积的变化量和柱塞单位时间往复运动的次数。

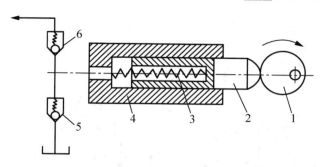

图 12.2 液压泵的工作原理

1—偏心轮；2—柱塞；3—弹簧；4—缸体；5—吸油单向阀；6—压油单向阀

特别提示 12-1

液压泵必须具有密封容积且密封容积发生交替变化才能吸油和压油；泵中应有配流装置，以使吸油腔和压油腔不能互通；吸油过程中，一般油箱须和大气相通。

知识链接 12-1

液压泵的排量指泵轴转一转时，密封容积的变化量，即在无泄漏的情况下，泵轴转一转所能排出的液体体积，用 V 表示。排量是液压泵的主要性能参数之一。

流量与排量的关系为 $q=nV$。

12.1.2 液压泵的分类

液压泵按其在单位时间内所能输出的油液的体积是否可调节而分为定量泵和变量泵两类；按结构形式它可分为齿轮式、叶片式和柱塞式三大类。表 12-1 所示为液压泵的图形符号。

表 12-1 液压泵的图形符号

名称	单向定量泵	单向变量泵	双向定量泵	双向变量泵
图形符号	⌀↑	⌀⤢	⌀↕	⌀⤢↕

1. 齿轮泵

齿轮泵一般做成定量泵，按结构不同，齿轮泵分为外啮合齿轮泵和内啮合齿轮泵。

图 12.3 所示为外啮合齿轮泵。在泵的壳体 1 内有一对外啮合渐开线直齿轮，齿轮两端面有端盖盖住(图中未标出)，齿轮两端面与泵盖的间隙以及齿轮的齿顶与泵体内表面的间隙都很小，一对啮合的轮齿将泵体、前后泵盖和齿轮包围的密封容积分隔成左、右两个密封的工作腔。当原动机带动主动齿轮 2 按如图 12.3 所示方向转动时，右侧的轮齿不断退出啮合，其工作油腔容积逐渐增大，形成局部真空，油箱中的液压油在大气压力的作用下进入密封油腔——吸油腔，随着齿轮的转动，吸入的液压油被逐渐转移到左侧的密封工作腔；

而左侧的轮齿不断进入啮合,使密封油腔——压油腔容积逐渐减小,压力升高,从压油口输出压力油。齿轮连续旋转,泵连续不断地吸油和压油。吸油区和压油区由相互啮合的轮齿分隔开,没有配流装置。

(a) 结构图　　　　　(b) 工作原理图　　　(c) 图形符号

图 12.3　外啮合齿轮泵

1—壳体；2—主动齿轮；3—从动齿轮

【齿轮泵工作原理】

内啮合齿轮泵有如图 12.4 所示的渐开线齿轮泵和如图 12.5 所示的摆线齿轮泵两种,其工作原理与外啮合齿轮泵完全相同。

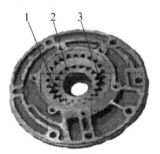 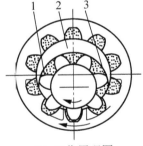

(a) 结构图　　　　　(b) 工作原理图　　　(c) 图形符号

图 12.4　渐开线齿轮泵

1—吸油腔；2—压油腔；3—隔板

 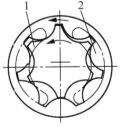

(a) 结构图　　　　　(b) 工作原理图　　　(c) 图形符号

图 12.5　摆线齿轮泵

1—吸油腔；2—压油腔

特别提示 12-2

泵的铭牌中有 CB 标志的为齿轮泵。齿轮泵一般为低压泵，多用作机油泵和液压转向泵。

2. 叶片泵

叶片泵有单作用式和双作用式两大类。

1) 单作用叶片泵

图 12.6 所示为单作用叶片泵，它由转子 1、定子 2、叶片 3、配油盘(虚线所示为配油盘窗口)和端盖(图中未标出)等零件组成。

两相邻叶片 3、配油盘、定子 2、转子 1 以及端盖之间形成了一个个密封的工作容积。当转子 1 逆时针方向旋转时，右侧叶片向外伸出，密封工作容积增大，产生真空，液压油通过吸油口和配油盘窗口吸入；左侧的密封工作容积逐渐减小，压力升高，液压油通过配油盘另一个窗口和压油口压出。转子不停地旋转，泵就不停地吸油和压油。吸油腔和压油腔由配油盘分开。

这种泵的转子每转一周完成一次吸油和一次压油，称为单作用叶片泵。

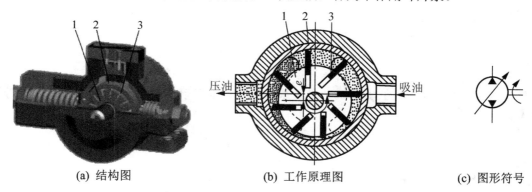

(a) 结构图   (b) 工作原理图   (c) 图形符号

图 12.6 单作用叶片泵

1—转子；2—定子；3—叶片

**特别提示 12-3**

单作用叶片泵为变量泵，其偏心距和偏心方向可通过手动或自动调节而改变。这种泵不宜用于高压系统中，可用作液压转向泵。

2) 双作用叶片泵

图 12.7 所示为双作用叶片泵。

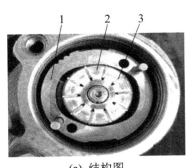 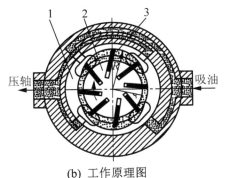

(a) 结构图　　　　　　　　(b) 工作原理图　　　　　(c) 图形符号

图 12.7　双作用叶片泵

1—定子；2—转子；3—叶片

【双作用叶片泵工作原理】

特别提示 12-4

双作用叶片泵和单作用叶片泵的工作原理相同，不同的是转子每转一转，每个密封工作腔各完成两次吸油和压油，因转子和定子同心，所以双作用叶片泵的排量不可调，是定量泵。

特别提示 12-5

泵的铭牌中型号有 YB 标志的为叶片泵。叶片泵适用于中、高压系统，如用作富康轿车的转向油泵。

3. 柱塞泵

柱塞泵按柱塞的排列和运动方向不同，可分为径向柱塞泵和轴向柱塞泵两类。柱塞泵是靠柱塞在缸体中作往复运动造成密封容积的变化来实现吸油与压油的。

轴向柱塞泵是将多个柱塞配置在一个共同缸体的圆周上，并使柱塞中心线和缸体中心线平行的一种泵。图 12.8 所示的直轴式轴向柱塞泵，由斜盘 1、柱塞 2、缸体 3、配油盘 4 和传动轴 5 组成。柱塞沿圆周均匀分布在缸体内，斜盘轴线与缸体轴线倾斜一角度 γ，柱塞靠机械装置或低压油作用压紧在斜盘 1 上，配油盘 4 和斜盘 1 固定不转，传动轴 5 带动缸体和柱塞一起转动。在按图 12.8 所示方向旋转时，柱塞 2 在自下而上回转的半周内逐渐向外伸出，使缸体内的工作容积不断增大而产生局部真空，从而将油液经配油盘的配油口吸入；在自上而下回转的半周内逐渐向里推入，使密封工作容积变小，将油液从配油口排出。缸体每转一转，每个柱塞往复运动一次，完成一次吸油、排油动作。吸油腔与压油腔通过配油盘分开。

如改变斜盘倾角 γ，就能改变柱塞行程的长度，即改变液压泵的排量。

如改变斜盘倾角的方向，就能改变吸油和压油的方向，即成为双向变量泵。

 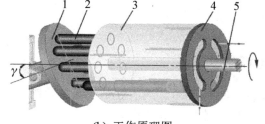

(a) 外形图　　　　　　　(b) 工作原理图　　　　　(c) 图形符号

图 12.8　轴向柱塞泵

1—斜盘；2—柱塞；3—缸体；4—配油盘；5—传动轴

特别提示 12-6

泵的铭牌中有 XB 标志的为轴向柱塞泵，轴向柱塞泵是双向变量泵，适用于高压、大功率的系统或流量需要调节的液压系统，如汽车液压吊车油泵等。

应用实例 12-1

说明下列液压泵型号的含义。

CB-Fc10-2F-L　　　　YB-A25B-FL

【案例点评】

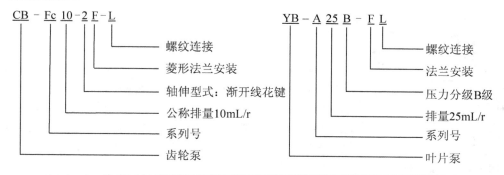

12.2　执 行 元 件

引例

液压系统中液压油的压力能最终要转换成机械能，以使主机的工作装置克服负载阻力而产生运动，工作装置实现的运动有往复直线运动、转动或摆动，运动形式不同，选用的执行元件也不同。液压助力转向系统中使用了液压缸将液体的压力能转换成了机械能。

液压系统中的执行元件主要有液压缸和液压马达。

12.2.1 液压缸

液压缸能实现往复直线运动。液压缸结构简单、配制灵活、设计、制造比较容易、使用维护方便，与杠杆、连杆、齿轮齿条、棘轮棘爪、凸轮等机构配合，可获得多种机械运动。

汽车液压助力转向系统中使用的液压缸为单杆活塞式液压缸，如图12.9所示。

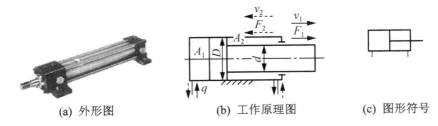

(a) 外形图　　　　(b) 工作原理图　　　　(c) 图形符号

图 12.9　单杆活塞式液压缸

单杆活塞式液压缸主要是由缸体、活塞和活塞杆组成的，有缸体固定和活塞杆固定两种形式，图12.9(a)所示为缸体固定式。由于 $A_1 > A_2$，当左右两腔分别进入压力油时，即使流量和压力相等，$F_1 > F_2$，$v_1 < v_2$。即无杆控进压力油时，活塞杆推力 F_1 大，速度 v_1 低；有杆腔进压力油时，活塞杆推力 F_2 小，速度 v_2 高。

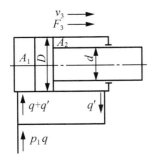

图 12.10　差动液压缸

特别提示 12-7

液压缸左右两腔同时接通压力油，即差动连接。如图12.10所示，液压缸左右两腔同时进入压力油，因为两腔的有效作用面积不等，活塞向右的推力大于向左的推力，故活塞向右运动。差动连接常用在需要实现"快进(差动连接)、工进(无杆腔进压力油)、快退(有杆腔进压力油)"的工作循环要求的液压系统中。

知识链接 12-2

除了单杆活塞式液压缸，液压缸还有双杆活塞式液压缸、柱塞式液压缸、伸缩式液压缸等，见表12-2。

表 12-2　其他液压缸

种　类	外　形　图	图形符号	应用场合
双杆活塞式液压缸			用于要求往复运动速度和负载相同的场合

续表

种 类	外 形 图	图形符号	应用场合
柱塞式液压缸			用于长行程的机床等
伸缩式液压缸			用于汽车起重机的伸缩臂回路中

12.2.2 液压马达

液压马达能实现旋转运动。

液压马达按排量能否改变可分为定量马达和变量马达。表 12-3 所示为液压马达的图形符号。

表 12-3 液压马达的图形符号

名 称	单向定量马达	单向变量马达	双向定量马达	双向变量马达
图形符号				

液压马达按结构可分为齿轮马达、叶片马达和柱塞马达。

在汽车起重机中常采用轴向柱塞液压马达，如图 12.11 所示。斜盘 1、配油盘 4 固定不动，柱塞 2 在回转缸体 3 的柱塞孔中移动，处在高压腔中的柱塞被顶出，压在斜盘上。斜盘对柱塞的反作用力可分解为与液压力平衡的轴向分力和作用在柱塞上的垂直分力，垂直分力使回转缸体产生转矩，带动输出轴 5 转动。

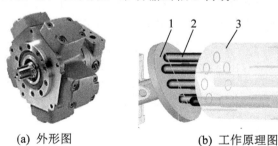

(a) 外形图　　　　(b) 工作原理图　　　　(c) 图形符号

图 12.11 轴向柱塞式液压马达

1—斜盘；2—柱塞；3—回转缸体；4—配油盘；5—输出轴

应用实例 12-2

说明下列液压执行元件型号的含义。

DGJ40CE1E　　　XMSC-F40

【案例点评】

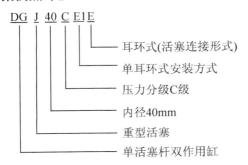

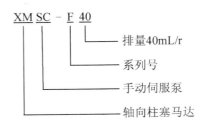

12.3 控制元件

引例

液压助力转向系统转向器中采用方向控制阀来调节油液的流向,以满足汽车转向的要求。为了保证执行元件能按设计要求安全可靠地工作,不仅要对液压油流动的方向进行控制,还要对液压油的压力和流量进行控制,这些控制元件就是液压控制阀,按其用途分为方向控制阀、压力控制阀和流量控制阀3类。

12.3.1 方向控制阀

方向控制阀(简称方向阀)是用于控制液压系统中油路的接通、切断或改变液流方向的液压阀,可以控制执行元件的启动、停止或运动方向的改变。常用的方向控制阀有单向阀和换向阀。

1. 单向阀

1) 作用
单向阀的作用是控制油液的单向流动。

2) 工作原理
单向阀有普通单向阀和液控单向阀两种。

图 12.12 所示的普通单向阀中,压力油从阀体左端的通口 P_1 流入时,克服弹簧3作用在阀芯2上的力,使阀芯向右移动,打开阀口,并通过阀芯2上的径向孔a、轴向孔b从阀体右端的通口 P_2 流出。压力油从阀体右端的通口 P_2 流入时,它和弹簧力一起使阀芯锥面压紧在阀座上,使阀口关闭,油液无法通过。

图 12.13 所示的液控单向阀,当控制口 K 无压力油通入时,它的工作原理和普通单向阀一样,压力油只能从 P_1 流向 P_2,反向截止;当控制口 K 有压力油时,因控制活塞1右侧a腔通泄油口L,活塞1右移,推动顶杆2顶开阀芯3,使通口 P_1 和 P_2 接通,油液就可

在两个方向自由流通。

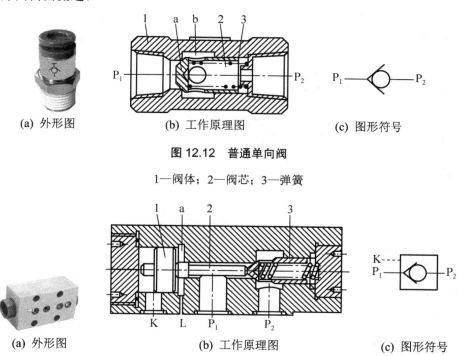

(a) 外形图　　(b) 工作原理图　　(c) 图形符号

图 12.12　普通单向阀

1—阀体；2—阀芯；3—弹簧

(a) 外形图　　(b) 工作原理图　　(c) 图形符号

图 12.13　液控单向阀

1—活塞；2—顶杆；3—阀芯

2．换向阀

1) 作用

换向阀借助于阀芯和阀体间的相对移动来控制油路通断或变换油液的流动方向，从而使液压执行元件启动、停止或变换运动方向。

2) 工作原理

汽车液压助力转向系统中常采用的换向阀多为滑阀式三位五通换向阀，如图 12.14 所示。该换向阀阀芯 6 的移动由转向盘 1 操纵。当汽车直线行驶时，转向盘 1 不动，滑阀处于中位，上边 3 个油口互相连通，下边两个油口封闭，如图 12.14(b)所示；当转向盘 1 向左转时，滑阀阀芯 6 左移，三位五通换向阀处于左位，P 与 B 油口接通，A 与 T_1 油口接通，T_2 油口关闭；当方向盘向右转时，滑阀阀芯右移，三位五通换向阀处于右位，P 与 A 油口接通，B 与 T_2 油口接通，T_1 油口关闭。

知识链接 12-3

换向阀图形符号的含义如下。

(1) 用方框表示换向阀的工作位置，有几个方框就表示有几位。

(2) 一个方框中上边和下边与外部连接的接口总数为通路数。

(3) 方框内的箭头表示此位置上油路的通断状态，但箭头的方向并不一定代表油液实际流动的方向;"⊤""⊥"表示此通路被阀芯封闭,该路不通。

(4) 一般用 P 表示进油口,T 或 O 表示回油口,A、B 等表示与执行元件连接油口,用 K 表示控制油口。

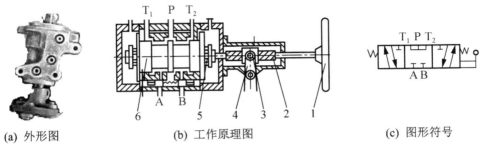

(a) 外形图　　　　　(b) 工作原理图　　　　　(c) 图形符号

图 12.14　三位五通换向阀

1—转向盘；2—转向螺杆；3—转向螺母；4—转向摇臂；5—复位装置；6—阀芯

知识链接 12-4

阀芯移动的控制方式主要有如下几种,如图 12.15 所示。

(a) 手动式　　(b) 电动式　　(c) 弹簧式　　(d) 液动式　　(e) 液压先导控制式

图 12.15　换向阀芯控制方式

常用的换向阀的图形符号见表 12-4。

表 12-4　常用换向阀图形符号

名　称	图形符号	名　称	图形符号
二位二通		二位五通	
二位三通		三位四通	
二位四通		三位五通	

12.3.2　压力控制阀

压力控制阀是用于控制油液压力的液压阀。压力阀按功用不同分为溢流阀、减压阀和顺序阀等。它们的共同特点是利用油液的液压作用力与弹簧力相平衡的原理进行工作,通过调节阀的开口量来实现控制系统压力的目的。

1. 溢流阀

1) 作用

溢流阀通过阀口的溢流起到溢流调压、安全保护、远程调压、油泵卸荷以及使执行元件的回油腔形成背压等作用。

2) 工作原理

常用的溢流阀按其结构形式和基本动作方式有直动式和先导式两种。

在如图 12.16 所示的直动式溢流阀中，P 是进油口，T 是回油口，进口压力油经阀芯 3 中间的阻尼孔 a 作用在阀芯的底部端面上，当液压力小于弹簧力时，阀芯压在阀座上不动，阀口关闭；当液压力大于弹簧力时，阀芯上移，阀口打开，油液便从出油口 T 流回油箱，从而保证系统压力基本恒定；调整螺母 1 可以改变弹簧的压紧力，这样也就调整了溢流阀进口处的油液压力 p。

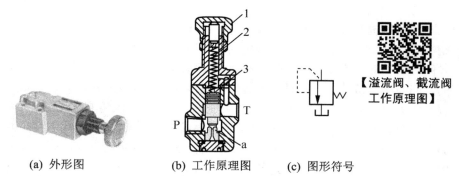

图 12.16 直动式溢流阀

1—调整螺母；2—调压弹簧；3—阀芯

图 12.17 所示的先导式溢流阀，压力油从 P 口进入，通过油道 b、a 后作用在导阀阀芯 3 上，当进油口压力较低，作用在导阀上的液压力不足以克服导阀弹簧 2 的作用力时，导阀关闭，没有油液流过阻尼孔 c，主阀芯 5 处于最下端位置，溢流阀阀口 P 和 T 隔断，没有溢流。当进油口压力升高到作用在导阀阀芯 3 上的液压力大于导阀弹簧 2 作用力时，导阀打开，压力油就可通过阻尼孔 c 流回油箱。由于阻尼孔的作用，使主阀芯 5 上端的液压力小于下端压力，即主阀芯两端产生压差，主阀芯 5 便在压差作用下克服主阀弹簧 4 的弹簧力上移，主阀进、回油口接通，达到溢流和稳压作用。导阀弹簧 2 的压力值通过调节手轮 1 设定。

2. 减压阀

1) 作用

减压阀是使出口压力低于进口压力的一种压力控制阀，其作用是使一个油源能同时提供两个或几个不同压力的输出。

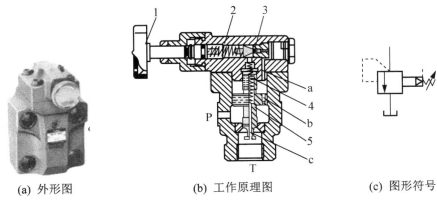

(a) 外形图　　　　　(b) 工作原理图　　　　　(c) 图形符号

图 12.17　先导式溢流阀

1—调节手轮；2—导阀弹簧；3—导阀阀芯；4—主阀弹簧；5—主阀芯

2) 工作原理

减压阀也有直动式和先导式两种，图 12.18 所示的为先导式减压阀。它由主阀和先导阀组成。P_1 口是进油口，P_2 口是出油口。通过调节手轮 1 设定压力值，当出口压力低于先导阀弹簧 2 的调定压力时，先导阀呈关闭状态，先导阀芯 3 不动，阀的进、出油口是相通的，亦即阀是常开的，此时减压阀口开度最大，不起减压作用。若出口压力增大到先导阀调定压力时，先导阀芯 3 移动，阀口打开，主阀弹簧腔的液压油经过油道 a，然后由外泄口 L 流回油箱，同时出油口 P_2 处的液压油流过油道 c、阻尼孔 b，使主阀芯 5 两端产生压力降，主阀芯 5 在压差的作用下，克服主阀芯弹簧 4 的弹簧力抬起，减压阀口减小，压降增大，使出口压力下降到调定值。同理，出口压力减小，阀芯就下移，开大阀口，阀口处阻力减小，压降减小，使出口压力回升到调定值。

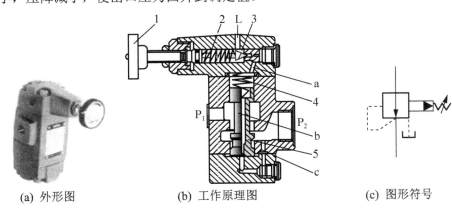

(a) 外形图　　　　　(b) 工作原理图　　　　　(c) 图形符号

图 12.18　减压阀

1—调节手轮；2—先导阀弹簧；3—先导阀芯；4—主阀芯弹簧；5—主阀芯

3. 顺序阀

1) 作用

顺序阀利用油路的压力控制多个执行元件动作的顺序动作。

2) 工作原理

顺序阀也有直动式和先导式两种。在如图 12.19 所示的直动式顺序阀中，液压油从进油口 P_1 流入，经阀体上的油道 a 流到阀芯 3 的下面，当进油口压力 P 较低时，阀芯 3 在弹簧作用下处于下端位置，进油口 P_1 和出油口 P_2 不相通。当作用在阀芯 3 下端的液压油的压力大于阀芯弹簧 2 的预紧力时，阀芯 3 向上移动，阀体上腔的液压油通过外泄口 L 流回油箱，阀口打开，油液便经阀口从出油口流出，从而操纵另一执行元件或其他元件动作。阀芯弹簧 2 的压力值通过调节手轮 1 设定。

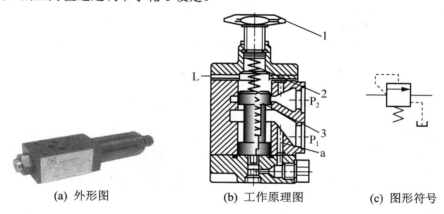

(a) 外形图　　(b) 工作原理图　　(c) 图形符号

图 12.19　直动式顺序阀

1—调节手轮；2—弹簧；3—阀芯

顺序阀和溢流阀的结构基本相似，不同的只是顺序阀的出油口通向系统的另一压力油路，而溢流阀的出油口通油箱。此外，由于顺序阀的进、出油口均为压力油，所以它的泄油口 L 必须单独外接油箱。

12.3.3　流量控制阀

流量控制阀就是依靠改变阀口通流截面积的大小或通流通道的长短来控制通过阀的流量，从而调节执行元件(液压缸或马达)运动速度的液压阀。常用的流量控制阀有节流阀和调速阀。

1. 节流阀

1) 作用

节流阀用于控制液压系统中液体的流量以实现对液压系统的速度控制。

2) 工作原理

图 12.20 所示的节流阀，液压油从进油口 P_1 进入阀体，经节流口从出口 P_2 流出。流量调整手轮 1 可使节流阀芯上下移动改变节流口的开口量大小，从而实现对流体流量的调节。

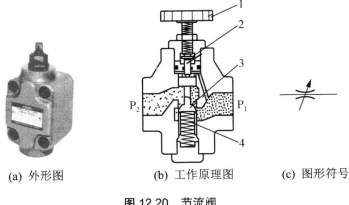

(a) 外形图　　　　(b) 工作原理图　　　(c) 图形符号

图 12.20　节流阀

1—流量调整手轮；2—顶杆；3—阀芯；4—弹簧

2. 调速阀

1) 作用

调速阀用于控制液压系统中液体的流量，实现对液压系统的速度控制。

2) 工作原理

调速阀是由定差减压阀与节流阀串联而成的组合阀。

图 12.21 为调速阀工作原理图。调速阀是在节流阀 2 前面串接一个定差减压阀 1 组合而成。液压泵的出口(即调速阀的进口)压力 p_1 由溢流阀调整基本不变，而调速阀的出口压力 p_3 则由液压缸负载 F 决定。液压油先经减压阀产生一次压力降，将压力降到 p_2，然后液压油经通道 e、f 作用到减压阀的 d 腔和 c 腔；节流阀的出口压力 p_3 又经反馈通道 a 作用到减压阀的上腔 b，当减压阀的阀芯在弹簧力 F_s、液压油压力 p_2 和 p_3 作用下处于某一平衡位置时(忽略摩擦力和液动力等)，则有

$$p_2 A_1 + p_2 A_2 = p_3 A + F_s \tag{12-1}$$

式中：A、A_1 和 A_2 分别为 b 腔、c 腔和 d 腔内压力油作用于阀芯的有效面积，且 $A = A_1 + A_2$。故

$$p_2 - p_3 = \Delta p = F_s / A \tag{12-2}$$

因为弹簧刚度较低，且工作过程中减压阀阀芯位移很小，可以认为 F_s 基本保持不变。故节流阀两端压力差 $p_2 - p_3$ 也基本保持不变，这就保证了通过节流阀的流量基本稳定。

特别提示 12-9

调速阀和节流阀在液压系统中的应用基本相同，节流阀适用于一般的节流调速系统，而调速阀适用于执行元件负载变化大而运动速度要求稳定的系统。

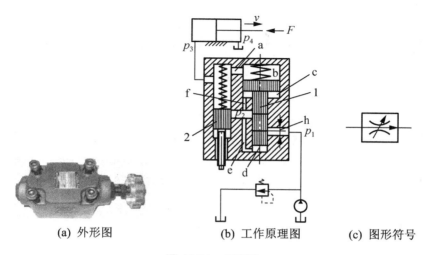

(a) 外形图　　　(b) 工作原理图　　(c) 图形符号

图 12.21　调速阀

1—减压阀；2—节流阀

应用实例 12-3

图 12.22 所示的液压速度换接回路中共有 7 个液压元件，请指出哪些是液压控制元件，并说明控制元件的类别。

【案例点评】

在 7 个元件中，2、4、5、6、7 是液压控制元件。其中元件 2 是手动控制二位四通换向阀，元件 4 是二位二通的行程阀，元件 5 是调速阀，元件 6 是单向阀，元件 7 是溢流阀。2、4 和 6 是方向控制阀，5 是流量控制阀，7 是压力控制阀。

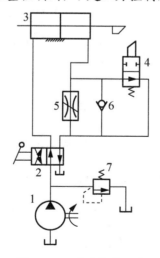

图 12.22　速度换接回路

12.4 辅助元件

液压系统中的辅助元件有滤油器、蓄能器、油箱、热交换器、密封装置等,如液压助力转向系统中的转向油罐就是辅助元件。这些元件虽然仅起到辅助作用,但是对系统的工作性能有直接的影响,甚至影响到系统正常工作,必须给予足够的重视。

1. 滤油器

1) 作用

滤油器的功用是过滤混在液压油中的杂质,以保证系统正常工作。

2) 类型

滤油器按其滤芯材料的过滤机制分为表面型滤油器、深度型滤油器和吸附型滤油器 3 种,见表 12-5。

表 12-5 常用滤油器的结构及特点

名 称	结 构 图	特 点 说 明	图形符号
表面型		网式滤油器依靠铜丝网层数及网孔大小过滤。其特点是结构简单,油液通流能力大,清洗方便,但过滤精度低	
		线隙式滤油器依靠线间微小间隙来过滤油液中的杂质。其特点是结构简单,油液通流能力大,过滤精度高,但滤芯材料强度低,不易清洗	
深度型		纸芯式滤油器的结构与线隙式相同,为了增大过滤面积,纸芯常制成折叠形。其特点是过滤精度高,但堵塞后无法清洗,必须更换纸芯	
吸附型		磁性滤油器的滤芯由永久磁铁制成,能吸住油液中的铁屑、铁粉和可带磁性的磨料等,可用磁铁代替	

2. 蓄能器

1) 作用

蓄能器能够节能、补偿压力、吸收压力脉动、缓和冲击、提供应急动力等。

2) 类型

蓄能器主要有弹簧式和充气式两类，汽车上常用的有弹簧式蓄能器和皮囊式蓄能器，见表12-6。

表12-6 常用蓄能器的结构及特点

名 称	结 构 图	特 点 说 明	图形符号
弹簧式		利用弹簧的压缩和伸长来储存、释放压力能。结构简单，反应灵敏，但容量小，供小流量、低压回路缓冲之用，不适用于高压或高频的工作场合	
皮囊式		结构简单、气囊惯性小、反应灵敏、安装方便、维修容易，但皮囊和壳体制造比较困难，并且皮囊强度不高，允许的液压波动值受到限制，只能在一定的温度范围(-27～70℃)内工作	

3. 其他辅助元件

1) 油箱

油箱在液压系统中的功用是储存油液、散发油液中的热量、沉淀污物并逸出油液中的气体。

在液压系统中，可利用床身或底座内的空间作油箱，也可采用单独油箱。汽车中常用底座内的空间或使用小的油罐来当油箱。

2) 热交换器

液压系统在正常工作温度(30～50℃)下工作，如依靠自然冷却无法使油温控制在上述范围内时，需要安装冷却器；反之，如环境温度太低无法使液压泵启动或正常运转时，必须安装加热器。

3) 密封装置

液压系统中具有相对运动的表面和固定连接的表面要进行可靠的密封，防止油液泄漏，从而提高液压系统的工作性能和效率。

应用实例12-4

汽车上常用的滤油器有哪些？

【案例点评】

汽车上常用的滤油器主要有网式滤油器和吸附型滤油器(可用磁铁代替)。网式过滤器常安装于油底壳与油泵之间,而吸附型过滤器常用于变速器中。

小 结

液压元件包括动力元件、执行元件、控制元件和辅助元件。

动力元件是将机械能转换为液压能的元件,按结构形式主要包括齿轮泵、叶片泵和柱塞泵,按排量分为定量泵和变量泵。

执行元件是将液压能转换为机械能的元件,主要有液压缸和液压马达,前者作直线或摆动运动,后者做旋转运动。

控制元件指压力、方向和流量控制阀。

辅助元件指滤油器、蓄能器等元件。

习 题

一、填空题

1. 液压泵按结构形式有_____、_____和_____3类。
2. 液压系统的执行元件包括_____和_____。
3. 液压阀按照功用可分为_____、_____和_____3类。
4. 调速阀是_____和_____串联而成的组合阀。
5. 液压辅助元件主要有_____、_____、_____、_____和_____等。

二、判断题

1. 液压缸能将液压能变成机械的回转运动。   (   )
2. 为了改变油液流动方向应采用节流阀。   (   )
3. 通常采用溢流阀进行设定液压系统的系统压力。   (   )
4. 节流阀可以用于调整液压执行元件的运动速度。   (   )
5. 液压辅助元件的损坏可能影响系统正常工作。   (   )

三、简答题

1. 简述液压泵的工作原理。
2. 从能量转换的角度说明液压泵、液压马达和液压缸三者的作用。
3. 溢流阀有什么用途?说明其工作原理并画出其图形符号。
4. 液压辅助元件有哪些?简述其作用。
5. 举例说明各种液压元件在汽车上的应用。

参 考 文 献

[1] 邰茜，吴笑伟. 汽车机械基础[M]. 北京：北京大学出版社，2008.
[2] 蔡广新. 汽车机械基础[M]. 北京：高等教育出版社，2008.
[3] 胡勇. 汽车机械基础[M]. 北京：机械工业出版社，2008.
[4] 刘力，王冰. 机械制图[M]. 北京：高等教育出版社，2008.
[5] 程叶军. 汽车材料与金属加工[M]. 北京：中国劳动社会保障出版社，2007.
[6] 李明惠. 汽车应用材料[M]. 北京：机械工业出版社，2002.
[7] 戴汝泉. 汽车运行材料[M]. 北京：机械工业出版社，2005.
[8] 凌永成. 汽车运行材料[M]. 北京：北京大学出版社，2008.
[9] 王纪安. 工程材料与成形工艺基础[M]. 北京：高等教育出版社，2009.
[10] 梅凤翔，周际平. 工程力学[M]. 北京：高等教育出版社，2002.
[11] 龚良贵，熊拥军. 工程力学[M]. 北京：清华大学出版社，2005.
[12] 董春敏. 工程力学[M]. 北京：电子工业出版社，2006.
[13] 武昭晖，张淑娟[M]. 工程力学. 北京：北京大学出版社，2008.
[14] 齐晓杰. 汽车液压与气压传动[M]. 北京：机械工业出版社，2006.
[15] 陆一心. 汽车液压与故障维修[M]. 北京：化学工业出版社，2007.
[16] 冯学敦. 汽车机械基础[M]. 武汉：华中科技大学出版社，2008.